12-year-long Research Results:
Final Analysis Report on the May
18th Kwangju Riot

5·18분석
최종보고서

12년 연구의 결과물
5·18분석 최종보고서

발 행 처 | 도서출판 시스템
발 행 인 | 지만원

초판 1쇄 발행 | 2014년 10월 24일
2판 4쇄 발행 | 2019년 02월 27일

주   소 | 서울특별시 서초구 방배4동 854-26 동우빌딩 503호
대표전화 | (02)595-2563
팩   스 | (02)595-2594
홈페이지 | systemclub.co.kr 또는 시스템클럽

정   가 | 15,000원
ISBN 978-89-94635-03-3

잘못 만들어진 책은 구입하신 서점에서 교환해 드립니다.

12-year-long Research Results:
Final Analysis Report on the May
18th Kwangju Riot

12년 연구의 결과물

5·18분석
최종보고서

지만원 지음
미해군대학원 시스템공학 박사

Author: Dr. Jee, Man-
won, Systems Analysis
at the U.S. Naval
Postgraduate
School

도서출판
시스템

12년 연구의 결과물 : 5·18분석 최종보고서

요 약

　　김일성은 10·26을 통일의 기회로 판단했다. 광주 폭동을 위해 10·26 이후 살인기계로 훈련된 북한특수군을 축차적으로 침투시켰다. 5·18은 이렇게 집결시킨 600명의 북한특수군이 벌인 광란작전이었다. 광주 사람들은 이들을 연·고대생 600명이라 불렀다. 살벌했던 5·17계엄이 선포되면서 광주의 운동권 및 대학생들은 잡혀갔거나 사태기간 내내 숨어 있었다. 지각 없는 10대와 넝마주이, 껌팔이, 철공 등 59개 직종의 개념 없는 사회 불만계급이 부나비 되어 북한특수군 600명이 벌인 작전에 소모품 노릇을 했다. 이것이 광주 시위대의 본질이었다.

　　당시 군법회의에서 사형과 무기형을 받은 12명은 겨우 5월 26일 하루 동안 '결사항전'을 선포해 계엄군 작전을 초래한 '무 개념 부나비들'이었다. 1981년의 대법원은 5월 18일부터 21일까지 북한특수군 600명이 저지른 가공스런 살인-파괴 행위에 대해 처벌할 자들을 찾아내지 못했다. 이들은 26일 모두 사라졌다. 1997년 대법원은 이 600명과 이들이 동원한 부나비들을 놓고 헌법을 수호하기 위해 결집된 준-헌법기관이라 규정했고, "민주화 시위"가 전국적으로 확산되지 못하게 조기에 진압한 전두환 등을 내란범이라 판결했다. 인민군 판사들이었다.

12-year-long Research Results: Final Analysis Report on the May 18th Kwangju Riot

SUMMARY

Former North Korean dictator Kim Il-sung decided that October 26, 1979 (the date former President Park Jung-hee assassinated) was a golden opportunity to unify the Korean Peninsula. He stealthily deployed killer-trained commandos one after the other into the Kwangju area, to participate in the Kwangju Riot from October 26, 1979.

The May 18th Riot was a secret invasion wildly conducted by a mob that consisted of 600 North Korean special troops. However, people in Kwangju city called the mob of 600 insurgents - students, who came from Yonsei University, and Korea University in Seoul. As soon as martial law was declared in Kwangju City and surrounding vicinity, protesters and demonstrating university students were either arrested or hid out during this turbulent period of time. An unknowing group of angry, social misfit rioters from 59 different precarious occupations including teenagers, waste pickers, bums, etc., played their part as tiger moths that were overwhelmed in the rioting conducted by the 600 North Korean infiltrators. This is the true story of the May 18th Kwangju Riot.

There were merely 12 clueless tiger moths that practically invited martial law troops, who were sentenced to death or life imprisonment for declaring their so-called "desperate resistance" on the very day of May 26, 1980.

In 1981, the Supreme Court failed to hold the mob as accountable for committing the destruction perpetrated by the 600 disguised commandos from May 18th to 21st, 1980. The mob completely disappeared as of May 26th 1980. Then in 1997, the Supreme Court labeled the 600 commandos and the blind followers as from a semi-constitutional organization assembled to maintain and protect the status quo, and held former President Chun Doo-hwan who had pacified the rioters in the early stages to be guilty of treason. The judges acted as if they were North Korean judges.

12년 연구의 결과물 : 5·18분석 최종보고서

머리말

　금년 9월 1일, 저는 자랑스러운 일을 해냈다는 생각으로 한동안 상기되었습니다. 12년에 걸친 5·18역사 연구에 커다란 종지부를 찍었기 때문입니다. 그 이전의 연구가 기초 연구였다면 이번의 연구는 대한민국 사법부가 2회(1981, 1997)에 걸쳐 재판한 판결결과를 모두 뒤집는 성격의 연구입니다. 이전까지의 연구는 5·18 광주에 광주 시위대와 북한특수군 600명이 별도의 독립된 존재로 공존했었다는 결론을 냈지만 이번의 연구는 광주에 광주인들로 구성된 그 어떤 목적의 시위대도 존재하지 않았고, 오직 북한특수군 600명과 그들에 놀아난 광주의 철없는 10대 중·고생들과 넝마주이 등 광주에서 천대받던 20대 부나비들이 부화뇌동했을 뿐이라는 결론에 도달하였습니다.

　이제 우리는 광주에 민주화 시위대가 있었다고 국민을 기망해서 막대한 보상금을 타내고 거기에 더해 유공자 대우를 받아온 사람들을 단죄할 수 있게 되었습니다. 아울러 북한이 대한민국을 모략한 내용 그대로를 남한의 역사로 기록하도록 역할 했던 황석영 등의 반역자들, 우익 애국자의 탈을 쓰고, "5·18은 반공민주화"였다고 강변해 온 위장인물들, "1980년 당시는 모든 철책선과 해안이 밀봉돼 있어서 단 한 명의 간첩도 내려올 수 없었다"며 허무맹랑한 말로 온갖 방송 등에 출연하여 "목숨을 걸고 말한다"며 5·18의 정당성을 적극 옹호해온 위장인물들을 단죄할 수 있게 되었습니다.

첫째, 광주에는 그 어떤 목적으로든 광주인들이 구성한 시위대가 없었습니다. 따라서 민주화운동이라는 것은 100% 거짓이요, 사기였습니다. 저는 이를 5·18기념사업회 자료들을 가지고 입증하였습니다.

둘째, 광주에는 대학생 시위대를 가장하여 홍길동이나 일지매 또는 조로처럼 펄펄 날아다니던 전설의 "연·고대생 600명"이 분명히 존재했고, 이들은 기존의 군사 상식을 초월하는 기상천외한 방법들로 계엄군과 광주 시민들을 이간시켜 서로를 불구대천의 원수로 만들어 남남전쟁을 유발시켰고 그 결과 계엄군을 전멸시킬 찰나에까지 이르게 하였습니다. 그리고 광주시를 폐허의 잿더미로 만들었습니다. 저는 이들 600명이 북한특수군이었다는 것을 검찰, 안기부, 북한 자료들을 통해 입증하였습니다.

셋째, 광주 소요의 최전선에 섰던 광주인들은 대학생들도 아니었고 운동권도 지식인들도 아니었습니다. 이들은 넝마주이, 구두닦이, 껌팔이, 식당종업원, 구두공, 목공, 철공, 석공 등 59개의 처참한 직종에 종사하면서 '세상 한 번 뒤집혔으면 좋겠다'는 식의 한을 가진 사회 불만세력들이었습니다. 이들이, '북한특수군 600명이 벌이는 마술과도 같은 멋진 솜씨'에 현혹되고 부화뇌동하여 스스로 소모품이 되었습니다. 저는 이것을 『수사기록으로 본 12·12와 5·18』에 입증해 놓았습니다.

광주에 두 개의 시위대가 있었다는 것과 단 한 개의 시위대만 있었다는 것이 왜 그렇게 굉장한 결론인가에 대해 얼른 이해가 가지 않을 수 있습니다. 그러나 이들 사이에는 하늘과 땅만큼의 차이가 있습니다. 광주인들이 구성한 시위대가 따로 있었다는 결론이 유효한 한, 5·18 옹호자들은 바로 그 광주 시위대가 광주의 민주화 전사들이었다고 주장할 수 있습니다. 하지만 "광주인들이 구성한 그 어떤 목적의 시위대도 없었다"는 결론이 힘을 얻으면 이제까지 5·18단체들은 국민을 속여 온 사기집단이 되는 것입니다. 이번에 제가 추가한 하나의 결론은 '광주 민주화'를 더 이상 주장할 수 없게 그 싹을 자르는 역할을 하게 될 것입니다.

이는 작은 결실이 아니라 지구보다 더 큰 결실일 것입니다. 광주 소요의 주체가 북한특수군 600명이었다는 사실, 북한이 휴전협정을 위반하고 멀리 광주에까지 600여 명의 특수군을 보내 적화통일을 위한 교두보를 확보하려다 실패하였다는 사실, 그리고 광주인들이 독자적으로 만든 시위대가 없었다는 사실, 이 엄청난 세 개의 사실을 제가 찾아냈다는 것은 실로 국민적 박수와 환호를 받아야 마땅하다고 생각합니다.

당시의 그 거대한 정보기관들이 찾아내지 못한 진실, 그 이후 35년 동안 이 나라를 통치해 온 역대 정권들이 등한시 했던 그 진실, 수많은 역사학자들이 있었지만 모두가 연구를 기피했던 그 진실, 5·18의 '5'자만 거론해도 광주 사람들에게 매를 맞고 광주법원으로 끌려가는 전근대적인 횡포가 있었음에도 이를 극복하면서 찾아낸 그 진실, 그 진실은 어두운 동토에서 일궈낸 진실이며, 그래서라도 세상의 무엇보다 값진 진실일 것입니다.

이 진실이 그토록 중요한 것은 5·18이 현대사의 핵심이요, 남한에서 북한을 위해 대리전을 치르고 있는 이념세력의 철옹성 같은 '성지' 노릇을 해 왔기 때문입니다. 대한민국의 발전을 방해하고 대한민국을 파괴하려는 모든 반역의 근원이 5·18에 있고, 5·18이 온갖 반역세력에 동력을 제공하고 있기 때문입니다. 이제 우리 국민은 역사의 전사가 되어 이 오욕의 성지, 반역의 성지를 흔적도 없이 지워야 합니다.

해마다 5월이 되면 북한은 "5·18봉기는 북한이 이룩한 대남공작 최고의 역사"라며 북한 전역에 걸쳐 당과 정부의 최고위급이 참석하는 성대한 기념행사를 거행합니다. 북한에서 최고의 것들에는 '5·18'이라는 칭호를 영예의 상징으로 하사합니다. 북한의 룡성기업에 설치된 1만 톤짜리 프레스에는 '5·18청년호'라는 글씨가 새겨져 있습니다. '5·18영화연구소', '5·18무사고 정시견인초과운동', '5·18누에고치반', '5·18전진호', '영예의 5·18청년직장', '5·18땅크호' 등 '5·18' 칭호들이 북한에 즐비합니다.

1989~91년 김일성이 황석영과 윤이상을 데려다 반미-반대한민국 모략영화 『님을 위한 교향시』를 제작시켰습니다. 여기에서 황석영은 시나리오를 썼고, 윤이상은 "임을 위한 행진곡"을 주제가로 하는 영화음악을

작곡하여 후한 상들을 받았습니다. 이 명백한 사실들을 정부는 알려하지도 않고 매년 북한과 나란히 5·18을 영광스러운 역사라며 기념하고 있습니다. 이런 오욕의 역사를 놓고, 이것이 대한민국의 민주화를 연 성스러운 역사라며 아이들에 가르치고, 역사책에 기록하고, 해마다 기념하는 이 나라가 창피스럽지 않으십니까? 우리 모두의 나라 대한민국이 코미디 국가가 되었습니다. 국민 여러분, 이 어찌 비분강개할 노릇이 아니라 할 수 있겠습니까?

저는 이『5·18분석 최종보고서』를 이 나라에 영광스러운 기록으로 남기고자 합니다. 이번 책에는 북한특수군 사진들이 꽤 들어 있습니다. 이 책을 '이 세상에서 가장 수치스러운 역사'를 바로 잡는 일에 적극 활용해 주시기 바라며, 국민 모두가 역사를 바로 잡는 성스러운 일에 그리고 부끄러운 나라를 정상국가로 바로 세우는 성스러운 국민적 의무에 서로서로 앞장 서 주시기 간절히 바랍니다.

2014년 10월

저자 지만원

12-year-long Research Results: Final Analysis Report on the May 18th Kwangju Riot

PREFACE

On September 1, 2014, I was overwhelmed by an extreme sense of pride and excitement because I had finally put an end to my 12-year-long research on the history surrounding May 18th Kwangju Riot of 1980. If the previous research can be considered fundamental, the one I have just completed fully deserves to overturn the two judgments handed down by the court in 1981 and 1997.

Although the previous research concluded that the Kwangju rioters worked together with independent North Korean commandos in Kwangju City, this final report definitely confirms that no single rioting group made up of Kwangju citizens for any particular purpose whatsoever existed during this chaotic period. For this obvious reason, I have finally reached a conclusion that only the 600 disguised North Korean special forces plus the hapless group of imprudent teenagers, waste pickers, iron workers etc., became the nameless mob which blindly followed and set off the nationwide demonstration.

Accordingly, we can convict those who had cheated and deceived people by saying that they were the very demonstrators demanding democracy in Kwangju City, who had received tremendous amount of undeserved compensation from the government. In addition, we should not fail to punish those who had intentionally helped North Korea to plot this history to be recorded as the true history of the Republic of Korea. Cases of traitors who shall be held accountable for their cheating and disguising are categorized as follows:

1) Hypocritical writers, such as Mr. Hwang, Suk-young.
2) Figures like wolves in sheep's clothing who have persistently claimed that the May 18th Riot was a democratic movement against communism.
3) Those who have continued to say: "No single North Korean act of espionage could infiltrate South Korea in 1980, as the front line and all coastal lines were closely guarded. I declare this on my life."
4) Two-faced individuals who justified the May 18th Kwangju Riot by using groundless rumors to substantiate illogical arguments, which appeared on TV and in the media.

First of all, Kwangju citizens neither formed nor backed demonstrators for any purpose whatsoever in Kwangju City during this turmoil period. This being so, the so-called Kwangju movement for democracy was 100% pure deception and fraudulence. I have proven this fact with written materials provided by the May 18th Commemoration Service Association.

Secondly, these 600 pseudo so-called students from Yonsei and Korea Universities obviously existed during that time in Kwangju City. The mob used extraordinary guile and speed to defy military logic, which prompted internal conflict that put the riot soldiers at odds with the Kwangju citizens thereby causing both sides to treat each other as mortal enemies. As a result, the mob disguising themselves as students, heightened the situation to a point where it was enough for the rioters to cause the utter annihilation of the martial law troops and devastation of Kwangju City. I have proven the fact that the rioters were the North Korean commandos, utilizing all material kept by the Prosecution, National Intelligence Service and North Korea related documents.

Thirdly, the rioters who stood at Kwangju City were neither Kwangju students, civilian activists nor learned figures. They were simply people disgruntled with the government from 59 different walks of life, i.e. waste pickers, shoe shiners, waiters, factory and iron workers, masons, etc. These were the groups who had, grudgingly, wished to disrupt society. These disgruntled people, being seduced by a brilliant stroke of guile and deception of the 600 unidentified rioters, blindly followed and were consumed by the mob. I have proven this fact in my books entitled: *December 12th viewed through investigative record and May 18th*.

It might be difficult to comprehend the conclusion which explains that there were two different riot groups, and only one demonstration group. However, there is a world of difference between the two facts: As long as the conclusion that there was a riot group formed by Kwangju citizens remains effective, defenders of the May 18th Riot will without hesitation believe that the Kwangju rioters were the very demonstrators who demanded democracy. However, if the conclusion expressing that there was no group of demonstrators formed with Kwangju citizens is enforced, the May 18th Kwangju Riot related organizations will be immediately defined as having deceived innocent people throughout the country for a long time. My second conclusion will play an important role in checking this deceptive insistence, so that the Kwangju May 18th organization can no longer claim that it was a "Kwangju Democratic Movement."

I am encouraged to say that this is not a minor recognition, but one of significant importance. Needless to emphasize, I have discovered irrefutable historical facts disclosed as follows:

1) The 600 North Korean commandos made up the majority portion of the Kwangju May 18th Riot.
2) North Korea failed to secure a bridgehead for an effective unification by sending its 600 commandos all the way to Kwangju, which was an obvious violation of the Armistice Agreement.
3) There was no demonstration group formed with Kwangju City's own citizens.

To be perfectly honest I take great pride in having achieved the aforementioned conclusions, and feel that they deserve resounding applause from the entire nation.

The fact that for over the last 35 years, responsible intelligence agencies under previous administrations paid little attention to the matter and failed to uncover what I have shown to be obvious is reprehensible. None of history scholars were willing participants in research. And the fact uncovered evidence of people were being beaten and taken to the Kwangju Prosecution's Office even when the May 18 Kwangju Riot was barely mentioned in previous acts of tyranny. It stands out as a jewel which has finally been unearthed from the dark frozen soil. This finding is therefore remarkable, all the more so because I have successfully shed light on the truth against all odds.

The reason why this truth stands out as so extremely important is because the May 18th fact is not only at the core of modern history, it is also how ideological groups sponging off South Korea have been able to play such a major role in carrying out a proxy war on North Korea's behalf as being an impenetrable fortress barrier. And because the traitorous roots of the May 18th Riot group have sabotaged and impeded national development, is exactly why this despicable clique has been able to provide such force to every treasonable act. Hence, it is now high time that all of us strive to eradicate this disgraceful fortress by leaving no single trace.

Every year in May on the occasion of the May 18th Riot, North Korea has held massive commemorative ceremonies with high ranking officials from both the Workers Party and the cabinet in attendance, praising it as their best performance yet since the espionage operation was conducted in the South. The North Korean regime attributes the name of May 18th to their best achievements as a symbol of honor. For example, the name "May 18 Youth" was stamped out on a heavy-duty press machine (10,000 ton capacity) installed at Yongsung Enterprise. In addition, there are more cases showing off "May 18" names, such as:

1) May 18 Film Research Institute
2) May 18 Accident-Free Towing Movement
3) May 18 Silk Cocoon Working Group
4) Honorable May 18 Youth Work Place
5) May 18 Tank

Between 1989 and 1991, former North Korean dictator Kim Il-sung instructed two figures of South Korean origin, Mr. Hwang Suk-young (novelist), and Mr. Yoon I-sang (musician), to produce a film entitled *Symphonic Poem For You* for the purpose of anti-America and South Korea propaganda. These two figures were amply rewarded by the head honcho for the scenario, and for the theme tune respectively.

Surprisingly, the South Korean government has not only been indifferent to this obvious fact, but it also commemorated the May 18th Riot as an honorable event concurrently with North Korea. Isn't it shameful for us all to know that this disgraceful history has been taught to our young students by our country for years as being honorable, and documented as the true history that secured Korea's democracy?

Our country, the Republic of Korea, has become a ridiculous nation dear countrymen. How can we possibly be expected to suppress our emotions without an eventual violent backlash?

With honor, I hereby present my *Final Analysis Report on the May 18th Kwangju Riot* to this country, as an esteemed entry to recorded history. In my report there are many photos inserted of the North Korean commandos who conducted these secret operations as nameless or anonymous insurgents.

It is my keen desire therefore, that readers make the best use of this book in setting the most disgraceful part of history, right. Furthermore, I sincerely hope that each of my fellow countrymen will be in the vanguard to set this flagrant piece of written history straight, thereby allowing the country to finally stand tall.

October 15, 2014

Jee, Man-won

12년 연구의 결과물 : 5·18분석 최종보고서

차 례

- 요약 (Summary) • v (vi)
- 머리말 (Preface) • ix (xiv)

1 광주사태 10일의 본해 1

5·18분석 결과 개요 3
광주인들의 시위대가 존재하지 않았다는 증거 17
북한특수군의 작전기간(5. 18~21) 22
무기반납 및 협상기간(5. 22~25) 46
소수의 20대 노동자들이 벌인 객기의 기간(5. 26~27) 64

2 북한특수군 600명의 출처 73

한국 정부 측 자료 75
북한 당국 측 자료 77
광주 현장 자료 79

3 북한의 모략 내용과 전 북한인들의 증언   83

남북한 반역세력의 지속되는 모략전   85
황장엽과 김덕홍의 증언   94
광주작전에 참전했던 전 북한특수부대원의 TV출연   103
전 북한특수부대원 김명국(가명)의 증언내용   108
'5·18 공화국 영웅' 내연녀의 증언   113

4 광주인들의 집요한 역사 왜곡   133

황석영은 역사 왜곡을 위한 북한의 도구   135
『넘어 넘어』는 북한 작품   137
『넘어 넘어』는 읽기조차 민망한 저질의 북한 표현으로 가득   139
광주시를 뒤덮은 당시의 유언비어   143
북한이 직접 나서서 모략한 내용   150
검찰수사보고서의 5월 19일   154
『넘어 넘어』는 내가 썼다, 저작권 다투는 4인   156
아직도 진행중인 내전   164

5 김영삼의 역사 왜곡   167

객기어린 김영삼과 시녀 근성 검찰의 야합   169
전두환은 '코너에 몰린 김영삼'의 희생양이자 소모품   172

6 두 개의 5·18 판결문 폐기해야 ... 175

1981년의 5·18판결 폐기해야 하는 이유 ... 178
1997년의 5·18판결 폐기해야 하는 이유 ... 188
수사결과는 동일한데 판사들의 색깔이 정반대 ... 192
1997년의 민주화판사가 쓴 붉은 판결문 ... 194
오욕의 족적 남긴 판검사들 ... 197
5·18관련 3개 법률 폐기해야 ... 199
반역세력이 받는 상전 대우 ... 201

7 폭력으로 지켜온 5·18성역 ... 209

5·18재판은 판사들이 기피 ... 213
광주식 폭력 DNA에 5·18진실 담겨 있어 ... 216
열기 달아올랐던 5·18규명 행진 ... 223
'광주'만이 독점한 야만의 라이선스 ... 234
메아리 없는 광주법원들 ... 241

8 소리 없이 침탈당하고 있는 역사 ... 249

민주화 세력은 곧 공산화 세력 ... 251
소리 없이 진행되는 공산화 공작 ... 255

9 5·18 최종보고서에 제시돼 있는 18개의 SMOKING GUN — 265

5·18 최종보고서에 제시돼 있는 18개의 SMOKING GUN — 267

맺음말 : 이 세상에서 가장 부끄러운 역사는 5·18역사입니다! — 277

부 록 — 285

[부록 1] 『찢어진 깃폭』(원본) — 287
[부록 2] 5·18관련 사건들에 대한 요약 — 308
[부록 3] 대국민 경계령! 좌익세력 최후의 발악이 시작됩니다.
　　　　 (2002년 8월 16일자 동아일보에 게재한 광고문) — 328

증거자료 — 333

1

광주사태 10일의 분해

5·18분석 결과 개요
광주인들의 시위대가 존재하지 않았다는 증거
북한특수군의 작전기간(5. 18~21)
무기반납 및 협상기간(5. 22~25)
소수의 20대 노동자들이 벌인 객기의 기간(5. 26~27)

5·18분석 결과 개요

　5·18은 국가전복을 목적으로 하여 북한특수군 600명이 광주에 내려와 주도한 반란 폭동이었습니다. 금방 받아들이기 어려울 이 엄청난 결론은 제가 5·18을 연구한 지 만 12년이 지난 2014년 9월에 최종적으로 도출한 것입니다. 이러한 진실을 놓고 북한의 대남공작 세력과 이 땅의 반역자들이 결탁하여 이를 민주화운동으로 둔갑시켜 놓았습니다. 감쪽같이, 국가도 속고 국민도 속았습니다. 이들 반역자들은 지금까지 국민으로부터 엄청난 세금을 뜯어다 호의호식하면서 자라나는 아이들에게 국가에 대한 적개심을 심어주고 있습니다. 국가와 국민을 능멸하고 있는 것입니다. 이런 5·18의 사기극이 있기에 4·3유족, 일부 세월호 유족 등 점점 더 많은 정체불명의 세력들이 5·18의 사기극을 모방하여 금전적 이득과 신분 상승을 꾀하면서 사회 갈등을 일으키고 국가 사회 발전에 제동을 걸고 있는 것입니다.

저는 5·18 수사-재판기록 18만 쪽을 정리하였습니다. 이 18만 쪽에서 이 나라에 알려진 5·18에 대한 상식 모두가 거꾸로 날조된 거짓들임을 확인할 수 있었습니다. 이를 『수사기록으로 본 12·12와 5·18』이라는 책에 정리해 놓았습니다. 2008년이었습니다.

그 다음은 북한이 발간한 대남공작 역사 자료들, 북한이 만든 5·18영화, 탈북자들이 쓴 5·18증언집, 통일부, 일본 자료 등을 보았습니다. 그리고 이 자료들을 검찰보고서에 나타난 상황일지 및 안기부 상황일지와 다시 대조해 보았습니다. 그 결과 저는 5·18에 북한특수군 600명이 광주에 와서 모략작전을 기획-연출하였을 뿐만 아니라 현장 상황들을 자세하게 기록까지 해서 돌아갔다는 사실을 발견하였습니다. 광주에서 북한특수군이 주도했던 작전에는 북한의 기막힌 전략과 전술이 있었다는 사실을 그들의 책에서 발견하게 되었습니다. 이때가 2010년이었습니다. 이때까지만 해도 광주에는 광주의 운동권이 조직한 광주 시위대와 북한특수군 600명이 병존했던 것으로 판단했습니다. 그런데 2014년 9월, 저는 민주화를 위해서든 또는 폭동을 위해서든 광주인들이 주도하여 구성한 광주 시위대가 전혀 존재하지 않았음을 밝혀냈습니다. 5·18은 순전히 북한군 600명이 벌인 특공-모략 작전이었다는 가공할 결론에 이른 것입니다. 그리고 폭동에 뛰어든 광주인들은 개념 없는 부나비들에 불과했다는 결론도 도출하였습니다.

통일부 북한자료센터에도 많이 갔습니다. 김일성의 직접 지시로 제작한 북한의 5·18영화 『님을 위한 교향시』가 보관돼 있다는 사실 그리고 이는 누구나 열람할 수 있다는 사실도 발견하였습니다. 이 영화는 미국과 한국을 모략하는 내용으로 제작되었습니다. 1989~91년 김일성이 황석영과 윤이상을 불러들여 황석영에게는 시나리오를 쓰게 했고, 윤이상에게는 영화음악을 작곡케 했다는 사실 그리고, 그 주제곡이 바로 "님을 위한 행진곡"이라는 사실도 밝혀냈습니다. 북한에서는 오직 김일성만 '님'의 호칭을 소유하고 있으며, 영화제목의 '님'이나 영화주제곡에서의 '님'은 바로 북한에서 '님'자를 독점한 김일성을 의미하는 것임도 알아냈습니다. 5·18이 김일성에 바치는 교향시였다는 의미인 것입니다.

북한의 최고인 것들에 '5·18'이라는 호칭을 명예로 수여한다는 사실을 수많은 탈북자들이 그들의 증언록『화려한 사기극의 실체 5·18』(2009년 9월)에서 이구동성으로 증언하였습니다. 실제로 룡성기업에 있는 1만 톤짜리 프레스에 '5·18청년호'라는 글이 새겨진 사진도 입수돼 있고, '5·18무사고정시견인초과운동'이라는 글씨가 있는 철도역 사진도 입수돼 있습니다. 그리고 2001년 9월 28일 연합뉴스는 "이제까지 막연하게 존재하고 있다고만 알려졌던 북한 '5·18영화연구소'의 실체가 최초로 밝혀졌다"고 보도하였습니다.

해마다 5월이 되면 북한에서는 모든 지역에서 여러 날 동안 5·18을 기념하고 추념하는 행사가 대대적으로 열린다는 내용을 탈북자들의 증언록에서 읽었고, 이것을 통일부『주간정세보고서』를 통해 재확인하였습니다. 북한이 발행한 대남공작 역사책들에는 5·18이 북한의 대남공작 역사상 최고 수준의 작품이라고 자랑되어 있습니다.

본 최종보고서의 핵심 메시지는 "5·18은 순전히 600여 명의 북한특수군이 일으킨 모략작전이었고, 광주인들은 민주화운동을 위해서든 폭동을 위해서든 독자적인 시위대를 구성한 바 전혀 없다"는 것입니다. 이에 대한 개요를 약술하고자 합니다.

1980년 5월 18일이면, 당시 대한민국 대학생들 전체가 숨도 크게 쉬지 못했던 무서운 날이었습니다. 전두환에게 죄가 있음을 주장하기 위해 1995년 7월 18일에 검찰 및 군검찰이 공동으로 내놓은 『5·18관련사건 수사결과』에 의하면 5월 18일 아침 9:30분경, 200여 명으로 구성된 광주의 '대학생들'이 전남대학교 정문에 정렬해 있는 계엄군을 향해 책가방에 준비해 온 돌멩이를 던져 계엄군 얼굴에 피가 줄줄 흐르게 했습니다. 도대체 이 시각이 어떤 시각이었는데 그 살벌한 분위기에서 감히 대학생이 200명씩이나 몰려다닐 수 있는 것인지, 멀리 있는 경찰만 보아도 도망갈 대학생들이 감히 공수부대원들을 찾아가 돌을 던져 얼굴에 피를 낼 수 있는 것인지, 과연 이런 행위들을 남한의 대학생들이 그 서슬 퍼렇던 공포의 분위기에서 해낼 수 있는 일인지 사리판단해 주시기 바랍니다.

그 시각에는 대한민국의 모든 대학생들이 꼭꼭 숨어 있었습니다. 심지어는 전라도에서 담력이 가장 크기로 소문났던 윤한봉, 그 지역 운동권의 최고 영웅으로 불렸던 윤한봉은 잡히면 곧바로 죽는다는 경찰 측 소문을 듣고 잔뜩 겁을 먹은 나머지 숨을 곳을 찾느라 전남-대전-서울을 허우적거리며 다녔고, 전남대 총학생회장 박관현도 흔적도 없이 숨어 있었습니다. 이렇게 무시무시했던 시각이었는데, 감히 광주의 대학생

200여 명이 떼를 지어 계엄군을 스스로 찾아가 "도서관에 가야 하겠다"며 당당하게 시비를 걸고 이어서 돌멩이 공격을 감행하였다는 사실이 참으로 믿어지지 않습니다. 이런 배포를 가진 사람들이라면 어떤 사람들이겠습니까? 검찰 보고서에는 그냥 '대학생들'이라고 표현돼 있지만 아무리 상상해 보아도 이들이 광주의 대학생들일 수는 없습니다. 이것이 정상적인 사리판단입니다. 그리고 이 사리판단은 5·18영웅들이라는 사람들이 낸 증언집들(증9, 10)에 의해 사실인 것으로 드러났습니다. 이른바 '5·18영웅들', 이들의 한결같은 증언들에 의하면 광주의 대학생들과 지식인들은 '항쟁 10일 내내' 모두 숨어 있었고, 운동권은 잡혀 갔거나 더 꼭꼭 숨어 있었습니다. 이렇게 숨는 것이, 한국의 정상적인 사람들입니다. 이러한 분위기에서 위와 같이 상식 밖의 행동을 보인 '200여 명의 대학생들'이라면 어떤 사람들이겠습니까? 누구나 세계적인 수준의 싸움 능력을 가진 특수집단일 것이라고 생각할 것입니다.

남들은 혹시 오해를 받아 경찰에 걸려들까 숨죽이고 있는 판에 더구나 무술 능력이 가장 뛰어나다는 공수부대가 곧 출동할 수 있는 상황에서, 별도의 수백 명이 더 나타나 금남로, 충장로 등 번화가에 산재한 수십 개 파출소를 동시다발적으로 불태워, 광주에서 천대받던 사회 불만 세력의 잔치를 유도해 내고, 구경꾼들을 대거 유인하는 작전을 펼칠 수 있는 위장 '대학생들' 역시 대한민국 사람일 수 없습니다. 이들 '위장 대학생들'은 5월 18일부터 시작하여 5월 21일 오후 5시 계엄군을 광주시에서 몰아낼 때까지 세계 최정상급의 특공작전을 펼쳤습니다. 5월 20일 밤에는 3공수여단 4개 대대 전부가 광주 신역 앞에서 몰살당할 뻔 하였습니다. 5월 21일 오후에는 3개 공수여단에 속한 9개 대대 모두가 몰살될 처지에 놓였다가 가까스로 시 외곽으로 탈출하였습니다. 5월 18일부터 21일 오후 5시까지 4일 동안 북한군 600여 명이 벌인 특공작전은 불가사의 그 자체였다고 평할 만큼 눈부신 것이었습니다.

　　1995년에 내놓은 검찰 및 군검찰의 수사결과보고서에 의하면 5월 21일 오전 8시, 시위대 300여 명이 고속도로 톨게이트 부근에 매복해 있다가 극비리에 이동하는 20사단 사령부를 기습하여 사단장 차를 포함한 지휘차량 14대를 빼앗아, 방위산업 업체인 아시아자동차 공장으로 가서 "20사단 사단장 차를 보아라" 하면서 순종하도록 만들었습니다. 감히 어느 한국인이 이렇게 기발한 생각을 할 수 있는 것이며, 어느 한국인이 극비 중 극비로 취급되는 사단의 이동계획을 사전에 알아내 가지고 공격하기 가장 좋은 톨게이트라는 장소에서 매복할 생각을 할 수 있는 것이며, 어느 한국인이 감히 막강한 정규사단 사령부를 막대기 정도를 들고 기습할 능력과 배포를 가지고 있는 것이며, 더구나 이런 능력자들이 어떻게 300명씩이나 될 수 있는 것인지, 사리판단을 해주시기 바랍니다.

　　아침 9시경에는 또 다른 300여 명이 버스를 타고 아시아자동차 공장에 가서 먼저 도착한 톨게이트 돌격대 300여 명과 합세하였습니다. 모두 600여 명이 집결된 것입니다. 먼저 4대의 장갑차를 빼앗아 몰고 나갔습니다. 370여 대의 군용트럭을 탈취해 전남지역 17개 시군에 위장해 있는 44개 무기고를 향해 각기 질주하였습니다. 아무리 잘 훈련된 군대도 이렇게 조직적이고 빈틈이 없을 수는 없는 일입니다. 불과 4시간 만에 2개

연대를 무장할 수 있는 무기를 털었습니다. 총에 맞아 사망한 광주인의 70%가 이 무기고들에서 꺼낸 총에 맞아 사망했습니다. 당시 광주인들은 이 총상 사망자 모두를 공수부대가 죽였다고 믿고 공수부대를 증오하였으며, 이러한 증오는 지금도 지속되고 있습니다. 북한은 이런 식의 모략작전을 통해 국군과 광주인들이 서로 총부리를 마주하고 전쟁을 하도록 유도했지만 결국은 실패하고 돌아갔습니다.

1976년 이스라엘이 멀리 우간다 엔테베 공항에 인질로 납치돼 있는 100여 명의 이스라엘 국민을 구출해 오기 위해 수송기 4대를 보내 특수 군사작전을 감행하였습니다. 그 어느 세계적 군사전문가들도 이런 작전이 가능할 것이라고는 짐작하지 못했습니다. 엔테베 작전은 세계 군사작전에서 하나의 기적으로 인용되고 있습니다. 하지만 북한특수군 600명이 주도한 광주작전은 이보다 더 화려하고 더 기적적인 특공작전에 해당합니다. 삼엄한 계엄 상태에서 6개월 이상에 걸쳐 소규모 단위로 침투시킨 600여 명의 특수군으로 하여금 남한 땅 광주에서 '인간 소모품'을 뜻하는 '쓸모 있는 바보'(공산주의 용어)들을 끌어들여 계엄군을 막다른 골목으로 몰고 갔던 그 전술은 이스라엘의 구출작전보다 더 어렵고 고난도이며 화려합니다.

아울러 북한특수군 출신으로 광주작전에 참가했던 사람이 2006년에 탈북하여 현재 서울 근교에 살고 있다는 사실도 작년 5월, 방송을 통해 알려졌습니다. 이로 인해 5·18 측 광주 사람들이 코너에 몰렸습니다. 다급한 나머지 어이없게도 이 탈북자(가명 김명국)를 허위 사실 유포자라며 고발했습니다. 그의 증언을 소형 책자『김일성 광주사태 북한군 남파 명령』에 담은 다른 탈북자와『화려한 사기극의 실체 5 · 18』이라는 500쪽 분량의 증언집을 편집해 발행한 또 다른 탈북자를 고발했습니다. 광주검찰은 서울과 경기도에 거주하는 이 3인의 탈북자들을 광주로 데려다 재판을 받게 하려고 형사소송법 제4조가 규정한 토지관할 규정을 어기면서까지 편법을 쓰려다 저항에 부딪쳤습니다. 이들이 끝까지 거주지역을 관할하는 검찰청에서 조사를 받겠다고 버틴 것입니다. 광주 검찰로부터 사건이 서울 및 경기 검찰로 이송되자 이들 서울 등의 검찰들은 광주검찰의 뜻대로 움직여 주지 않았습니다. 특히 김명국(가명)에게는 전화 한 통도 걸지 않았습니다. 방송에 출연한 3인의 탈북자 모두가 무혐의 처분을 받았습니다. 고발을 받은 탈북 당사자들은 빨리 기소해서 법원에서 진실을 가리자 서울과 경기 검찰에 전화를 걸어 강력히 주장한 반면, 검찰은 사건이 이미 종결되었다며 조사조차 하지 않은 것입니다.

자기가 분명히 북한특수군 신분으로 '2006년에 북한의 국방차관급에 올라 있다는 문제심'이라는 지휘관을 호위하고 광주작전에 참전해서 적어도 3명의 계엄군을 총으로 쏘아 쓰러지는 것을 보았다고 방송에서 증언을 했는데 광주 사람들은 아무런 근거 없이 그를 허위 사실 유포자라 주장하며 고발부터 해놓고, 광주 법원에서 재판을 하려 지극히 비민주적인 편법을 고집했던 것입니다. 이로써 가명 김명국이 북한특수군 신분으로 광주작전에 참전했다는 사실과 함께 북한특수군이 광주에 참전하였다는 것이 사실로 공식화가 된 것입니다. 이는 역사 규명에 매우 중요한 전환점이 아닐 수 없습니다. 이 사실은 모든 국민이 빨리 알아야 할 중요한 정보입니다.

이어서 2013년 5월, 황장엽과 김덕홍이 전 월간조선 편집부장 김용삼 씨에 했던 1997년의 증언 내용이 TV조선을 통해 방송되었고, 월간조선 6월호에 자세하게 게재됐습니다. "5·18은 북한의 공명주의자들이 배후 조종하여 일으킨 폭동인데 북한이 이를 남한에 뒤집어씌웠다. 광주사태가 끝난 직후 통전부 간부들이 일제히 훈장을 받고 술파티를 했다." 황장엽과 김덕홍은 제가 내린 마지막 결론과 정확히 일치하는 증언을 해 준 것입니다.

그 다음에는 황석영 명의로 발간돼 온 『죽음을 넘어 시대의 어둠을 넘어』(약칭 "넘어 넘어")라는 책이 바로 북한 노동당이 발간한 대남공작 역사책 2권을 섞어서 베꼈다는 사실을 발견하게 되었습니다. 이 책은 1995년 7월 18일에 검찰과 군검찰이 공동으로 내놓은 『5·18관련사건 수사결과』 내용과는 전혀 다른 허위 사실들과 모략 내용들 그리고 적화통일을 선동하는 내용들로 가득 차 있습니다. 오직 북한만이 쓸 수 있는 이 책의 재료들이 김상집-소준섭-이재의-황석영 순으로 옮겨갔다는 사실도 알게 되었습니다. 한국의 386대학생들, 운동권 인물들, 교수들, 언론인들, 판검사들, 변호사들 모두가 황석영 이름으로 발간된 『넘어 넘어』라는 책을 5·18의 바이블로 존중했습니다. 그리고 1996~97년 판결은 모두 이 황석영 책의 논리대로 내려졌습니다.

사람들은 600명의 북한특수군이 어떻게 넘어올 수 있느냐, 의문을 제기합니다. 아무리 해안 및 휴전선이 허술하다 해도 어떻게 600명씩이나 한꺼번에 올 수 있느냐며 핵심을 호도합니다. 하지만 이 600명을 한꺼번에 적지로 떼 지어 보낼 군 지휘관이 이 세상에 어디 있겠습니까? 이들은 6개월여에 걸쳐 조금씩 침투한 북한 병력의 합입니다. 탈북자들은 '남한은 북한 통전부의 안방'이라고 이구동성으로 말합니다. 역대 국정원 대공요원들은 "그동안 간첩을 잡은 것은 순전히 통신감청과 기존 간첩들의 제보에 의한 것"이었다고 말합니다. 해안경비는 믿을 수 없다 하였습니다. 이에는 저도 찬성합니다. 1986년 저는 국방연구원의 대령 연구관 자격으로 대한민국의 전 해안과 공군 레이더 기지들을 돌아다니며 레이더 등 감시 시스템과 근무실태를 파악한 바 있습니다. "해안이 비었다", "공중이 비었다"는 결론을 내렸습니다. 이 결론이 보안사를 통해 전두환 당시 대통령에 보고되자 국방장관 등으로부터 미움을 사 스스로 예편하였고 곧장 미 해군대학원에 가서 교수 생활을 하였습니다. 당시의 해안은 북한특수군들에는 얼마든지 열려 있었습니다.

마지막으로 5·18기념사업회가 한국 사회와 유네스코에 내놓은 자료들을 보았습니다. 5·18단체들이 유네스코에 자료를 내놓은 것은 이제 보니 국가차원에서 매우 바람직했습니다. 일단 유엔에 내놓으면 문서조작이 불가능하기 때문입니다. 그런데 그 자료들은 저로 하여금 5·18의 진실이 무엇인지에 대해 마지막 결론을 얻게 했습니다. 군법회의에서 5·18의 핵심 주범이라며 사형과 무기징역을 받았던 사람들 중에는 5월 18일부터 5월 21일까지 시위를 조직했거나 참가한 사람이 일체 없습니다. 5·18의 주역으로 중형을 받은 사람들은 모두 계엄군이 포기한 전남

도청에 5월 22일 이후 들어온 호기심 많았던 20대의 막노동자들이었습니다. 이들의 증언에 의하면 광주에는 대학생 시위대도 없었고, 노동자 시위대도 없었습니다.

민주화 판사들은 1996~97년 판결문에서 "광주 시위대는 헌법을 지키기 위해 결집된 준-헌법기관"이라고 규정하였습니다. 그러나 제가 이번에 내린 최종 결론으로는 광주인들 중에 이런 시위대든 저런 시위대든 시위대 자체가 없었습니다. 대학생들로 위장한 600여 명의 북한특수군이 최초 4일(18~21일) 작전의 주동군이었습니다. 결국 5·18기념사업회가 내놓은 "광주영웅들의 증언집들"(증9, 10)은 "북한특수군이 내려와 국가 전복작전을 하는 사실도 모르고 광주에서도 천대받던 부나비들이 거기에 부화뇌동했다"는 고백집에 불과했던 것입니다.

5월 21일 저녁, 계엄군이 광주시를 포기하고 사라지자, 광주시는 갑자기 진공의 공간처럼 텅 비었습니다. 싸울 상대가 사라진 5월 22일, 북한특수군 600명도 잠시 자취를 감추었습니다. 북한특수군이 자취를 감추고 나니 "광주에는 시위대라는 것이 존재하지 않았다"는 사실이 역력히 드러나게 되었습니다. 대학생들도 시내에 얼씬거리지 않았습니다. 광주에는 광주인들로 구성된 시위대가 5월 18일부터 21일까지도 없었고, 계엄군과 600명이 다 사라진 22일부터 광주 재진입작전이 끝난 27일까지에도 없었습니다.

5월 21일, 계엄군이 광주 외곽으로 철수하자 광주 유지들이 도청에 모여 그 화려한 대학생들을 애타게 찾았습니다. 하지만 그 신출귀몰하던 대학생들은 단 한 명도 나타나지 않았습니다. 광주 유지들은 5월 22일부터 25일까지 무기를 회수하여 계엄군에 반납하는 운동을 벌였습니다. 이 기간은 시위기간이 아니라 항복을 준비하는 기간이었습니다. 이때까지도 광주의 대학생들은 나타나지 않았습니다. 무기회수와 반납이 대세를 이루자 이들 600명은 복면으로 얼굴을 가리고 무력시위를 하면서 자기들을 믿고 다시 싸우자 선동하고 다녔습니다.

이상한 낌새를 챈 대부분의 지각 있는 사람들은 이에 응하지 않았습니다. 북한특수군 600명은 5월 21일 오후부터 22일 새벽에 이르기까지 마지막 발악을 하듯이 광주교도소 공격에 나섰습니다. 좌익수 170명을 포함한 2,700여 명의 수용자들을 폭동에 동원하려고 6차례에 걸쳐 교도소를 공격한 것입니다. 이 때 참호를 파고 대기하던 공수부대와 고지쟁탈전을 벌여 아마도 많은 북한특수군이 사살됐을 것입니다. 북한특수군은 중상을 당했을 경우 증거를 인멸하기 위해 죽기 전에 소형의 폭발물로 자기 몸을 분쇄하는 것을 기본으로 한다고 합니다. 교도소 공격에서 패하자 이들은 26일, 마지막으로 도청에 있었던 일부 20대 부나비들에게 결사항전을 선동하고 사라졌습니다.

이들의 영향을 받아서였는지, 극소수의 20대 노동자들이 5월 26일 낮과 밤에 '결사항전'을 선언했다가 계엄군의 진압작전을 초치하였습니다. 당시의 5·18사건 재판에서 중죄를 받은 사람들이 바로 5월 26일부터 전면에 부상했던 이 조무래기들이었습니다. 결사항전 주창자들은 서로 일면식도 없는 남남들이었으며, 오합지졸이었고, 의견 충돌로 시간을 보냈다고 증9, 10에서 증언합니다. 이들은 또한 5월 18일부터 5월 21일까지 벌어졌던 가장 화려한 작전에 전혀 참가하지 않았던 사람들입니다. 이처럼 5·18은 순전히 북한특수군 600명이 벌인 남남 이간용 특수작전이었습니다. 그것이 5·18의 전부입니다. 폭동 시위에 가담했던 사람들은 지각 없는 사회 불만세력과 중·고생들입니다. 지금 우리 사회에도 소위 '진보'라는 간판을 내건 사람들이 이런 부나비처럼 행동하고 있습니다. 북한에서는 이런 지각 없는 사람들을 '쓸모 있는 바보'(소모품)라고 지정해 놓고 있습니다.

광주 5·18묘지에는 12명의 신원불상자가 묻혀 있고, 66명의 행불자가 누워 있습니다. 시체는 존재하는데 주인이 없는 시체가 12구나 되고, 폭동기간 중 집에서는 나갔는데 어디로 증발했는지 알 수 없는 사람이 66명이나 됩니다. 아마도 이들 중 상당수는 북한특수군이 26일 밤 사라질 때 멋모르고 따라가다가 증거를 인멸해야만 하는 북한특수군에 의해 매장을 당한 사람들도 꽤 있을 것 같다는 생각이 듭니다.

5·18에 대한 재판은 전두환 정권에서도 했고, 김영삼 정권에서도 다시 했습니다. 같은 사건을 재심 절차 없이 다시 재판하는 것은 헌법이 규정한 일사부재리 원칙을 위반하는 것입니다. 헌법을 유린하기 위해 YS는 5·18특별법을 만들었습니다. 그러나 제가 지금 내린 최종 결론이 맞다면 이 두 개의 재판 모두가 잘못된 판결을 낸 것이 됩니다. 광주에 광주인들이 독자적으로 구성한 시위대가 없었음에도 1981년 4월 1일의

대법원과 1997년 4월 17일의 대법원은 다 같이 광주 시위대가 있었다고 잘못 판결하였습니다. 1981년의 대법원은 이 광주시위대를 김대중의 내란 음모와 연관된 폭동이라고 단죄한 반면, 1997년의 대법원은 600명 중심의 광주시위대를 놓고 헌법수호를 위해 결집한 준-헌법기관이라 판결하였습니다. 전자는 함량미달의 판결이었고, 후자는 북한 판사의 입장에서 내린 판결이었습니다. 5·18과 같은 복잡한 사태를 대한민국 판사들이 재판하기에는 판사들의 능력이 매우 부족하다는 결론이 아니겠습니까? 5·18은 북한이 주도적으로 실행한 반란폭동이었고, 민과 군을 이간시켜 남남전쟁을 유도한 고도의 특수전이었지만, 당시의 국가기관은 그 진실을 찾아내지 못하였습니다. 한국 정부의 이 무능한 약점을 이용하여 북한은 한 걸음 더 나아가 황석영 등을 이용하여 대한민국의 역사를 북한의 뜻대로 기록하게 만드는데 성공하였습니다. 이 무슨 비극이요, 치욕입니까?

국민 여러분, 우리는 북한에 철저히 놀아났고, 5·18단체들에 철저히 속아 왔습니다. 저들은 여기에 그치지 않고, 정부로 하여금 이 나라에서 획책된 모든 반역의 역사를 애국의 역사, 민주화의 역사로 둔갑시키는 도미노 작전을 수행하고 있습니다. 반역세력이 애국세력으로 등극하고 기득권 세력이 되어, 사회 좌경화를 가속화시키고 있습니다. 이로 인해 과거에 있었던 모든 용공사건과 간첩사건을 재심으로 줄줄이 뒤집어 지금까지 3,500억 원 규모의 보상을 해주고도 앞으로도 1조 5,000억 원 규모의 국민 세금을 그들에게 퍼주는 재심 재판이 줄줄이 기다리고 있습니다.

광주인들의 시위대가
존재하지 않았다는 증거

    1980년 5월 16일, 김대중이 국가를 상대로 최후 통첩을 발표하였습니다. "5월 19일까지 계엄을 철폐하고, 최규하-신현확 내각을 해체하고, 전국혁명내각을 구성하겠다." 이런 내용으로 확답하지 않으면 5월 22일을 기해 전국 봉기를 단행할 것이라 협박한 것입니다(증5, 30쪽). 이는 당시 김일성이 간첩들에 내린 '전민봉기' 교시와 정확히 일치하였습니다(증11). 당시 무엇을 믿고 감히 이런 선전포고를 했는지 우리는 깊이 생각해야 합니다.

    김대중은 북악파크 호텔에서 4~5월에 걸쳐 4차례씩이나 동조자들과 회동하여 김대중을 수반으로 하는 혁명내각 명부까지 작성해 놓고 있었습니다. 정부는 5월 17일 밤중을 기해 김대중 등 24명의 내란음모 세력을 체포하였습니다. 동시에 전국 경찰들로 하여금 각 지역에 운동권 대학생 등 문제가 될 만한 인물들을 일거에 체포하여 강도 높은 수사를 시작하도록 하였습니다. 대한민국 전체가 숨도 크게 쉬지 못할 만큼 얼어붙었습니다. 체포되지 않은 운동권과 학생들은 모두 깊이 숨어 문 밖 출입조차 삼갔습니다.

이럴 때 감히 어느 광주인들이 집단으로 나서서 민주화운동이라는 대규모 시위를 시도할 수 있겠습니까? 거짓말입니다. 광주민주화운동은 존재하지 않았습니다. 그런데 물렁한 노태우가 좌익 사기꾼들에 놀아났습니다. 1990년 1월, 노태우는 집권 여당의 의원 수가 턱없이 모자라는 것을 위기로 인식한 나머지 3당 합당을 추진하였습니다. 이념적 사기꾼들은 이런 노태우의 입지를 악용하여 존재하지도 않았던 '민주화운동'을 강제로 쟁취해 냈습니다. 이런 돌파구가 생기자 이념의 사기꾼들은 5·18 관련법 3개를 만들어 놓고 해마다 국민세금을 털어다 자손들에까지 호강을 시키고 있으며, 그것도 모자라 자라나는 학생들에게 왜곡된 5·18 역사를 주입시켜 국가에 대한 적개심을 길러주고 있는 것입니다.

2001년은 김대중 시대, 광주공화국이 대한민국 위에 군림하던 시대였습니다. 그때 5·18영웅이라는 사람들이 5·18기념재단이 마련한 증언록(증9, 10)에 그들이 겪은 모든 것들을 진술하게 털어놨습니다. 저는 그 책들을 입수하였습니다. 그리고 그 내용들은 유네스코에도 제출돼 있습니다. 여기에 수록된 내용들을 요약하면 다음과 같습니다. 그리고 이 내용들은 5·18역사의 진실을 규명하는데 참으로 중요한 자료가 되었습니다.

"5월 17일 자정을 기해 광주의 모든 운동권들은 경찰에 잡혀가 고문받기 시작했다. 잡히지 않은 운동권 지도자들은 두려움에 떨며 모두 도망가 깊이 잠적했다. 정동년은 낌새를 눈치채지 못하고 있다가 5월 17일 자정에 잡혀가 고문을 받았지만, 전남지역 운동권 전체에서 가장 뛰어난 지도자라는 윤한봉 그리고 전남대총학생회장 박관현은 '항쟁'기간 내내 도망가 있었다. 평시 운동권에 얼씬거렸던 광주의 지식인들, 교수들, 학생들도 항쟁기간 내내 도망가 자취를 감추었다. 무산계급인 5·18유공자들은 이런 지식인들을 비겁하다 입을 모았다. 지각 있고 분별력 있는 사람들은 다 시내에 나오지 않았다. 시내에 나온 사람들은 개념 없는 10대 소년들과 양아치 등 사회 불만세력들이었다. 군법회의에서 사형과 무기징역을 받은 사람들은 계엄군이 광주를 포기하고 외곽으로 철수한 이후 호기심 등의 이유로 이리저리 살피면서 도청에 들어왔다가 5월 26일 낮과 밤에 극히 소수의 강경파 건달들에 줄을 잘못 섰다 대가를 치른 사람들이다. 이들은 개념 없는 남남들로 구성되었으며 거의가 다 구두공, 화물차운전수 등 20대의 사회불만 계층들이었다. 운동권 아류들은 시위 기간에 어쩌다 녹두서점이라는 운동권 아지트에서 만나 의논을 하다가도 조금만 위험한 징조만 나타나면 각자 도생하자며 뿔뿔이 흩어져 도망다녔다. 5월 26일부터 극히 소수의 20대 뜨내기들이 가동한 '항쟁본부'에는 예비군 출신은 거의 없었고, 거의가 다 총기를 잘 다루지 못했다. 이들은 의논을 할 때마다 서로 다투는 오합지졸이었다"(증9의 윤한봉, 정동년, 증10의 김창길, 김종배, 정상용, 허규정, 박남선, 김상집, 위성삼, 서채원 등의 증언).

5·18 최고의 유공자들이 이구동성으로 증언한 내용들은 당시 광주

의 실상을 정확히 그리고 거짓 없이 말해주고 있습니다. 그들의 증언들은 대한민국 전체 지역의 평균 분위기와도 일치합니다. 이 증언들에는 참으로 귀중한 의미가 들어 있습니다.

첫째, 5·18의 최고 유공자들은, 5월 18일로부터 5월 21일까지의 광주폭동에 참여한 사람들이 아니라, 5월 22일 이후 텅 비어 있는 전남도청에 별 목적 없이 호기심 등의 이유로 한 사람씩 각자 들어왔던 20대의 뜨내기 노동자들이었다는 사실이 들어 있습니다.

둘째, 광주의 운동권을 포함하여 전국의 모든 운동권 인물들은 광주사태 전 기간을 통해 잡혀가 있었거나, 꼭꼭 숨어 있었다는 사실이 들어 있습니다. 이에 더해 광주의 모든 대학생들, 교수들, 식자들은 모두 다 '사태기간' 내내 꼭꼭 숨어 있었다는 사실이 들어 있습니다.

이 두 개의 사실은 무엇을 의미합니까? 5·18사건 기간 10일 동안 광주에는 그 어떤 목적의 시위대도 구성돼 있지 않았다는 사실을 의미합니다.

광주폭동의 핵심상황은 5월 18일부터 21일 저녁까지 4일 안에 다 들어 있습니다. 그 다음 4일은 광주의 유지들에 의한 무기회수 및 반납기간이었습니다. 그 다음 2일은 극소수의 20대 막노동꾼들이 객기를 부리다 계엄군을 향해 총 한 번 제대로 쏘아보지 못하고 계엄군에 손들고 항복했던 기간이었습니다. 이렇듯 광주사태 10일은, '600여 연·고대생'

들이 주동했던 살상과 파괴와 충돌로 가득했던 처음의 4일과 전남도청 내에서 600여 연·고대생 없이 광주 사람들끼리 무기반납 및 항복 여부의 문제를 놓고 갑론을박하다 점령된 나중의 6일로 나누어집니다. 연·고대생 없는 광주는 광주의 일부 유지들과 무식한 막노동자들이 어우러져 자기들끼리 물고 뜯는 꼴불견의 난장이 쇼 공연장에 불과하였습니다. 그러면 '600의 연·고대생'이 있었던 광주는 어떠했겠습니까? 아래는 5월 18일부터 21일까지 4일 동안 600여 명의 연·고대생들이 벌인 작전 내용들입니다.

북한특수군의 작전기간(5. 18~21)

 5월 18일(일) 전남대에는 전라도 출신이 대부분인 전북 금마면 주둔의 7공수여단 제33대대가 파견돼 있었습니다. 5월 18일(일요일)에는 아침부터 공수대원 20명이 전남대 정문 앞에 일렬로 서서 휴교령을 집행하고 있었습니다. 오전 9:30분경 대학생으로 보이는 200여 명의 시위대가 나타나 공수대원들에게 도서관에 가겠다며 시비를 걸었고, "안 된다 귀가하라"하자 책가방에 숨겨온 돌멩이를 던져, 여러 명의 공수대원들에 피를 흘리게 한 후, 공수대원들이 추적할 수 없을 정도의 빠른 속도로 금남로 번화가로 도망을 갔습니다(증5, 57~58).

 이 순간으로부터 '연·고대생 600여 명'은 거침없이 수십 개의 파출소를 파괴하고 소각하였습니다. 경찰로부터 데모진압용 페퍼포그 차량을 빼앗아 불태우고, 경찰을 인질로 잡고, 민간 버스를 무차별로 빼앗아 불을 질렀습니다. 공공건물들에도 불을 질렀습니다. 어느 지역이든 큰 불이 나면 자연 사람들이 몰려듭니다. 불을 지르는 것은 역대로 좌익들이 군중을 모으고 흥분시키는 아주 중요한 수단으로 애용해 왔습니다. 1946년의 대구폭동사건에서도 폭도들이 불을 질렀고, 1948년의 제주4·3사건에서도 폭도들은 불을 질렀습니다. 여기에 더해 지역감정에 불을 붙이기 위해 다각적으로 제조된 유언비어들을 소나기처럼 쏟아냈습니다. 이때의 시각은 오전 10:30분, 금남로에는 '시위대 1,000여 명'이 위와 같은 일을 주동했다고 검찰보고서(증5의 59쪽)에 기록되어 있습니다.

유언비어는 사람들의 이성을 잃게 만드는 환각제입니다. 특히 영·호남 갈등에 휘발유를 붓는 역할을 하는 자극적인 유언비어들은 더욱 파괴적이었습니다. 이날 광주시를 삽시간에 뒤덮은 수많은 유언비어들은 분명 사전에 준비된 것들임에 틀림없어 보입니다.

"경상도 군인들이 전라도 사람들의 씨를 말리러 왔다."
"경상도 군인만 골라서 왔다."
"경상도 군인들이 전라도에 와서 여자고 남자고 닥치는 대로 밟아죽이고 있다."
"계엄군이 출동해서 장갑차로 사람을 깔아 죽였다."
"공수부대들이 호박 찌르듯이 닥치는 대로 찔러 피가 강물처럼 흐르고 시체들을 트럭에 던지고 있다."
"여학생들이 발가벗긴 채로 피를 흘리며 트럭에 실려갔다."

"공수부대들은 '젊은 놈은 모조리 죽여라', '광주 시민 70%는 죽어도 좋다'는 구호를 공공연히 외치고 있다."

불타는 광주

5월 19일 전소된 MBC(외지인이 대형 변압기를 폭파시켜 불을 질렀음)

국민 여러분, 학생으로 위장한 200여 명이 전남대 앞에서 벌였던 행동을 곰곰이 생각해 보십시오. 광주의 모든 학생들, 대한민국의 모든 학생들이 쥐죽은 듯 숨어 있었던 그 무서운 순간, 혹시라도 경찰이 오해하여 자기를 잡아갈까 꼭꼭 숨어 있었던 그 시각에 어떻게 광주학생들이 200여 명씩이나 집단을 만들어 가지고 감히 그 무섭다는 계엄군을 찾아가 돌을 던지고, 계엄군보다 더 빠른 속도로 금남로로 뛰어가 거기에 대기하고 있던 또 다른 수백 명의 '대학생'들과 합세하여 파출소들을 불태우고, 경찰을 인질로 잡고, 경찰의 시위진압용 차량인 페퍼포그 차량 등에 불을 질러 군중을 모을 생각을 할 수 있었겠습니까?

　이는 한국군의 한계를 정확하게 꿰뚫고 그에 대해 오랜 기간 훈련해 온 배포 큰 특수집단이 아니고서는 할 수 없는 일일 것입니다. 또한 5·18 기념재단이 발간한 증언집들(증9, 10)에 의하면 광주 대학생들은 '항쟁기간 내내' 꼭꼭 숨어 있었습니다. 이들 '대학생'들은 광주의 대학생들이 전혀 아닙니다. 당시의 대한민국에 그렇게 용감무쌍한 대학생들은 존재하지 않았으며, 더구나 이런 용감한 대학생들이 수백 명씩이나 떼를 지어 몰려다니면서 감히 계엄군을 조롱하고, 그토록 무서워하던 경찰병력을 단숨에 무력화시킬 수는 없었습니다.

　이후 이들이 사용한 다양한 공격기법들이 선을 보였습니다. 광주에서 천대받던 부나비들에 환각제를 먹이거나 술을 먹인 후 대형차를 몰고 계엄군 집합대열을 향해 고속의 지그재그 궤적을 그리게 하면서 돌진시키는 방법, 대형 트럭의 악세레다를 고정시켜 놓고 계엄군을 향해 달리게 하다가 뛰어내리게 하는 방법, 대형 변압기를 폭파시켜 MBC 등 대형 건물을 불태우는 방법, 불타는 휘발유 드럼통을 계엄군을 향해 굴리게 하는 방법, 광주의 어수룩한 10대와 20대를 차에 태워 이곳 저곳에 내려 놓고, 서로가 서로를 계엄군으로 오해케 하여 사격하게 하는 방법, 광주 시민들을 무참한 형태로 살해해 놓고 사진을 찍어 유포시키면서 '금수만 도 못한 계엄군의 소행'이라고 선동하는 등 매우 다양한 방법이 동원되 었습니다.

시민들이 공수부대원들에게 분노했습니다. 북한특수군 600여 명은 많은 군중을 방패와 은폐물로 이용하여 계엄군을 압박하였습니다. 계엄군은 5월 19일 아침부터 수세에 몰려 그야말로 중과부적의 상태에서 공포감에 떨며 매타작을 당하면서 실탄을 달라, 철수시켜 달라 지휘관에 절규하였습니다. 특히 광주 신역 앞에 있던 3공수여단 4개 대대는 5월 20일 밤중을 전후하여 몰살될 위기에 처해 있다가 실탄사격과 가스탄(지랄탄) 사격으로 활로를 뚫으면서 위기에서 가까스로 벗어났습니다. 이렇게 활로를 뚫지 않았다면 제3공수여단은 전멸했을 것입니다. 당시 공수부대 대대장 김일옥(35대대) 등은 공수부대 지휘관들이 광주의 '시민작전'을 수행한다 해도 그렇게 정교하고 일사불란하게 수행하지는 못했을 것이라며 감탄하였습니다. 당시 대대장들은 유능한 간첩들이 개입했을 것이라는 막연한 의심만 했지. 이렇게 600명씩이나 동원되었으리라고는 상상조차 하지 못했습니다.

드디어 그 유명한 5월 21일이 되었습니다. 이날은 영화『화려한 휴가』

에서 계엄군이 시위대에 집단발포를 해서 수백 명이 죽고 수천 명이 다쳤다고 묘사했던 바로 그날입니다. 1990년대 10년 동안에 걸쳐 "이날 그 발포 명령을 누가 내렸느냐, 전두환이 내렸을 것이다." 한껏 의혹을 부풀리면서 사회를 떠들썩하게 했던 바로 그날입니다. 이날 아침 08:00시 정각에 300명으로 구성된 '대학생 시위대'가 광주 톨게이트에 매복해 있다가 이동 중인 20사단 사령부에 기습공격을 가했습니다. 군의 이동계획은 극비 중 극비입니다. 그런데 이들 300여 명은 20사단 차량부대가 08:00시에 광주 톨게이트를 통과한다는 정보를 입수하고 매복하였다가 08:00시 정각에 기습공격을 감행하였습니다. 35쪽 사진들에서 보실 수 있듯이 이들의 손에는 달랑 막대기 하나씩 들려 있었습니다. 막대기 하나씩을 가지고 총을 든 부대를 공격한 것입니다.

막대기 하나씩을 가지고 있는 모습은 광주인들도 아니고 우리 병사들이 취할 수 있는 자세들이 아닙니다. 습격을 받은 20사단 사령부 병사들은 이들의 몸놀림에 혼비백산 흩어졌습니다(증5, 92). 감히 어느 나라 대학생들이 300여 명의 세력을 형성하여 감히 극비 중의 극비인 '부대이동 정보'를 알아내 가지고 매복까지 하면서 기습 공격을 감행할 수 있겠습니까?

이 300여 명의 대학생들은 사단장 지프차 1호차를 포함해 무전기 등으로 화려하게 장식된 14대의 지프차를 탈취해 위용을 자랑해 가면서 곧장 군용차량을 생산하는 아시아자동차 공장으로 달려갔습니다. 아시아자동차 직원들은 그 어마어마한 지휘용 지프차들과 사단장용 1호차를 보자마자 대세를 짐작하고는 순순히 그들의 요구대로 장갑차 4대와 군용트럭 374대의 열쇠를 내주었습니다. 이때 또 다른 300여 명의 '학생시위대'가 5대의 대형 버스를 몰고 아시아자동차 공장에 합세했습니다(증5의 93, 증6의 55). 이들 600명은 전남 17개 시군에 꼭꼭 숨어있는 44개의 무기고를 향해 예행연습을 한 듯한 매너로 곧장 달려가서 무기고를 솜씨 있는 방법으로 털었습니다(증6의 55~65, 증4의 35~40). 불과 4시간 만에 전남지역 전역에 위장돼 있던 44개 무기고들로부터 무려 2개 연대 분의 무기를 털었습니다. 갈 때에는 쏜살같이 무기고를 향해 운전하더니 무기를 싣고 광주로 돌아올 때는 여러 차례 길을 물었습니다. 유동3거리에 와 놓고도 사람들에게 유동3거리가 어디냐고 물었습니다(증12의 2권). 광주 시민들은 이들을 '외지인들'이라 불렀습니다. 나머지 트럭과 장갑차 4대는 도청 근방에 집결하여 계엄군과 대치하였습니다.

가장 빨리 털린 무기고는 낮 12시에 털린 나주경찰서 무기고였습니다(증6의 55). 가장 늦게 털린 무기고들은 광주에서 멀리 있는 지역에서 거의 동시에 털렸는데 그 시각이 오후 4시였습니다(증5의 63, 증4의 35). 이러한 기록은 북한이 발간한 대남공작 책자들에도 있고, 1995년 7월 18일에 발간된 검찰 최종보고서와 안기부 자료에도 있었습니다. 그런데도 어찌된 일인지 당시 정보 당국은 정보분석을 세밀하게 하지 않고, 보고서에 상황자료들을 원재료 상태로만 남겨 놓았습니다. 정보는 가공된 제품입니다. 누가 가공하느냐에 따라 정보의 질이 결정됩니다. 똑같은 원재료를 가지고도 1980년대의 분석관들은 이 막중한 정보를 생산하지 못했습니다.

생각 없는 사람들은 "통일이 되면 5·18진실이 나올 것"이라고 쉽게 말합니다. 그때까지는 5·18연구를 해 보아야 소용이 없다는 뜻으로 하는 말일 것입니다. 이런 식이라면 선진국들은 왜 최고의 두뇌들을 길러 정보분석 작업에 투입하겠습니까? 그 어느 나라도 적장의 서랍 속에 있는 정보를 꺼내 오지 못합니다. 그래서 이 세상의 모든 강대국들은 정보를 분석하는데 최고의 두뇌들을 오래도록 사용하여 분석력을 향상시킵니다. 그러나 우리나라의 경우에는 지금이나 옛날이나 최고의 두뇌를 활용할 수 있는 여건이 못 되어 평균적인 두뇌들만 뽑아, 현대적인 분석에 대한 훈련과정 없이, 정보분석 분야에 활용해 왔습니다. 게다가 장교들은 보직 변경이 잦아 정보 생산력을 전혀 발전시키지 못하고 있습니다. 그래서 군의 경우에는 소령-중령 예편자들 중에서 일부를 문관으로 임명하여 전문가라 부르고 있는 실정입니다. 1980년 5월 당시의 상황일지만 잘 분석했어도, 북한특수군 600명이 활약했다는 사실을 발견할 수 있었습니다. 광주사태에 대해 책임이 있다고 중벌을 선고받은 사람들의 진술서만이라도 면밀하게 검토했어도 20대 무산계층의 뜨내기들이 광주사태의 주범이 될 수 없었다는 사실을 충분히 판단할 수 있었습니다. 즉, 광주에 광주인들로 구성된 시위대가 없었다는 사실을 충분히 판단할 수 있었다는 것입니다.

가장 괄목할 만한 상황은 이들 600명의 학생부대가 8톤 분량의 TNT를 전남도청 지하실에 옮겨놓고 순식간에 포탄으로 조립해 놓았다는 사실입니다. 이런 조립 및 해체 능력을 가진 사람은 당시 전라도 계엄분소 전체에 오직 한 사람 5급 문관인 배승일 뿐이었습니다. 현역 군인들에게는 장교든 병사든 이런 능력 없습니다. 5월 26일부터 구성된 '항쟁본부'에는 이런 사람이 없었다고 그들 스스로 증언하였습니다. 광주 사람들 중에는 장갑차 4대를 몰 수 있는 인력이 없었습니다. 당시 예비군들과 대학생들은 모두 꼭꼭 숨어 있었습니다. 그러면 8톤 분량의 TNT와 뇌관과 40km 길이의 도화선을 탈취할 생각을 감히 누가 하였던 것이며, 그것을 단시간에 폭탄으로 조립하여 전남도청에 쌓아 놓고 여차하면 광주시를 히로시마처럼 잿더미로 날릴 생각을 누가 감히 하였겠습니까? 이런 생각, 이런 능력 광주인들에게는 없었습니다.

광주사태 최고의 하이라이트인 5월 21일, 영화 『화려한 휴가』에서는 이날 오후 1시경, 계엄군이 집단 발포를 했다고 표현했습니다. 이는 구전을 반복하여 국민 모두에 상식화돼 있습니다. 그러나 이는 지어낸 거짓말입니다. 오후 1시경, 한 대의 장갑차가 도청 앞에 집결해 있는 공수부대원 수백 명을 향해 지그재그로 돌진하여 1명의 병사를 현장에서 깔아죽이고 1명에게 중상을 입혔습니다. 그렇게 질주하기를 네 차례나 반복했습니다. 공수부대 병사들은 31사단 소위가 헬기로 철수하면서 공수대원들이 실탄 없이 고생한다며 넘겨준 수백발의 실탄을 가지고, 질주해 오는 장갑차를 향해 발사였습니다. 정지된 상태에서 조준사격을 한 것이 아니라 지그재그로 달려오는 장갑차를 결사적으로 피하면서 조건반사적으로 발사한 것입니다.

오후 1시의 도청 발포로 수백 명이 죽고 수천 명이 부상당했다는 이 허무맹랑한 '국민 상식'에 대해 제가 조사를 했습니다. 5월 21일, 광주일원에서 발생한 민간 사망자는 모두 61명이었습니다. 이 중에서 28명은 도청과는 거리가 먼 다른 곳들에서 사망했고, 33명만이 도청 앞에서 사망했습니다. 그러면 계엄군이 집결해 있던 도청 이외의 다른 장소에서 사망한 28명은 누가 죽였겠습니까? 도청 앞 사망자 33명에 대해 더 살펴보았습니다. 33명 중 20명은 칼에 찔리고 몽둥이에 맞아 사망했습니다. 그런데 당시 도청 앞에서는 계엄군과 시민이 수십 미터 이상의 거리를 두고 대치해 있었습니다. 맞아 죽고, 찔려 죽은 사람은 공수대원과 상관없이 죽은 사람들입니다. 그러면 이들 20명은 또 누가 죽인 것입니까? 한발 더 나아가 살펴보았습니다. 매우 놀랍게도 도청 앞에서 총에 맞아 사망한 13명 모두가 무기고에서 나온 총들에 의해 사망했습니다. 한마디로 5월 21일 칼에 찔리고, 몽둥이로 맞고, 총에 의해 사망한 61명 모두가 계엄군과는 무관한 사망이었던 것입니다.

광주사태 10일 동안 사망한 민간인은 166명입니다. 차량사고로 죽은 사람, 찔려 죽은 사람, 형체를 알아볼 수 없을 만큼 으깨진 사람, 목이 잘린 사람, 불에 그을린 사람, 총에 맞은 사람 등입니다. 5월 21일에 사망한 사람들에서 보았듯이 이들 주검들의 대부분은 공수부대에 의한 것이 아니었습니다. 166명의 사망자 중 총상 사망자가 116명으로 가장 많았습니다. 제가 모두 여러 차례 세어보니 그 중 69%에 해당하는 80명이 무기고에서 탈취한 총에 의해 사망했고, 36명만이 계엄군이 소지한 M16에 의해 사망했습니다. 1982년 육군본부가 발행한 『계엄사』 141쪽 상단에는 총상사망자 수가 117명, 이 중 75%인 88명이 무기고에서 나온 총들에 의해 사망한 것으로 기록돼 있습니다.

여기에서 참고할 것은 M16소총의 탄흔이 다른 소총의 탄흔과 유별나게 다르다는 사실입니다. M16탄환은 삽입부가 볼펜 자국 정도로 아주 작은 반면 통과해 나간 자리는 종이컵처럼 크게 벌어집니다. M16 탄흔이 이렇게 독특하기 때문에 다른 총의 탄흔과 혼동되지 않습니다. 이런 탄흔 분석은 5·18당시 여러 분야의 의사들이 총집합하여 판정을 내린 것입니다. 저는 검찰이 1995년에 내놓은 사망원인에 대한 자료를 신뢰하지 않습니다. 그 당시 광주 사람들은 "M16에 맞아 사망했다"고 해야 이득을 볼 수 있다는 소문 때문에 사실을 왜곡하여 신고하였습니다. 이미 뼈만 남은 15년 전의 시체를 놓고 아무런 조사 없이 다시 신고를 받아, 이를 통계 처리한 것 자체가 비난받아야 할 처사일 것입니다.

앞서 저는 5월 21일 통계를 제시해 드렸습니다. 도청과는 거리가 먼 곳들에서 사망한 28명은 누가 죽인 것이며, 도청 앞에서 칼과 몽둥이에 의해 사망한 20명은 누가 죽인 것이며, 도청 앞에서 무기고 총에 의해 사살된 13명은 누가 죽인 것이겠습니까? 과연 광주 시민이 80명이라는 광주 시민을 쏘았겠습니까? 과연 광주 시민이 또 다른 광주 시민을 찔러 죽이고 때려 죽였겠습니까? 이 모두가 광주 시민들의 소행이었다면 5·18은 자작극이 되는 것이며 광주는 시민이 시민을 마구 살해한 패륜의 도시가 되는 것이 아니겠습니까? 칼에 찔리고 으깨지고 머리를 잘라놓은 시체는 계엄군의 소행이 아니었습니다. 그러면 이 잔인함의 모두가 광주 시민들의 소행이라는 말입니까?

도청 앞에서 벌인 600여 명의 특수작전이 얼마나 지독하게 강한 것이었으면, 그 막강하다는 공수부대가 광주시를 포기하고 오후 4시부터 도망을 쳤겠습니까? 도망가는 길 곳곳에서 총격전이 벌어졌습니다. 3공수 여단 4개 대대는 20일 밤부터 전멸당할 위기를 간신히 모면했고, 숙영지인 전남대로 돌아와서도 약 16시간 동안 또 밀리고 밀리는 공방전을 거듭하다가 21일 오후 4시부터 시 외곽으로 도주하였습니다. 수십 대 1의 중과부적 상태에서 큰 피해 없이 도망친 것이 기적이었습니다.

5월 21일, 계엄군이 정신을 차리지 못하고 수세에 몰리자 북한에서는 교도소를 점령하라는 명령을 내렸습니다. 이에 따라 폭도들은 21일 오후부터 22일 새벽까지 총 6회에 걸쳐 장갑차와 트럭을 타고 공격위치로 접근하여 무리한 공격을 감행했습니다. 무리한 명령 때문이었습니다. 우리 기록들에는 교도소 근방에서 사망한 사람이 28명으로 집계되었지만 호를 파고 방어하는 제3공수여단 등의 계엄군과 몸을 노출시키고 고지쟁탈전(교도소 뒷산 설탕고지)에 나선 폭도들과는 게임이 되지 않았습니다. 주로 야음을 타서 공격을 하긴 했지만 아마 여기에서 상당히 많은 북한군이 죽었을 것입니다. 이들은 흔적을 남기지 않기 위해 암매장을 했거나 각자의 흔적을 지우기 위해 휴대한 소형 고성능 폭탄으로 시체를 처리하였을 것입니다. 탈북자들의 진술에 의하면 살아서 돌아온 병력은 20~30% 정도에 불과했다고 합니다. 김일성은 공들여 양성한 특수부대원을 너무 많이 잃었다며 매우 아쉬워했다고 합니다.

5월 18일부터 21일까지 전개된 위와 같은 고도의 게릴라전을 광주의 대학생이, 광주의 껌팔이 구두닦이 계급들이 나서서 주도했다고 믿을 국민 없을 것입니다. 이런 작전이 광주인들에 의해 전개되지 않았다는 사실은, 21일 계엄군이 철수하고 동시에 북한특수군 600명이 잠수해 있었던 5월 22일에 더욱 확연하게 재확인됩니다. 먼저 다음 사진들을 보십시오. 북한특수군의 위용을 확인하실 수 있을 것입니다.

이런 모습, 광주인은 흉내 내지 못합니다.
(특수장갑, 특수복장)

5·18 광주 시민군으로 위장한 폭도들이 광주 시민들을 꿇어앉히고 총구를 겨누고 있습니다.

어설픈 전경 복장을 한 정체불명의 폭도들이 시민군으로 위장해 차량 위에 기관총을 설치해 놓았습니다.

무기고를 턴 600명, 군용트럭 도어 부분에 있는 4명이 막대기와 카빈총 소지, 머리띠와 목도리를 한 두 개 부대의 부대원들

20사단에서 빼앗은 지프차들이 출발하는 모습과 지켜보는 막대기 전문의 특수군 병사들

이동 중인 20사단 지휘부를 습격하여 지휘차량 14대를 탈취하여
아시아자동차 공장으로 이동하는 '외지인' 300명

북한특수군과 육중한 기관총을 거머쥔 손을 보십시오.
광주의 젊은 청년들이 무기를 트럭에 싣고 있습니다.

폭도들이 광주 경찰을 괴멸시키고, 순경 40명을 납치한 다음
자기네가 경찰복 입고 있는 장면, 전투경찰의 군화가 아닙니다.

원 속의 얼굴은
같은 얼굴

폭도가 위의 사진에서처럼 진압 경찰로 변장하였다가
시민군으로 위장 변신한 모습입니다.

폭도들이 한편은 광주 전투경찰 모습으로 위장한 후 총 들고 있고, 다른 한편은 시민군 행세를 하고 있습니다.

탈취한 트럭에 기관총을 장착하고 이동하는 폭도들

제1부 광주사태 10일의 분해

4대의 장갑차 탈취하여 운전하는 북한군들.
북한의 소속부대를 표시하는 비표는 머리띠와 목도리로 나눠집니다.

군용 트럭과 장갑차를 모는 북한특수군

구식 전경복장으로 위장한 북한군

구식 전경복장으로 위장한 북한군

제1부 광주사태 10일의 분해

지프차에서 지시를 하는 듯 사람들이 주목하고 있는 모습

육중한 M16 유탄발사기인 M203을 거뜬히 들고 있는 육중한 손과
배에 가득 매단 고폭탄과 탄약주머니를 보십시오.
M203은 그 성능이 소형 박격포로 이해하시면 됩니다.

장갑차 위에 기관총을 장전해 놓고 광장 접근을 경계하는 북한특수군

장갑차를 앞세우고 신이 나서 부화뇌동하는 광주 부나비들

계엄군이 파괴된 택시들을 바리케이드로 삼아 시민들과 대치하고 있는 모습

차량 옆에 서 있는 폭도는 몸에 배인 북한군 제식걸음.
승차인원 모두 북한특수군으로 보임.

무기반납 및 협상기간(5. 22~25)

 5월 21일 오후 계엄군이 광주시를 떠나자 광주 시가는 갑자기 조용해 졌습니다. 싸울 대상이 없어진 것입니다. 수백-수천 명씩 모여가지고 수많은 곳들에서 동시다발적으로 진행했던 건물, 차량, 국가자산 등의 방화 행위도 할 필요가 없었습니다. 구경거리가 없어지니 부나비들도 보이지 않았습니다. 전쟁 포화를 맞은 도시처럼 광주시는 파괴되고 불에 타 끄슬린 냄새가 진동하였습니다. 폐허의 도시를 보면서, 일부 광주 유지들이 5월 22일 도청으로 모여들었습니다. "더 이상의 희생은 안 된다. 이 무서운 무기들을 반납하고 계엄군을 상대로 관련자 처벌에 대한 협상을 하자"는데 의견들이 일치했습니다. 그리고 그 엄청난 무기를 털어온 날래고 듬직한 대학생들을 찾았습니다. 털어온 무기의 관할권자인 그 대학생들을 상대로 "이제부터는 더 이상 피해를 보지 말자"는 간절한 뜻을 설득하기 위해서였습니다. 그들이 애써 털어온 무기들을 그들의 동의 없이 반납할 수는 없는 일이었습니다. 그러나 광주 유지들이 찾는 그런 대학생들은 끝내 나타나지 않았습니다. 광주의 대학생이라면 나타나 영웅대접을 받았을 것입니다. 하지만 얼굴도 보이지 말아야 하고 흔적도 남기지 말아야 하는 운명을 짊어진 북한특수군이 이런 공개된 장소에 나타날 수가 없었던 것입니다. 광주 시민들이 민주화 시위대를 만들어 무기를 털었다면 이런 현상이 발생할 수 없었습니다.

당시 광주에서는 '연·고대생 600명'이라는 말이 암호처럼 널리 유행했습니다. 이동 중인 20사단을 공격하고, 4시간 만에 전남지역 전체에 산재한 44개 무기고를 털고, 장갑차 4대를 몰고, TNT를 폭탄으로 조립하는 환상의 초능력을 가진 외지인들을 광주 사람들은 '600명의 연·고대생'으로 알고 있었습니다. 22일 아침 광주 유지들이 애타게 찾을 때는 나타나지 않던 연·고대생이 오후 3시 08분에 도청 앞 분수대에서 환영식을 받았습니다. 아마도 이들의 길을 안내하고 중심사를 중심으로 모든 편의를 제공한 김일성 종합대학 출신이자 비전향장기수인 손성모 등 간첩들이 '비선라인'으로 주선한 그들만의 비공식 행사였을 것입니다. 간첩 손성모는 5·18 때 간첩들에게 길을 안내했다는 혐의로 체포되어 비전향장기수로 있다가 2000년 8월 22일 김대중이 북송한 비전향장기수 63명에 끼어 북으로 갔습니다. '5·18기념사업회'의 "항쟁일지"(타임라인)에는 "광주시가 서울대학생 500여 명에 대한 환영식을 거행했다"는 기록이 있습니다. 5·18역사를 총 관장하는 '5·18기념사업회'가 5~600명의 서울대생들의 존재를 공식 확인한 것입니다. 하지만 이 환영대회에 관한 5·18기념재단의 기록은 "연·고대생 600명이 곧 북한특수군이었다"는 주제가 인터넷을 뜨겁게 달구던 2013년 7월 14일경에 사라지고 지금은 그 대신 다른 엉뚱한 기록으로 대체돼 있습니다.

광주 유지들 앞에 나타난 학생은 오직 1명, 불과 22세의 앳된 전남대학 학생 김창길이었습니다. 교수들이 도청에 나왔지만, 그 교수들은 어떤 학생들이 그런 엄청난 작전을 수행했는지에 대해 전혀 알지 못했습니다. 극히 소수의 광주 유지들, 교수들이 수습대책위라는 것을 만들었지만 이들은 모두 신사복에 넥타이를 매고 도청으로 출퇴근하는 신종 공무원들이었습니다. 이에 실망을 느낀 22세의 김창길이 YWCA 소속의 일부 사람들을 이끌고 무기 회수에 직접 나섰습니다. 전교사(전투교육사령부)에 다니면서 체포된 자들과 무기를 맞바꾸는 일도 했습니다.

김창길은 어린 나이에 참으로 큰일을 했습니다. 도청에 무기 상태로 조립돼 있는 다이너마이트 폭탄 더미를 해체해야 광주시가 온전할 것이라는 생각을 가지고 전교사(전라남북도 계엄분소)에 가서 이 정보를 제공하였습니다. 계엄분소장 소준열 장군은 유일한 기술자 배승일 문관을 25일과 26일에 걸쳐 도청 지하실에 파견하였고, 김창길은 온건파들과 함께 배문관의 생명을 보호해 주었습니다. 만일 배문관이 북한특수군이나 강경파 학생들에게 발각됐더라면 그 즉시 목숨을 잃었을 것입니다.

무기를 손에 쥐어주면 광주 시민들이 그들의 원수 공수부대와 잘 싸울 것으로 알았던 600명, 그들의 예측과는 반대로 '무기를 회수하고 반납하는 광주 사람들'의 모습을 보자 몸이 달았습니다. 수천, 수만의 군중들이 거리를 메웠을 때에는 얼굴 노출에 신경쓰지 않아도 군중속의 한 사람 정도로 묻힐 수 있었지만, 군중이 없는 광주벌판에서 활동을 하려면 얼굴부터 가려야 했습니다. 복면부대가 출현한 것은 바로 이 때문이었습니다. 북에서 온 '환상의 능력자들'은 복면을 하고, 무기를 들고, 차를 몰며, 날랜 모습들을 시민들에 보여주었습니다. 자기들을 믿고 끝까지 항쟁하라고 독려하고 다녔습니다. 복면부대의 존재와 행위에 대해서는 후술돼 있는 동아일보 김영택 기자의 증언과 진술서에 잘 나타나 있지만 다음에 게재돼 있는 복면 사진들에서 더 빨리 확인하실 수 있을 것입니다.

광주 시민의 구경거리인 외지인. 더위에 우의를 입은 것은 복장을 숨기려는 것으로 해석됩니다.

'600명의 연·고대생' 일부는 이 기간에 계엄군에 대한 광주 시민들의 분노를 다시 솟구치게 만들기 위해, 서로가 서로를 계엄군으로 오해하도록 상황을 만들어 놓고 남남 간 전투를 하도록 유도하였습니다. 하지만 이때에는 이미 광주에 "누군가에 속고 있다"는 정서가 싹트고 있었습니다. 당시 치안본부 상황보고에 의하면 지각 없는 10대, 20대들도 이제는 외지인들의 행동에 이질감을 느껴 그들에 더 이상 놀아나지 않았습니다. 무기 회수가 지속되었습니다.

북한의 조국통일사가 1982년 3월 20일에 발행한 『주체의 기치따라 나아가는 남조선 인민들의 투쟁』 595쪽에는 "5월 26일 600여 명의 광주의 학생, 시민들은 도청 지하실에서 최후의 항쟁을 선언했다"는 기록이 있습니다. '600명'은 북한의 대남공작 역사책들에 공동으로 나타나는 암호입니다. 2013년 5월 15일 채널A에는 전 북한특수군 신분으로 광주에 투입되었던 김명국(가명)이라는 탈북자가 그의 참전사실을 증언하였습니다. 이 김명국에 대해 광주의 변호사들과 '5·18대책위원회'가 고발을 했지만, 사건을 이송받은 서울검찰들은 김명국을 소환조차 하지 않고 사건을 종결하였습니다. 그가 광주작전에 참전하였다는 사실, 그가 광주의 영웅으로 북한에서 대우 받았다는 사실, 북한에서 5·18작전을 어떻게 결산하였는지에 대한 사실, 그가 왜 탈북하였는지에 대한 사실 등은 이미 그가 탈북했던 2006년의 합동조사반 기록에 다 기록돼 있기 때문에 그의 참전사실은 인정될 수밖에 없었습니다. 더구나 그보다 더 빨리 탈북한 그의 여동생 역시 같은 사실을 합동조사반에 털어놓았다 합니다.

여기까지가 계엄군이 시 외곽으로 빠져나가 있던 5월 22일부터 25일까 전개됐던 광주의 모습이었습니다. 앞에서 살폈듯이 이 기간 중 광주인들에 의한 민주화 시위는 전혀 없었습니다. 광주 시민들에게는 오직 '역겨워 보이는 무기'를 회수하여 반납하는 일이 가장 중요했습니다. 이때에도 광주의 일반대학생들은 은신 칩거 중이었습니다. 온건한 생각을 가진 22세의 김창길이 주도하는 대로 무기 반납 활동이 지속되었더라면 광주사태는 여기에서 평화적인 피날레를 장식하였을 것입니다. 그런데 25일 밤중에 돌연히 사태가 악화되었습니다.

부산항에 미국 항공모함이 왔는지에 대한 정보는 극비에 해당하는 것으로, 광주 시민들이 쉽게 접할 수 있는 성질의 것이 아니었으며, 그것이 무엇을 의미하는지에 대한 정보판단 역시 광주의 20대 젊은이들에는 어울리는 것이 아니었습니다. 그런데 26세의 조선대생 김종배가 25일 밤에 갑자기 나타나더니 이 사실을 누군가로부터 전해 듣고, 열흘만 견디면 미국이 광주를 도와줄 것이라고 확신하면서 어린 뜨내기들에 역설하였습니다. 참으로 지각 없고 천진난만한 신념이었습니다. 당시 항공모함이 극비리에 부산에 온 것은 맞는 정보였지만, 그 항공모함을 타고 오는 미군이 광주 폭도를 도와주리라 생각한 것은 넌센스였습니다. 아마도 광주 사람들에게 결사항전 하기를 바랐던 누군가로부터 제공받았던 선동의 이야기였던 것으로 보입니다. 그런데 이것이 그에게는 신념이 되어 최후까지 결사항전하겠다고 목청을 높이게 하였습니다.

이런 김종배 그는 누구였습니까? 김종배는 5월 25일 밤까지 광주 폭동

날렵한 포즈

에 전혀 참여한 바 없었고, 운동권도 아니었습니다. 그는 윤상원에 갑자기 포섭되어 나타난 도청의 이방인에 불과했습니다. 다음 사진들은 600명이 복면을 한 채 거리를 누비면서 무기 반납을 중지하고 자기들을 믿고 결사항전에 나서라 설득하러 다니던 사진들입니다.

장갑차를 몰면서 무력시위하는 외지인들과 구경꾼들

장갑차 위의 외지인. 광주엔 장갑차를 운전한 광주인은 없었습니다.

복면한 외지인들

제1부 광주사태 10일의 분해

북한군은 총을 거꾸로 멥니다.

지금도 북한군은 총을 거꾸로 멥니다.

머리가 평균 이상으로 길고 장갑 착용

김대중 석방 머리띠 두룬 외지인, 김대중은 광주인들의 공감대

모두 특수장갑 사용, 입이 뚫어진 복면 쓴 자는 지휘자로 보입니다.

주변인들과 다른 외지인 두 사람

우측 외지인의 보행 스타일은 북한군 제식 스타일

얼굴을 숨기고 비표를 한 외지인이 군·경인지를 확인하기 위해 청년을 검색

가발을 고착시키고 비표용 복면을 한 외지인

무기를 다시 챙겨 결사항전하자는 복면자들,
TNT와 도화선도 보임. 광주인들은 구경만 함.

회수된 무기를 쌓아놓고 보초를 서는 김창길계 온건파 젊은이가 졸고 있음.

광주 시민들이 복면한 외지인을 따라 트럭을 타고 가는 모습

특수장갑과 방독면

제1부 광주사태 10일의 분해

개념 없는 '기동타격대' 폭도들이 5월 26일부터 순찰

버려진 장갑차, 도로를 달리는 지프차는 순찰차

전두환을 찢어죽이자!

제1부 광주사태 10일의 분해

소수의 20대 노동자들이 벌인 객기의 기간
(5. 26~27)

    25일 밤늦은 시각, 전남도청에서는 멋모르는 소수의 20대들이 누구로부터 영향을 받았는지 엉뚱한 행동을 하였습니다. 이들은 26세의 조선대학생 김종배, 26세의 화물차 운전수 박남선, 30세 회사원 정상용, 5·18의 상징이라는 30세 윤상원(녹두서점 점원), 27세의 조선대 허규정 등이었습니다. 25일 밤, 박남선이 권총으로 공포탄을 쏘면서 김창길 등을 위협하여 '시민학생수습위원회'로부터 축출시키고, 시민학생수습위원회를 점령하여 그 이름을 '항쟁본부'로 바꾸었습니다. 이 이름으로 인해 일반국민들에는 마치 5·18에 '항쟁본부'가 있어서 처음부터 모든 민주화 시위를 지휘했던 것처럼 잘못 알려져 있는 것입니다.

    박남선은 26세로 개념 없이 도청에 처음 들어와, 5월 26일부터 상황실장이라는 직책을 맡았지만 '항쟁본부' 가동 이래 항복할 때까지 25시간 동안 별로 한 일이 없습니다. 그런데 영화『화려한 휴가』에서는 그를 공수부대 예비역 대령 출신의 항쟁사령관인 것으로 각색하여 배우 안성기로 하여금 배역을 맡게 했습니다. 항쟁본부에 항쟁을 지휘한 지도자가 없었다는 사실을 이 영화가 웅변해 주는 것입니다. 오죽 지도자가 없었으면 북한의 5·18영화『님을 위한 교향시』에서도 5·18의 주인공을 '항쟁기간' 내내 도망가 있던 전남대 총학생회장 박관현을 지도자로 각색했겠습니까? 이 세상에 지도자, 지휘자 없는 '대규모 폭동'이 어떻게 가능하겠습니까? 단 두 사람이 산 속에 조난되어도 지휘자가 자연스럽게 탄생합니다. 그런데 30만 도시게릴라 작전을 수행하였으면서 거기에 지도자와 지휘자가 없었다는 것이 어떻게 수긍될 수 있겠습니까? 5·18을 기획하고 현장에서 지휘한 세력은 분명히 존재합니다. 그런데 이들은 이름과 얼굴 등 정체를 밝힐 수 없는 사람들이었습니다. 이들이 모습을 감추자 광주 사람들 중에는 대규모 작전을 지휘한 지도부가 없었다는 사실이 민얼굴처럼 드러났습니다.

항쟁본부의 총사령관은 26세의 대학생 김종배였습니다. 그런데 5·18을 그린 북한 영화『님을 위한 교향시』와 남한 영화『화려한 휴가』에서는 김종배라는 인물이 전혀 등장하지 않았습니다. 반면 엉뚱하게도『화려한 휴가』에서는 화물차 운전수를 항쟁사령관으로 등장시켰고,『님을 위한 교향시』에서는 비겁하다고 손가락질 받던 도망자 박관현을 '전두환의 심복으로 등장시킨 광주교도소장'과 싸우다 죽어간 영웅으로 등장시켰습니다. 이 모두가 5·18에는 광주의 영웅이 없다는 사실을 웅변적으로 나타내 주고 있는 것입니다.

항쟁본부라는 거창한 이름을 붙인 이 그룹은 불과 80명 정도로 구성된 콩가루 집합체였으며, 주로 중·고교생들과 막노동자들로 구성됐습니다. 5월 26일 새벽부터 가동된 항쟁본부의 조직은 아래와 같습니다.

위원장 김종배(26, 학생, 무기징역)
대변인 윤상원(30, 위장취업, 도청에서 불에 타 사망)
외무담당부위원장 정상용(30, 사원, 무기징역)
내무담당부위원장 허규정(27, 학생, 15년징역)
기획실장 김영철(32, 사원, 7년징역)
민원실장 정해직(29, 교사, 5년징역)
상황실장 박남선(26, 골재운반 운전수, 무기징역)
보급부장 구성주(26, 건재상, 2년징역)
홍보부장 박효선(26, 전남대 연극과, 황석영 추종자)
조사부장 김준봉(21, 사원, 5년징역)
기동타격대장 윤석루(20, 구두공, 무기징역)
경비담당 김화성(21, 종업원, 5년징역)

이들은 명단에만 있었을 뿐, 항복할 때까지 25시간 동안 사실상 한 일이 별로 없었습니다. 그냥 성명서만 매우 강력하게 내서 계엄군으로 하여금 광주 재진입작전을 결심하게 하였습니다. 이들만 아니었다면 광주 재진입작전은 없었을 것이며, 27일 새벽에 발생한 17명의 민간 사망자도 발생하지 않았을 것입니다. 재진입작전에서 사망한 사람들은 주로 중·고생들이었고, 그나마 20대의 항쟁본부 간부들은 도청에 들이닥친 계엄군을 보자마자 즉시 항복을 표시하고 살아남아 오늘날 신흥귀족으로 등극해 있는 것입니다. 5월 27일 05:23분, 당시 국방장관 주영복은 최규하 대통령에 광주작전이 모두 종결되었음을 보고하였습니다.

검찰이 1995년 7월 18일 발표한 『5·18관련사건 수사결과』(증5) 139쪽에는 이 날(5. 27) 사망한 민간인 17명의 명단이 나와 있습니다. 5월 27일 사망한 시민들은 도청에서 11명, YWCA에서 2명 그리고 전남여고, 무진중학, 전남대 앞, 효덕동, 지원동, 동명동, 광주고에서 각 1명씩이고 나머지는 피해 장소가 밝혀지지 않았습니다.

이 17명의 명단에는 14세 여중생을 포함해 19세에 이르는 10대가 7명, 20세가 2명, 22~28세가 7명 그리고 40대가 1명입니다. 여기에서 특기할 만한 것은 이들 중 28세의 남자(상업)가 카빈총에 맞은 것으로 검찰 문서에 기록돼 있다는 사실입니다. 총을 다룰 줄 모르는 어린이의 총에 맞지 않았나 하는 생각이 듭니다. 핵심 주력은 다 빠져나가고 40대 1명과 10대 9명, 20대 7명이 개념 없는 죽임을 당한 것입니다. 아래는 검찰 수사자료에 나온 5월 27일의 민간사망자 17명의 명단입니다.

① 김명숙(여, 14, 서광여중3), ② 안종필(남, 16, 광주상고1), ③ 문재학(남, 16, 광주상고1), ④ 박성용(남, 17, 조대부고3), ⑤ 김종연(19, 재수생), ⑥ 이강수(남, 19, 금호고2), ⑦ 유동운(남, 19, 한신대2), ⑧ 민병대(남, 20, 병아리부화장 종업원), ⑨ 이정연(남, 20, 전남대1), ⑩ 김동수(남, 21, 조선대3), ⑪ 김성근(남, 23, 목공), ⑫ 박용준(남, 24, 신협직원),

⑬ 오세현(남, 25, 회사원), ⑭ 문용동(남, 26, 호신대4), ⑮ 윤개원(남, 28, 서점 종업원, 가명이 윤상원임), ⑯ 이금재(남, 28, 상업, 칼빈총상), ⑰ 양동선(남, 47, 광주고, 직원)

폭동이 진압된 후 계엄사는 곧바로 군법회의를 열었습니다. 군법회의에서 최고의 중형을 받은 사람들은 바로 이 마지막 5월 26일에 참여했던 개념 없던 부나비들이었습니다. 군법회의에서 사형을 받은 사람들의 명단을 보면 광주폭동 마지막 날에 줄을 잘못 서서 중죄를 받은 사람들이 어떤 부류의 사람들인지 잘 드러날 것입니다. 사형선고를 받은 사람은 5명이며 이들은 정동년(37, 건달에 가까운 복학생), 배용수(34, 화물차 운전수), 박노정(28, 인쇄업), 박남선(26, 화물차 운전수), 김종배(26, 학생)입니다. 무기징역을 받은 사람은 윤석루(20, 구두공), 허규정(27, 학생), 정상용(30, 회사원), 하영열(31, 공원), 윤재근(28, 공원), 서만석(36, 상업), 홍남순(67, 변호사)이었습니다. 이들은 주로 5월 23일에서 25일 사이에 도청으로 처음 들어간 사람들이며 5월 18일부터 5월 22일까지의 폭동에는 가담하지 않았습니다. 계엄사는 5월 18일부터 21일까지 광주시를 파괴하고 광주 시민을 살해하고, 광주의 부나비들로 하여금 계엄군을 살해케 한 고도의 게릴라작전 수행자들에 대해서는 그 실체조차 파악하지 못했습니다.

1991년 3월 8일자 광주의 일간지들은 "3월 4일, 광주 5·18항쟁 부상자인 윤기권이 위대한 수령님과 참 조국을 찾아 의거 월북했다"고 평양방송을 인용하여 보도했습니다. 윤기권은 당시 19세의 고3으로 5월 18

일 오후 4시경 닭장 차 속에 들어 있는 경찰 15명을 인질로 납치하여 광주민주화운동에 혁혁한 공을 세웠다며, 그 공로로 인해 2억 원을 보상받았습니다. 24년 전 당시의 2억 원이라면 엄청난 액수입니다.

그가 이런 공로로 2억 원을 받았다면 이동 중인 20사단을 막대기 하나로 제압하고 사단장 지프차 1호차를 위시하여 사단 전체의 지휘차량 14대를 빼앗은 300여 명의 공로는 최소한 1인당 10억 원씩은 될 것으로 짐작이 가는데 이를 요구한 사람은 지금까지 단 한 사람도 없습니다. 북한특수군 600여 명은 광주사태 수개월 전부터 전남지역 전체를 샅샅이 뒤져 17개 시군에 위장하여 꼭꼭 숨어 있던 무기고 44개를 찾아내, 이에 대한 약도 및 구조도면을 그렸을 것이고 아마도 사진까지 찍었을 것입니다. 이렇게 했기에 5월 21일 불과 4시간 만에 전남 각지에 두루 분포돼 있던 44개 무기고를 털어 무려 2개 연대 분량의 무기들을 탈취하였을 것입니다. 이런 논리적 추측은 탈북자들의 증언과 100% 일치합니다. 윤기권의 공로가 2억 원이라면 이렇게 화려한 공로를 이룩한 600여 명의 공로는 아마도 1인당 20억 원씩은 받아야 마땅할 것으로 생각됩니다. 그런데 이런 공로를 제시한 연·고대생이 일체 없습니다. 장갑차를 몰고 공수부대를 향해 4차례씩이나 지그재그로 질주하여 사상자를 낸 연·고대생도 신고하면 수십억을 받을 수 있었고, 교도소를 6차례씩이나 공격한 연·고대생도 그만큼의 보상을 받을 수 있으련만 단 한 사람도 나타나지 않고 있습니다. 이것은 그냥 지나칠 수 있는 현상이 아니라 연·고대생 600명이 북한특수군이었다는 것을 확실하게 입증하는 또 하나의 증거인 것입니다.

유공자라면 모두 공적에 대한 조서가 있어야 합니다. 저는 4,600여 명의 5·18유공자들에 대한 공적 조서를 찾으려 노력했지만 헛수고만 했습니다. 이 공훈자료는 보훈처에도 없고 광주시에도 없고 오직 국가기록원에 있다 합니다. 성남 소재 국가기록원에 알아보니 공개가 불가능하다 합니다. 이것은 문제가 아닐 수 없습니다. 결론적으로 광주인들에게서 유행했던 '연·고대생 600명'은 광주 사람들도 아니고 서울 사람들도 아니었습니다. 사건기간 당시에는 단 한 사람이 광주시에 들어가려 해도 철저한 검문을 거쳐야 들어갈 수 있었습니다. 연·고대생이 서울에서 600명씩이나 뭉친다는 것도 있을 수 없었고 그들이 광주로 진입한다는 것도 도저히 불가능했던 일이었습니다. 여기까지가 대략적인 광주 소요 10일간에 전개됐던 상황을 요약한 것입니다. 그리고 20사단은 그 후 40일 동안에 걸쳐 폐허가 된 광주시를 말끔하게 정리해 주고 철수하였습니다.

3개의 사진들을 보십시오. 계엄군이 정말로 광주 사람 70%를 살육하려고 왔다면 이 많은 어린아이들이 어떻게 계엄군 병사를 따를 수 있는 것이며, 전쟁을 치른 듯 쌓인 건물 잔해들을 40일 동안이나 청소해 줄 수가 있는 것입니까? 계엄군으로부터 이런 따뜻한 대우를 받은 광주 사람들, 일말의 양심이 있다면 이제라도 반성해야 할 것입니다.

계엄군과 광주 아이들,
계엄군이 야수만도 못한 살인집단이었는가?

폭도들이 파괴한 도시를 청소하는 계엄군,
폭도가 민주화 세력이고 계엄군이 폭력배인가?

폭도들이 몰다 사고를 낸 차량 등의 잔해를 계엄군이 청소,
이런 계엄군이 전라도 사람 70%를 죽이려고 온 국가 폭력배들인가?

2
북한특수군 600명의 출처

한국 정부 측 자료
북한 당국 측 자료
광주 현장 자료

한국 정부 측 자료

그러면 가장 중요한 숫자 600명이 어떤 자료에서 나왔는지 살펴보겠습니다. 먼저 한국 정부의 기록입니다.

1) 1995년 8월 17일자, 대한민국 검찰이 작성한 『5·18관련사건 수사결과』 보고서(중5) 92~93쪽에 있는 내용입니다. 이 검찰보고서는 전두환 등을 죄인으로 만들기 위해 작성된 자료입니다.

"5월 21일 02:30분경 용산을 출발, 고속도로를 경유하여 08:00시경 광주에 도착한 20사단 지휘차량 인솔대는 광주공단 입구에서 진로를 차단한 수백 명의 시위대로부터 화염병 공격을 받고 사단장용 지프차 등 지휘용 지프차 14대를 탈취 당하였는데, 그 과정에서 사병 1명이 실종되고, 2명이 부상을 입었으며, 09:00시경 20사단 지휘차량을 타고 온 시위대 300여 명과 고속버스 5대를 타고 온 시위대 300여 명이 아시아자동차 공장을 점거하고 장갑차 4대와 버스 등 차량 356대를 탈취하여 광주 시내로 진출하였음."

2) 1985년 5월 안기부가 작성한『광주사태 상황일지 및 피해현황』(증6)의 제40~41쪽에 있는 내용입니다.

"5월 18일 14:25분, 유동3거리에 학생 300명, 광주공원에 학생 300명이 출현, 15:50분, 학생 600여 명 도청방향으로 이동하며 시위, 학생 300명은 '전두환 물러가라, 김대중 석방하라, 민주인사 석방하라'는 구호를 외치며 동산파출소에 투석·파괴, 또 다른 300명은 16:40분에 지산파출소 파괴하며 시위"

북한 당국 측 자료

1) 북한 조선노동당출판사가 1985년 5월 16일에 발간한 『광주의 분노』 (중4) 35~36쪽에 있는 글입니다.

"폭동 군중은 괴뢰들의 군용차량 공장인 ≪아세아자동차 공장≫을 습격하여 314대의 군용차량을 로획하였으며 그 밖에도 414대의 각종 차량들을 탈취하였다. 봉기군중들은 로획한 이 차량들을 타고 다니며 놈들의 무기고들을 들이치고 많은 무기들을 로획하였다. 특히 600여 명으로 구성된 폭동군중의 한 집단은 괴뢰군 제199지원단 제1훈련소의 무기고를 기습하여 숱한 무기를 탈취하였고 지원동 석산의 독립가옥에 보관되여 있는 많은 폭약과 뢰관들을 빼앗아내였다. … 이리하여 무기탈취투쟁을 시작한 21일 오전부터 오후 4시 현재까지 폭동군중이 탈취한 무기는 카빙총 2,240정, ≪엠-1≫보총 1,235정, 권총 28정, 실탄 4만 6,400여 발이였고 장갑차가 4대,

군용차량이 400여 대에 달하였으며 수백 키로그람에 달하는 폭약과 수백개의 뢰관들도 획득하였다. … 무기획득을 위한 봉기군중들의 투쟁은 이날 오후부터 광주의 주변지역에로 확대되였다. 라주군에 진출한 폭동군중은 괴뢰경찰서 ≪산포지서≫, ≪로안지서≫ 등 5개의 괴뢰경찰서들을 습격하고 놈들이 가지고 있던 무기를 모조리 빼앗아내였다. 화순군에 진출한 봉기군중은 괴뢰경찰서의 ≪역전무기고≫, ≪전투경찰중대무기고≫, ≪동면지서≫, ≪릉주지서≫, ≪향토예비군무기고≫들을 들이치고 수많은 무기들을 탈취하였다. 장성군, 강진군, 령광군, 승주군, 해남군에서도 무기탈취투쟁이 벌어졌다. 이날 오후에는 오전보다 더 많은 무기를 탈취하였다. 그리하여 오후에 이르러 봉기군중들은 일반상용무기들을 대체로 다 장만하였다."

2) 북한의 조국통일사가 1982년 3월 20일에 발행한 『주체의 기치따라 나아가는 남조선 인민들의 투쟁』(중3) 595쪽에 있는 글입니다.

"5월 26일 600여 명의 광주 학생, 시민들은 도청 지하실에서 최후의 항쟁을 선언했다."

광주 현장 자료

1) 광주 동아일보 김영택 기자의 검찰 신문조서

문 : 그전에도 연·고대생 300여 명이 광주 시내에 도착했다고 했는데, 어떤가요?

답 : 위와 같이 <u>대학생으로 보이는 사람들 500여 명이</u> 광주 시내에 나타나던 날(5. 22) 10시 45분에 저는 도청 앞에서 취재하고 있었는데, <u>항쟁본부에서 스피커를 통하여 연·고대생이 광주에 도착했다고 하며 위와 같은 방법으로 환영 행사하는 것을 보았습니다.</u>

문 : 그 다음날인 5월 23일 오후경 복면부대가 나타나 시위를 더욱 과격화시키고 확산시켰다고 했는데, 그들이 구체적으로 어떻게 시위하던가요?

답 : 저는 당시에 도청 앞 및 금남로 일대에서 복면부대들이 하는 시위 광경을 지켜보았는데, 그들은 수십 대의 버스와 트럭 등 차량을 타고 다니면서 몽둥이를 각자 하나씩 들고 차량을 치면서 「전두환 물러가라」, 「신현확 물러가라」, 「계엄해제하라」, 「김대중 석방하라」는 등의 구호를 외쳤습니다. 이를 통하여 주위에 있는 기존의 시위대들로 하여금 시위를 과격하게 하도록 유도했으며, 그때부터 시위는 더욱 가열되고 확산되었습니다. 그들은 기존의 시위 대학생 등이 총기를 반납하고 대화로써 사태를 해결하려고 하자 이를 반대하며 총기를 반납하지 못하도록 제지하고, 「우리는 끝까지 투쟁을 하여야 한다」고 외치면서 시위를 과열시켰습니다.

문 : 복면부대들이 언제까지 시위를 주도했나요?

답 : 그들은 5월 26일, 재진입작전이 임박하자 어디론가 전부 자취를 감추었습니다.

2) 모란봉의 꽃으로 불리던 전옥주(본명 전춘심)의 증언

시스템클럽 회원 한 분이 2013년 6월에 광주시에 민원을 냈습니다. 민원내용 : "1980년도 당시 광주에서 발생한 5·18광주 민주화운동을 높이 평가하고 있습니다. 그런데 한 가지 궁금한 점은 당시 5·18단체 측이 널리 홍보한 연·고대생 600명의 시위 가담에 관한 사실입니다. 이들의 실체 여부와 이들의 당시 활동상황에 대하여 정부 측의 자세한 해명과 답변을 듣고 싶습니다."

응신자 : 광주광역시 인권담당관, 고경미(613-2081)

귀하께서 문의하신 사항에 대하여 알아본 결과 80년 항쟁일지에 "스피커를 통해 연·고대생이 서울에서 내려왔다고 발표했다"라는 기록이 있으나, 직접 가두방송을 한 전옥주씨는 그 당시 전달받은 쪽지를 읽었을 뿐 사실여부는 확인하지 못하였다고 증언하고 있고, 5·18민주화운동에 연·고대생 참가 여부를 확인하기 위해 다각적으로 노력하였으나 현재까지 객관적인 자료를 확보하지 못하였음을 알려드립니다. 끝.

3) 5·18기념재단의 공식 기록

5·18기념재단의 홈페이지에 "광주사태 타임라인"이 게시돼 있습니다. 광주사태 시간표인 것입니다. 여기에 기재된 일지 중 5월 22일, 15:08분 상황이 기록되어 있습니다. "서울서 대학생 5백여 명이 광주도착, 환영식 거행"이라고 기록되어 있었습니다. 그런데 제가 2012년 12월 27일, 대법원으로부터 무죄선고를 받음으로써 북한특수군 600명에 대한 이슈가 2013년 초부터 인터넷 공간을 뜨겁게 달구었습니다. 이에 코너에 몰린 5·18기념재단이 2013년 7월 14일경, 기록을 슬그머니 바꾸어 놓았습니다. "시위도중 연행된 시민, 학생 등 800여 명이 석방되어 도청 도착"이라고 변조시킨 것입니다. 5월 21일 도청을 접수한 세력이 바로 이 연·고대생 600명이었으며, 광주 도청 앞에서는 누군가의 조종에 의해 5월 22일, 이들 북한특수군을 서울서 온 대학생 또는 연·고대생으로 부르며 광주시의 이름으로 환영식을 거행해 주었습니다. 당시의 계엄 하에 연·고대생 600명이 구성되어 광주로 온다는 것은 불가능하였습니다.

〈원래의 광주사태 타임라인〉

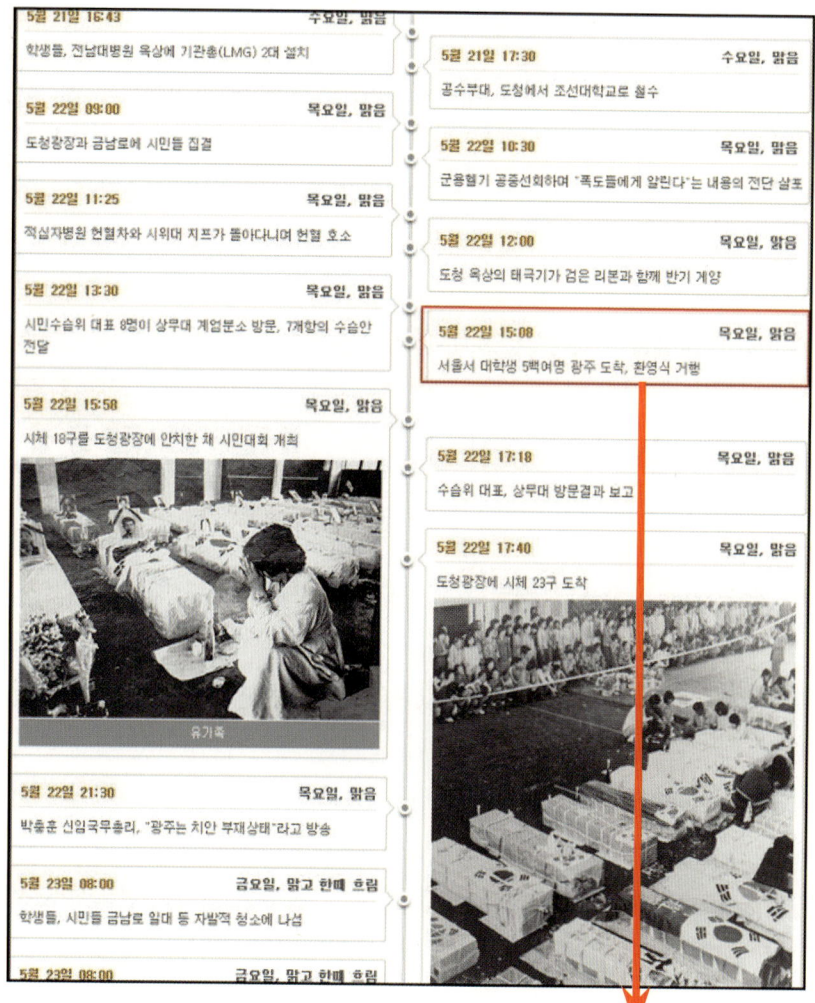

5월 22일 15:08　　　　　　　　　　목요일, 맑음
서울서 대학생 5백여명 광주 도착, 환영식 거행

3

북한의 모략 내용과 전 북한인들의 증언

남북한 반역세력의 지속되는 모략전
황장엽과 김덕홍의 증언
광주작전에 참전했던 전 북한특수부대원의 TV출연
전 북한특수부대원 김명국(가명)의 증언내용
'5·18 공화국 영웅' 내연녀의 증언

남북한 반역세력의 지속되는 모략전

저는 김영삼 주도 하에 전두환 등을 재판한 수사기록 및 재판서류 18만 쪽을 획득해서 연구했고, 이를 『수사기록으로 본 12·12와 5·18』(증1)에 수록하였습니다. 그 결과 저는 세상에 알려진 5·18지식은 모두 가짜였다는 것을 발견하였습니다. 국민이 알고 있는 지식은 황석영 이름으로 1985년에 발간한 『죽음을 넘어 시대의 어둠을 넘어』라는 책 내용 그대로였습니다. 그런데 저는 그 책이 북한에서 작성돼 황석영 이름으로 발간한 책이었음을 증명하였습니다. 5·18의 바이블로 전천후 베스트셀러였던 황석영 명의의 『죽음을 넘어 시대의 어둠을 넘어』는 다음 2개의 북한책을 거의 다 베껴 쓴 것입니다.

1985년 조선노동당출판사, 1982년 조국통일사, 1985년 황석영 명의로 발간

지금 국민들께서 알고 계시는 지식은 모두 북한이 선전한 내용 그대로라는 사실과 그 내용들은 1995년 한국 검찰이 발간한 수사결과보고서 내용과 전혀 다르다는 사실도 밝혀냈습니다. 그리고 1997년 4월 17일의 대법원 판결이 매우 잘못된 판결일 뿐만 아니라 북한 인민공화국 판사의 입장에서 내린 매우 불순한 판결이라는 것도 밝혀냈습니다.

『수사기록으로 본 12·12와 5·18』이라는 4권의 책이 2008년에 발간되자마자 5·18부상자회 신경진 회장 등 5·18단체 간부들이 또 다시 소송을 걸었습니다. 2002년에 이어 두 번째 소송이었습니다. 북한특수군이 민주화운동에 개입됐다고 표현한 것은 신성한 민주화운동의 명예를 허물고, 광주 시민들의 순수한 민주화 정신을 모독하였다는 것입니다. 이 재판을 받으면서 저는 김일성이 1989년부터 91년까지 황석영과 윤이상을 불러 미국과 한국을 모략하기 위해 제작한 5·18영화 『님을 위한 교향시』를 찾아냈습니다. 이 시기가 2010년 1월이었습니다. 지금 현재 논란이 되고 있는 "님을 위한 행진곡"이 이 북한 영화의 주제곡이라는 사실도 제가 처음으로 발견하였습니다. 대남-대미 모략영화의 주제곡을 어찌 한국 정부가 5·18기념곡으로 지정할 수 있겠습니까? 여당을 비롯한 수많은 정치인들이 이를 5·18기념곡으로 국가가 지정해야 한다고 지금도 주장하고 있습니다. 이는 제가 2010년 1월에 발견한 이 중요한 사실을 알지 못한 데에 기인한다고 생각합니다. 다음 사진들은 통일부의 북한자료센터(국립중앙도서관 5층)에서 관람한 북한 영화의 주요 장면입니다.

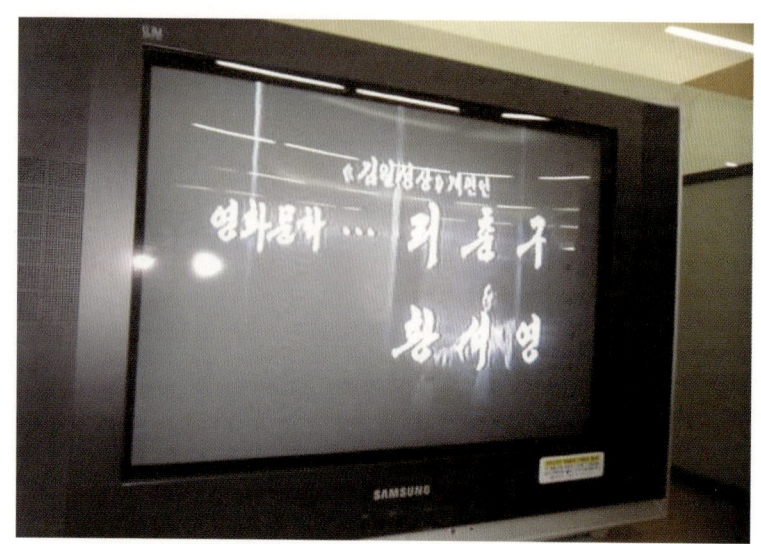

황석영이 북한최고의 작가라는 리춘구와 함께 시나리오 작성

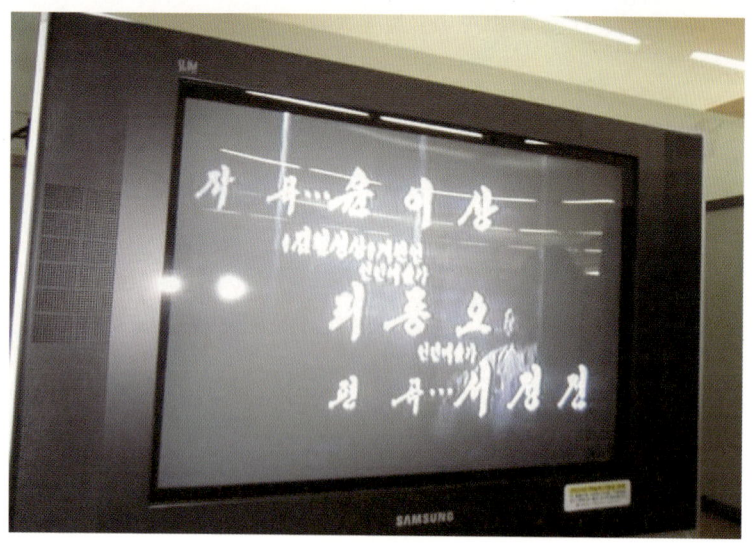

윤이상 작곡

빼갈에 환각제 타 먹이는 전두환의 측근 호백 소령

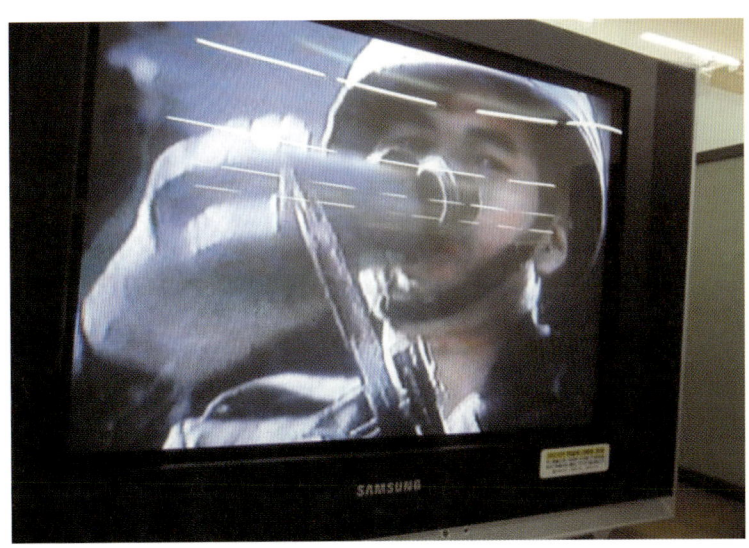

환각제 마시는 계엄군 병사

환각제에 취한 계엄군 병사

김대중을 석방하라

계엄군에 항의하는 의사

　　2009년 1월부터 2011년 1월 19일 1심 판결이 날 때까지 2년 동안 저는 북한이 제작한 대남공작 역사책, 통일부자료, 탈북자의 수기, 사진, 일본자료 등을 망라하여 "5·18광주에 북한특수군 600명이 왔다"는 결론을 도출하였고, 이 새로운 결론과 자료들이 법정에 제출되어 소송 5년 만인 2012년 12월 27일부로 1, 2, 3심 모두를 무죄판결로 장식할 수 있었습니다. 여기까지만 해도 5·18광주에는 두 개의 실체, 즉 광주시위대와 북한특수군 600명이 따로 존재했고 북한특수군이 나름의 모략작전을 수행하고 갔다는 결론을 얻는데 그쳤습니다.

　　그런데 마지막으로 저는 5·18기념재단에서 모은 증언내용들과 광주가 유네스코에 제출한 자료들을 분석했습니다. 그리고 2014년 9월 1일,

전혀 새롭고 가공할 결론을 도출해 냈습니다. 5·18광주폭동의 주도세력은 북한특수군 600명이고, 광주인들이 형성한 시위대는 일체 존재하지 않았으며, 600명이 벌인 작전에 참가했던 광주인들은 분별없고 개념 없는 하층 뜨내기 노동자들, 즉 광주에서 천대받으면서 세상 한 번 뒤집어 보고 싶다는 충동을 안고 사는 부나비들이었다는 가공할 결론을 도출하였습니다. 따라서 광주에는 5월 18일 이후 민주화운동이 전혀 없었고, 있을 수도 없었습니다. 이 얼마나 기막힌 결과입니까? 한마디로 5·18민주화는 사기극인 셈입니다. 국가가 나서서 북한특수군에 부역한 광주의 지각 없는 부나비들에게 천문학적 보상을 해주고, 한걸음 더 나아가 이들을 국가유공자급에서도 개국공신들에나 해당할 최고의 국가유공자로 대우하고 있는 지금의 현실이 한낱 남북한 반역자들이 공동하여 벌여온 사기극에 놀아나고 있는 참으로 수치스러운 코미디 현상이라는 것입니다.

5·18측 사람들은 지금까지 '윤상원 평전'을 썼고, '윤상원 연구소'까지 세웠으며 그와 박기순을 영혼 결혼시킨다며 "님을 위한 행진곡"을 바치는 행사까지 치렀습니다. 윤상원 이상의 인물은 5·18민주화 세력에 들어 있지 않습니다. 5·18에서 좌익들이 가장 높이 평가한 사람이 바로 윤상원(본명은 윤개원)인 것입니다. 그런데 매우 놀랍게도 그는 5월 18일부터 21일까지 시위대를 구성하거나 지휘한 바 없습니다. 5월 21일 총이 쏟아져 나오는 그 순간까지 그는 녹두서점에서 후배와 함께 숨어 지내며, 보초 서는 계엄군의 무기를 빼앗을 상상을 하다가 현실성이 없음을 확인하고, 다시 그 후배를 시켜 돌멩이 대신에 철근조각과

나사뭉치를 공격 도구로 확보하고 있었습니다. 후배가 철 뭉치들을 수집해 온 바로 그 순간에 무기가 쏟아져 나왔습니다. 평소에는 그토록 무기가 있어야 한다고 강조하던 그였지만, 막상 무기가 쏟아져 나오자 그는 무기를 든 시민들을 지휘하지 않았습니다. 그런 재목이 아니었습니다. 오죽 5·18에 지도자가 없었으면 서점 점원으로 5·18시위에 별 역할을 하지 않다가 5월 27일 새벽에 도청에서 화상으로 사망한 30세 청년을 단지 투사회보 몇 쪽을 냈다는 이유로 5·18 최고의 영웅으로 치켜세웠겠습니까? 북한이 만든 영화나, 남한이 만든 영화나 다 같이 윤상원을 주인공으로 부각시키지 않았습니다. 매우 아이러니하게도 남한 영화 『화려한 휴가』에서는 윤상원을 택시 기사로 등급을 낮추어 등장시켰고, 오히려 이름 없는 26세의 철부지 화물차 운전수 박남선을 항쟁 총사령관으로 각색시켰습니다. 이 모든 것들을 종합해 보면 결론적으로 광주에 광주인이 조직한 시위대는 없었고, 시위를 지휘한 사람도 전혀 없었다는 결론에 이르게 합니다.

황장엽과 김덕홍의 증언

　1996년 망명 이전에 황장엽과 김덕홍을 가장 먼저 접촉한 인물은 전 월간조선 편집장 김용삼 기자였습니다. 그는 1996년 황장엽과 김덕홍으로부터 "5·18은 북한이 배후조종한 후 계엄군에 뒤집어씌운 사건이고, 그 작전을 기획한 대남부서 사람들이 5·18 종료 직후 무더기로 훈장을 받고 술파티를 했다"는 요지의 증언을 듣고도 18년 동안 발표하지 못하고 보관만 해 왔습니다. 그러다 2013년 5·18 재조명에 대한 분위기가 무르익자 월간조선 5월호에 이와 관련한 글을 자세히 게재하였습니다. 2013년 4월 22일, TV조선이 김용삼씨를 출연시켜 이 내용들은 방송하여 충격을 주었습니다.

1997년 당시의 월간조선 편집장 김용삼(2013. 4. 22)

방송 화면(2013. 4. 22)

제3부 북한의 모략 내용과 전 북한인들의 증언

김용삼씨가 월간조선 5월호에 게재한 글의 핵심은 아래와 같습니다. 황장엽-김덕홍-김용삼 기자 인터뷰 내용의 전문에서 발췌한 것입니다.

김 기자는 1996년 11월 10일, 황장엽 씨의 친필메모를 받았습니다. 1997년 7월, 당시 국정원의 밀착 감시와 보호를 받고 있던 황장엽, 김덕홍 씨와 정식으로 인터뷰를 하게 됐고, 인터뷰 내용은 당시 국정원 직원들에 의해 감청 됐습니다. 김 기자는 이 인터뷰 내용을 월간조선 편집진에 특종 기사로 내 달라고 제출했는데, 국정원의 집요한 방해에 의해 기사화되지 못했습니다. 1997년에 빛을 보지 못한 월간조선 특종이 17년이 지난 2013년에 다시 월간조선에 게재된 것입니다.

기자 : 황 선생께서는 96년 11월 10일자 친필서신에서 「광주학살 문제도 그들을 뒤에서 사주한 북의 공명주의자들이 책임 전가한 일이다」라고 주장했습니다. 광주 문제와 북한이 어떤 연관이 있다고 보시는 겁니까?

황장엽 : "북에서는 자기네들의 대남사업에 대한 공로를 과장하느라 그랬는지 모르지만 남한에서의 모든 운동, 투쟁은 다 자기네가 지하조직을 통해서 지도한 것으로 주장합니다."(주: 이 말은 최고의 거물간첩 전향자인 김용규의 호소와 100% 일치)

김덕홍 : "북한의 통일전선부에서는 분기에 한 번씩 강연을 하는데, 광주 문제를 자기네들이 한 것으로 이야기 하더군요."

황장엽 : "북한 내부에서 대남사업을 하는 내용을 아는 사람들에게는 상식화되어 있습니다. 민주주의가 발전하고 생활수준이 높아가는 한국에서 왜 데모나 운동이 일어나는가. 그것은 모두 북에서 작용하고 있기 때문이라는 겁니다. 대남정책에서 두 가지가 달라졌습니다. 하나는 남로당 때와 같이 (조직을) 노출시키지 말라는 겁니다. 그래서 지하당을 이중, 삼중으로 만들어 누가 지도하는지 모르게 한다는 것입니다. 둘째, 노동자나 군인 속으로 들어가는 것보다는 학생들 속으로 들어가라는 겁니다. 우리는 이런 이야기를 듣다 보니까 광주에서 사람들을 학살당하게 만든 배후조종자가 책임져야 한다는 말을 한 것입니다."

김덕홍 : "모든 문제는 통일이 되어야 밝혀집니다. (북한에서는) 각 부서에 자신의 사적(기록)이 다 있습니다. 김일성, 김정일의 비준받은 것, 광주에 가서 어떻게 하겠다는 시나리오가 다 남아 있고, 그 성과로 표창받고 훈장받은 사적들이 모두 정리되어 있습니다. 통일이 되면 모든 것이 다 나타나기 때문에 여기서 얘기할 필요가 없어요. 통일이 된 후에 구체적으로 누구의 조작에 의해 광주 문제가 생겼는가, 물론 많은 시민들이 민주화 투쟁에 나선 것은 사실이지만 역사 앞에 책임질 장본인이 있습니다. 북한에 이런 것들이 다 기록되어 있어요."

황장엽 : "광주 문제에 대해 우리는 공개적으로 말 못합니다. 저네들(북한)이 조직한 증거가 없기 때문이죠. 그렇기 때문에 우리는 국내에서 일어나는 운동에 대해선 평가를 안 합니다."

기자 : 북한에서 어떤 식으로든 광주 문제와 관련하여 접촉과 지령과 움직임이 있었다는 뜻입니까?

황장엽 : "그건 우리가 모르지요."

김덕홍 : "김일성 종합대학 옆에 3호청사가 있어요. 광주운동 이후에 3호청사 사람들이 표창을 많이 받았어요."

황장엽 : "동생, 그런 얘기했다가 또 혼이 나려고 그래?"

김덕홍 : "형님, 우리가 이런 얘기 하자고 남한에 온 것 아닙니까. 형님은 왜 자꾸 말을 못하게 하십니까. 여기 남한에 와서 꼭 하고 싶은 얘기를 해야겠습니다. 3호청사에 소속되어 있던 사람들이 광주민주화운동이 끝난 후 일제히 훈장을 받았습니다. 내 친구들이 그 부서에서 근무하고 있었는데, 그 친구들도 광주민주화운동 후에 훈장을 탔다고 축하 술을 함께 마시면서 그들에게 직접 들은 겁니다. (광주 문제는) 통일되기 전에 서둘러서 평가할 필요는 없다고 봅니다."

북한에서는 북한의 최고인 것들에 '5·18'이라는 호칭을 명예로 수여한다는 사실을 수많은 탈북자들이 증언록에서 증언하였습니다. 5·18 글자가 붙어 있는 1만 톤짜리 프레스에 '5·18청년호'라는 글이 새겨진 사진도 입수돼 있고, '5·18무사고정시견인초과운동'이라는 글씨가 있는 철도역 사진도 입수하였습니다. 2001년 9월 28일 연합뉴스는 "이제까지

5·18청년호 제1호 5·18청년호 제2호(잠수함기지)

기차역 플랫폼에 쓰인 '5·18무사고정시견인초과운동' 구호

막연하게 존재한다고만 알려졌던 북한 '5·18영화연구소'의 실체가 최초로 밝혀졌다"는 표현으로 북한에 '5·18영화연구소'라는 호칭이 있다는

사실을 보도하였습니다. 그 외에도 탈북자들에 의하면 전차에도 '5·18전진호', '5·18소년호 땅크' 우수한 생산 직장에도 '영예의 5·18청년직장', '5·18식품가공공장', '5·18고치청년작업반', '5·18청년제철소' 등이 있으며 이런 5·18호칭은 북한 사회에 즐비하다고 합니다.

해마다 5월이 되면 북한에서는 전 지역에 걸쳐 여러 날 동안 5·18을 기념하고 추념하는 행사가 대대적으로 열린다는 사실을 탈북자들의 증언과 통일부 주간정세보고서를 통해 확인하게 되었습니다. 5·18이 순전히 한국인들에 의한 민주화운동이었다면 어째서 북한이 매년 당-정 최고위급 간부들의 참석 하에 기념대회를 전 지역에 걸쳐 여러 날 동안 거행하겠습니까? 이를 증명이나 하려는 듯, 북한이 발행한 대남공작 역사책들에는 5·18이 북한의 대남공작 역사상 최고 수준의 작품이라고 자랑되어 있습니다(증3, 4).

(평양 조선중앙통신=연합뉴스) 17일 평양 중앙노동자회관에서 '광주인민봉기'(5·18민주화운동) 30돌 기념 평양시 보고회가 열리고 있다(2010. 5. 17).

2006년 6월 14일부터 17일까지 광주에서는 6·15선언 6돌을 기념한다며 북한의 대남공작요원 147명과 남한의 모든 좌익단체들이 모여 1,000명 정도의 모임을 만들어 미군을 몰아내고 자주평화통일을 이룩하자며 통일행사를 하였습니다. 다음 사진을 보십시오. 북한 사람들이 6월 14일, 우산을 쓰고 5·18묘지에서 경건하게 묵념을 하고 있는 모습입니다. 남한의 5·18이 순수하게 남한의 민주화운동이라면 어째서 이토록 비를 맞고 경건하게 추모의 정을 표하겠습니까?

2006년 6월 14~17일, 조평통 안경호 서기국장 등 147명이 광주 6·15통일대축전을 주도하며 비오는 날에 우산을 쓰고 5·18묘지 참배

여기에서 김대중은 이런 연설을 했습니다. "오늘 이 민족통일 대축전 광경을 보고 망월동 국립묘지에 계신 영령들의 마음은 어떠하겠습니까. 틀림없이 자신들의 희생이 헛되지 않았다고 생각하시면서 오늘의 모임

2013년 5월 15일 채널A의 '김광현의 탕탕평평' 프로는 실로 충격적인 프로를 진행했습니다. 5·18광주에 5·18광주작전을 총 지휘-점검하기 위해 북한의 '광주작전지휘관 문제심'(그 후 국방차관급으로 승진)이 광주로 급파되었다는 사실과 그 자신이 당시 19세의 나이에 문제심의 호위병으로 참전했었다는 사실을 1시간에 걸쳐 방송했습니다. 그는 북으로 올라가다가 부상을 입고 영웅대접을 받았지만, 친구 여동생의 탈북을 두 차례씩이나 도와준 죄로 처벌 위기를 맞자 2006년에 탈북했다 합니다.

　　채널A와 TV조선이 2013년 1월부터 경쟁적으로 벌이는 5·18 재조명 열기로 인해 5·18에 대한 국민의 관심이 폭발했습니다. 이에 위협을 느낀 광주 사람이 민주당을 움직였고, 민주당이 국방장관과 국무총리를 압박하였습니다. 두 공직자들은 새로운 연구 결과가 있는 것을 무시하면서 1900년대의 옛날 상식만 가지고 5·18에 북한군이 오지 않았다는 것이 정부의 판단이며, 이와 다른 말을 하는 것은 용서할 수 없는 역사 왜곡 행위로 강력 처벌하겠다고 공언하였습니다. 이에 힘입은 광주 사람들은 탈북한 출연자와 방송진행자들 그리고 5·18을 가장 뜨겁게 조명하던 일베 중심의 어린 회원들을 마구 고발하였고, 방송통신심의위원 9명은 만장일치로 방송국들에 중징계를 내렸습니다. 민주주의의 근간을 허무는 있을 수 없는 만행입니다.

　　자기 자신이 광주 작전에 참가했다는 이야기를 합동조사반에서도 여러 차례 했고, 증언을 책자로 발간하고, 방송국 요청에 의해 출연하여 사실을 그대로 국민에 전했는데 광주 사람들은 아무런 근거 없이 무조건 허위 사실 유포자로 고발했고 국무총리와 국방장관은 아무런 지식도 없이 2013년 6월 10일에 그야말로 민주주의에 역행하는 해서는 안 될 발언을 한 것입니다.

"5·18에 북한군이 개입하지 않았다는 것이 정부의 판단이다. 이에 반하는 표현은 역사 왜곡이고, 역사 왜곡은 반사회적 행위로, 이에 가담한 일베 회원들의 글은 삭제 등의 적절한 조치를 취하고, 북한특수군 개입을 증언시킨 방송들은 방통위를 통해 제재할 것이며 역사 왜곡자들은 검찰조사를 받게 될 것이다."(정홍원 국무총리 발언, 2013. 6. 10)

이런 전근대적인 사람들이 국가를 경영하는 한, 역사는 쉽게 바로 잡혀지지 않을 것입니다. 대한민국의 시계가 거꾸로 흘러 독재시대로 회귀하는 것 같습니다. 이 발언에 따라 두 종편방송은 5·18이슈를 금지시켰고, 저를 포함한 출연자들이 언론의 기피인물로 냉대받고, 당시 방송 진행자들은 누군가가 써 준대로 사과방송을 하고 감봉조치까지 받았습니다. 하지만 광주가 고발한 사람들 10여 명 가운데 오직 표현의 자유 범위를 벗어나 부적절한 표현을 했던 대구의 한 학생만 처벌받고 다른 사람들은 모두 무혐의 처분되거나 모 변호사의 경우에는 무죄를 받았습니다. 지금의 세월호 유족들과 이를 악용하는 야당세력의 막무가내식 생떼 문화가 바로 5·18사람들이 만든 '5·18문화'라 할 것입니다.

맨 마지막 화면에는 남파 특수군 중에 몽둥이질 잘하는 아이들도 있다는 김명국(가명)의 발언이 보입니다. 특수군 300명이 몽둥이 하나 가지고 20사단 기동부대를 기습하여 성공한 사실과 일치하는 증언입니다.

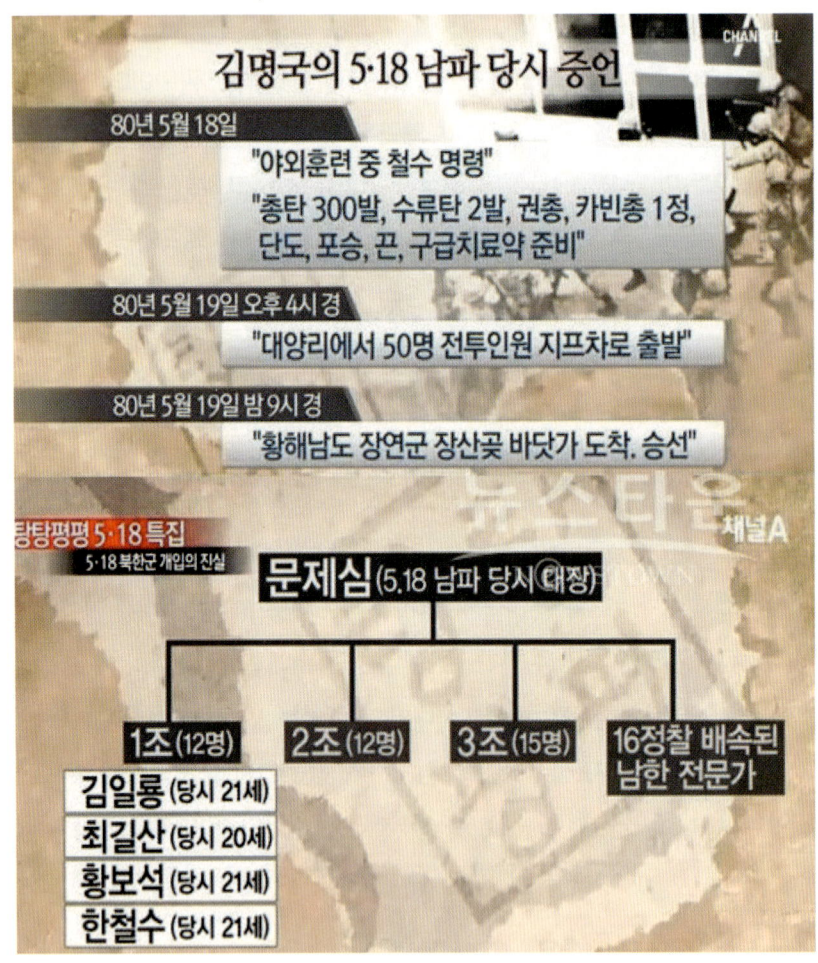

채널A의 '김광현의 탕탕평평'(2013. 3. 15)

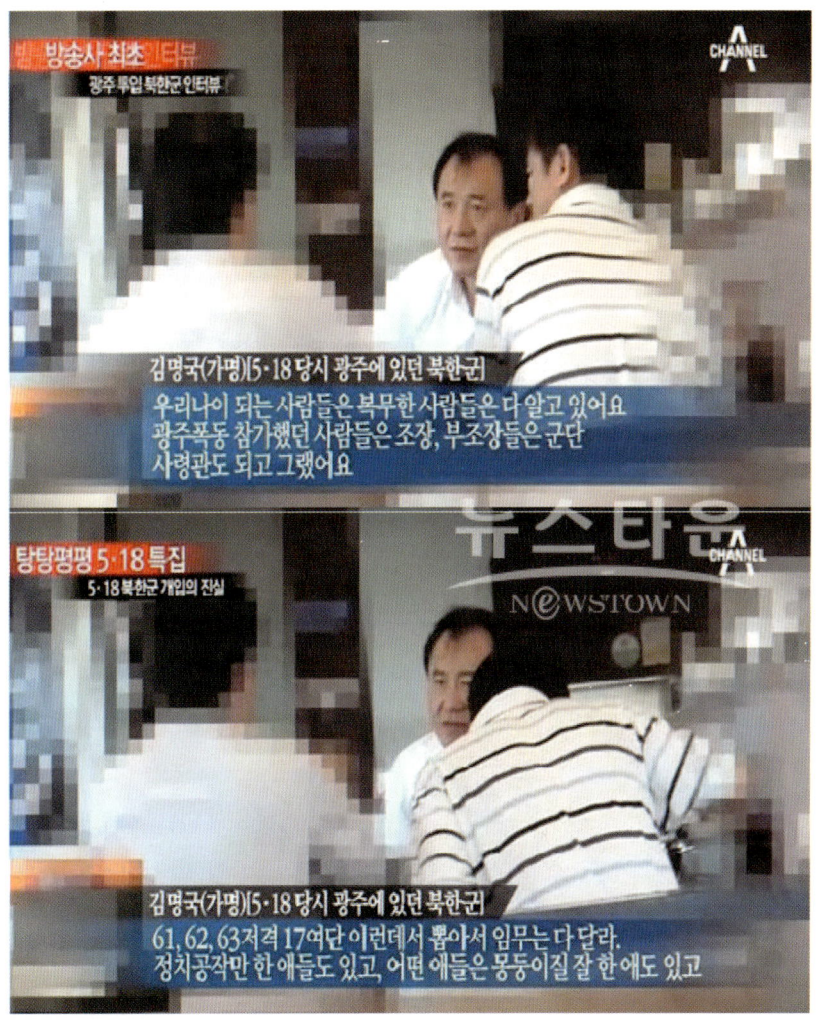

정치공작 잘 하는 애들, 몽둥이질 잘하는 애도 있다. 능력들이 다양하다.

전 북한특수부대원 김명국(가명)의 증언내용

1980년 5월 광주사태 현장에 파견되었던 전 북한 조선노동당 중앙당 연락소 전투원 김명국(가명)의 증언이 A-4지 19매 분량으로 책자와 인터넷을 통해 많이 확산돼 있습니다. 아래는 요점만 발췌한 것입니다.

전 북한특수군 출신 탈북자의 가명은 김명국, 1961년 함경북도 회령시에서 출생했다. 17세 되던 해인 1977년 8월 26일 평양시 순안구역 대서리 북한대남연락소(112훈련소) 아동훈련소에 입소, 1년 후인 1978년 10월경 평양시 서포구역 대양리에 있는 간첩부대 중앙당 연락소(1010군부대) 2처 전투정찰 부대에 배치됐다. 1980년 5월 19일 전남 광주시로 남파되어 작전을 수행하다가 5월 27일 북한으로 철수하던 도중 북한군 포 사격훈련장을 통과하다가 부상을 당했다. 1국기훈장 1급을 받고 5·18영웅 대접을 받으면서 2003년까지 북한군 특전사 교관(중좌)

으로 복무하다가 2006년 중국 밀무역사건으로 북한 국가안전보위부에 체포되기 직전 가족과 함께 탈북하였다.

1980년 5월 19일 오후 4시, 50명으로 구성된 전투인원이 북한에서 만든 갱생지프차로 대양리를 출발, 저녁 9시 황해남도 장연군 장산곶 북한대남연락소 기지에서 배를 타고 출발하였다. 그가 속했던 소조 12명 중 조장은 나이 23세의 리상국 중위였고, 부조장은 22세의 한광호 소위였다. 기타조원들의 이름은 김일룡(21), 최길산(20), 황보석(21), 한철수(21살) 등으로 기억한다. 증언자의 조는 12명, 직속부대에는 3개조가 있었는데 증언자 조가 12명이고, 제3조는 15명, 나머지 사람들은 16정찰에서 배속된 남한 전문가들이었다. 증언자가 호위했다는 파견대장 이름은 문제심, 2006년 당시 이곳의 국방차관급으로 출세했다. 문제심의 말로는 "그가 아는 남파부대들에서 270명이 남파되었다가 거의 다 죽고 살아 돌아 온 사람이 70명 정도 밖에 안 된다"고 했다.

그가 탔던 배의 길이는 20m, 일반 고기잡이배로 위장했으나 추진기가 4개씩이나 달린 고속정으로 시속 70km 이상으로 속도가 빠르고 자체 폭파하게 되어 있었다. 21일 새벽 2시경 전남 목포 앞바다로 잠입하였다. 안내자 몇 명이 대장한테 와서 자기들이 남한에서 이룩한 성과를 보고하였는데 그 중에는 "무기고를 습격하여 무기를 탈취하였다는 것과 함께 트럭, 장갑차들을 노획하였다"는 내용이 있었다. 2일간 광주 근교 야산에서 잠복하면서 북한과 무선연락으로 교신하였고 광주 봉기의 추이를 살폈다. 증언자 김명국은 파견대장의 신변 호위임무를 수행하였다. 때마다 간첩들이 빵과 밥 및 반찬을 날라다 주었는데 그 기막힌 맛을 잊을 수 없었다.

5월 27일 새벽, 북한으로 철수하기 시작했고, 아침 6시경 철수 중, 산 중턱에서 국군 특전사들과 전투를 벌이던 중, 증언자 자신이 공수대원 3명을 사살했다. 5월 30일 새벽, 증언자 일행이 '문경고개' 근처에서 행군할 때 부조장이 여자애에게 발각되자 죽여서 땅에 묻어 버렸다. 6월 4일 밤 11시, 휴전선에 도착했다. 휴전선 지뢰밭과 철조망은 정찰국 성원들이 앞서 나가면서 해제해 주었고, 휴전선을 넘어서 보니 6월 5일 아침 9시경이었다. 지역을 알아보니 북한 강원도 판교군 지하리, 북한군 포 사격장에 들어갔다가 한참 훈련중인 포병부대가 사격한 포탄에 맞아 2명이 즉사하고 본인은 다리에 부상을 입었다. 광주 봉기에의 북한군 침투 총화(결산)가 6월 15일 김일성과 김정일의 직접적인 참석 하에 평양에서 열렸다. 남한에 침투되었다 살아서 귀환한 군인, 전사한 군인 모두에게 공화국 영웅 칭호가 수여됐고, 분견대 대장 2명은 조선인민군 교도지도국(특수전 사령부)작전부에 승급되어 배치됐다. 김일성은 소좌급인 분견대장들에게 대좌의 군사칭호를 수여했다.

조장들은 7명이 살아 돌아왔는데 모두 상좌로 승진시켜 각 군단 부사령관으로 임명하였다. 조선인민군 1010군부대 전투원 김명국은 1980년 5월 전투공로로 하여 조선로동당에 입당하였다. 목숨 바쳐 지휘관을 보위한 공로로 국기훈장 1급을 수여받았다. 참고로 국기훈장 2개면 공화국 영웅 칭호와 맞먹는다. 대남연락소 내부 규정에는 전우가 죽으면 흔적을 없애려고 땅에다 묻어 버리고, 마지막 남는 사람이 붙잡히면 자폭하게 되어 있다. 만약 전우가 부상당해 대오의 행군에 지장을 준다고 생각되면 죽여서 땅에 묻어버린다. 자폭을 위해 옷 속에 여러 가지 유형의 작은 물체를 항상 가지고 다니는데 고성능 폭약 3kg이 터지는 위력과 맞먹는다.

2006년 7월 남한에 입국하여 국정원에 5·18당시 자기가 남파되었던 사실을 증언하였지만, 국정원 직원이 그런 말하면 쥐도 새도 모르게 죽을 수 있다고 협박했다. 지금 현재 분당에 살고 있다. 1980년 5월에 남파되었던 북한특수군 전사의 임무는 이러했다. 첫째, 5·18광주 봉기를 주동적으로 끌고나가며 봉기자들인 남한 민주세력과 진압세력인 국군사이에 불신을 조장하여 서로 분열시키고 이간을 조성하는 것이다. 둘째, 광주 봉기를 폭동으로 발전시켜 남한 전역에 확대시킴으로써 전국적인 폭동이 일어날 경우 북한군의 남침계획을 수행하는 것이다.

이렇게 하기 위해 북한군 남파부대는 두 패로 나뉘어 시민봉기군과 국군으로 가장하였다. 시민군으로 가장한 북한특수군 전사는 국군에게 총질을 하였고, 국군으로 가장한 북한특수군은 시민군에게 총격을 가하여 서로에 사상자를 발생시켜 서로의 감정을 폭발시키는 이간 책동을 하였다. 특히 국군으로 가장한 요원들은 광주 봉기군의 심경과 감정을 폭발시킬 목적으로 시민군과 부녀자들을 비롯한 일반 시민들을 무참히 살해하여 광주 폭동을 이끌어 내는 데 결정적인 역할을 하였다. 그들은 교도소 습격, 무기고 탈취, 경찰서 습격, 장갑차 로획 등 일반인들은 상상도 못하는 특수훈련을 받은 정규군만이 할 수 있는 군사행동을 함으로서 무장폭동을 유발시키는 군사작전의 임무를 훌륭히 수행하였다.

'5·18 공화국 영웅' 내연녀의 증언

전 함경남도 여고 교사의 증언

　2009년 9월 탈북한 북한군인으로 구성된 '자유북한군인연합'이 16인의 증언자들을 확보하여 446쪽 분량의 "화려한 사기극의 실체"라는 제목의 증언집을 냈습니다. 모든 증언들이 실감나고 진솔해 보여 우열을 가리기 어렵지만, 그 중에서도 내연남이라는 가장 가까운 사람이 11명의 조장으로 직접 광주에 가서 수행한 작전에 관한 소상한 이야기이기에, 여기에 선정하여 소개드립니다. 증언자는 김일성종합대학을 졸업한 여성인데 '5·18 공화국 영웅'인 안창식 사이에 두 아이를 낳은 처지에 있었습니다. 북한에는 수많은 종류의 업적으로 인해 공화국 영웅을 수여받지만, '5·18청년호'가 프레스 중에서는 최고이듯이 '5·18 공화국 영웅'도 공화국 영웅 중 최고급의 영웅이라 합니다. 내연남으로부터 들은 이야기를 매우 총명하게 잘 정리해 주었습니다. 이 증언까지를 읽으시면 1980년의 광주가 어떠했는지, 그 속을 투명하게 눈앞에 그리실 수 있을 것으로 생각합니다. 원래는 48쪽 분량인데 16쪽 정도로 발췌하였습니다.

전직 북한 여교사의 증언(발췌)

 오직 막중한 진실을 밝히기 위해, 나는 북한의 여성 교사로 있으면서 '5·18 공화국 영웅'을 내연남으로 맞이하여 두 아이를 두었다는 참으로 부끄러운 사생활'까지 말하지 않을 수 없다. 나 한 사람을 희생해서라도 5·18역사가 바로 서고, 그 역사가 자유 대한민국을 바로 서게 하는 데 기여하기를 간절히 소망하기 때문에, 나는 밤을 함께 지내면서 내연남으로부터 들었던 광주 5·18 이야기를 기억나는 대로 여기에 밝히고자 한다.

 나의 유년기 시절 가장 큰 희망은 교육부문에서 최고의 전당이라고 하는 김일성종합대학에 가는 것이었다. 북한에서 김일성종합대학과 같은 큰 대학에 가려면 하늘의 별따기라고도 할 만큼 쉽지 않은 일이다. 공부도 우선 잘해야 하겠지만 무엇보다 중요한 것이 집안 배경이다. 학교는 군당(郡黨) 교육부에 나를 김일성종합대학 입학생으로 추천하였다. 들떠있던 1986년 8월, 군당 교육부로부터 내려온 통지서에는 읍 중학교의 교장의 아들로 확정지었다고 적혀 있었다. 하늘이 무너지고 땅이 꺼지는 순간이었다. 식음을 전폐하고 시름에 싸여 있을 때 나의 친오빠가 한쪽 다리를 저는 사람을 집으로 데려와서 군당에서 같이 일하는 친구라고 소개했다. "너 지금까지 '공화국 영웅' 칭호 받은 사람을 직접 본적 없지? 이 사람이 바로 5년 전에 김정일 동지를 직접 만나 뵙고 그분 앞에서 공화국 영웅 칭호를 받은 사람이야."

공화국 영웅이라는 훌륭한 분을 다른 곳도 아니고 바로 우리 집에서 내 눈으로 직접 본다는 것이 참으로 놀라웠다. 그런 그의 추천으로 나는 김일성종합대학에 가기로 되었다. 이는 꿈에서나 가능할 일이었다. 대학에서 공부하는 동안 한 달이 멀다할 정도로 그 분한테서 편지가 왔고 나도 답장을 보내주었다. 김일성종합대학을 졸업하고 3대혁명소조로 황해남도 연안군 풍천리에 나가 있던 어느 날, 온다는 기별도 없이 '5·18 공화국 영웅'이 의족한 다리를 절룩거리며 내가 생활하는 숙소에 문득 나타났다. 출장을 왔다가 들렸다고 했다. 18살 때 본 이후 6년 만에 보는 사람이지만 내 인생의 한 부분을 도와주신 분이라 너무도 반가웠다. 이것이 내가 15년 연상인 안창식이라는 '5·18 공화국 영웅'의 내연녀가 된 사연이었다. 그의 도움으로 함경남도 영광군의 시골학교에서 영어교사로 교편을 잡게 되었다. 2년 뒤에 그 남자와의 사이에서 두 번째 아이를 낳으면서 나의 결혼은 영원히 물 건너갔고 남편 없이 홀로 두 아이를 키워야 하는 처량한 신세가 되었다. 이것이 북한에서 최고의 대학과 최고의 목표를 꿈꾸었던 내 인생의 흔적이고 자서전이라 할 수 있다. 어느 날 그의 의족이 매달린 다리마저 잘라내야 했다. 그때서야 그는 그가 어째서 다리를 다쳤는지에 대한 속 이야기를 털어놨다.

1968년 1월 21일 남조선 청와대 습격사건이 수포로 돌아가고 그 사건의 내용이 남조선 대통령에 대한 북한의 테러로 국제사회에 여론이 확산되자 북한은 황해북도 연산주둔 124군부대를 해산하고 1970년대 초에 북한 함경남도 덕성과 량강도 후치령 인근에다가 해산된 기존의 124군부대의 기능을 대체할 수 있는 새로운 비밀부대를 극비리에 조직하였다. 또한 1970년대 중반에는 평안북도 정주, 동림 일대에 남조선 종심(남한의 후방)에 대한 작전을 전문적으로 수행하는 정예특수부대인 일명 자살부대라고도 불리던 '당원사단'이라는 최정예부대를 새롭게 만들었다.

그는 13살이 되던 해인 1966년 가을, 조국을 위해 아들을 바친다는 부모의 서약과 함께 조국을 위해서 죽어야 되는 기구한 운명이 되어 자살부대나 다름없는 국가보위부 소속 첩보훈련소에 모집되어 갔다. 그가 간 곳은 서해 바닷가의 어느 이름 없는 섬이었고 그곳에서 그는 백여 명의 같은 또래 어린 동료들과 함께 고된 훈련을 받았다. 당사자의 말에 의하면 그곳에는 아직도 세상에 공개되지 않은 채 극비에 은폐되어 있는 생체실험장도 있다고 한다. 정신훈련 교육은 처음부터 조국을 위해서는 필요하면 부모와 처자식도 죽여야 하고 친구도 무조건 죽여야 된다는 내용이었다. 생전 처음 보는 코가 큰 사람들이 와서 미국말을 가르치고 일본에서 납치되어 온 사람들과 남조선에서 온 사람들이 각기 자기나라의 말들을 어린 훈련병들에게 체계적으로 교육시켰다.

일체 외부와는 접촉할 수 없는 무인도에서 11년 동안의 훈련을 마치고 1977년 여름에 새롭게 배치되어간 부대는 함경남도 덕성군의 아찔한 골짜기에 주둔해 있는 534라고 하는 특수부대였다. 대위의 군사칭호를 달고 타격대장으로 임명되어간 그는 날아가는 까마귀도 단도 한 번 날려서 떨어뜨린다는 유명한 부대에서 박정희 대통령이 사살당할 때까지 근 2년 동안 대원들에게 살인적인 훈련을 가르쳤다. 박정희 대통령이 총에 맞아 사망하고 전부대가 비상대기 상태에 돌입해 있던 때인 1979년 11월 중순 쯤에 그가 책임지고 있는 타격대에 폭풍명령이 떨어졌다. 준전시 상태에서 소부대기능을 수행하는 타격대를 대상으로 제한적인 폭풍명령이 떨어진 것은 이례적인 일이었다. 지휘부의 명령에 따라 급히 대원들에게 비상소집 명령을 내리고 지휘부에 달려가 보니 부대지휘관이 아닌 상급기관에서 내려온 전혀 한 번도 본적이 없는 낯선 지휘관이 긴급명령을 하달하기 위해서 그를 기다리고 있었다.

상급부대 지휘관은 그가 들어서자마자 부대의 전투준비 상태와 각기 타격대들의 기동성 및 전투임무 수행 능력을 점검할 목적으로 임의의 소부대를 예고 없이 지명하여 전투력 상태를 판정한다는 취지를 설명하면서 타격대의 작전구역은 신포시 앞바다에 있는 마양도라는 섬이며 그날 밤중으로 현지로 이동하여 대기 상태에 있을 것을 명령하였다. 그는 상급 지휘관의 명령대로 즉시 타격대를 출발시켜 그날 새벽녘에 신포시 마양도에 전개되어 있는 해군기지에 도착하였다. 도착 이후 30분 정도의 시간이 경과될 무렵 사복차림을 한 사람이 나타나서 이 시각부터 타격대는 두 개조로 나뉘어 작전에 임한다는 지시를 전달하면서 미리 작성한 이름을 호출했고, 호출된 사람들은 도로 양쪽으로 나뉘어 섰다. 조 편성 발표가 끝나고 사복차림의 지휘관은 타격대장을 책임자로 하는 11명의 조는 즉시 잠수함에 승선할 것을 지시했고 그들보다 인원수가 많은 다른 조는 대기 상태에서 차후 명령을 기다릴 것을 명령했다.

평상시 적진에 대한 침투훈련을 할 때마다 잠수함을 이용한 훈련을 많이 했던 차라 그들은 일상적인 훈련의 반복이라고 생각했다. 그들을 태운 잠수함은 바다 밑으로 깊숙이 잠수하여 마양도 해군기지를 출발하였다. 잠수함의 항해 방향과 도착지가 어딘지, 목적지에 도착해서 수행해야 할 훈련내용은 어떤 것인지 그들은 전혀 알 수 없었다 한다. 잠수함을 타고 바다 밑으로 들어온 지 3일째 되던 날 안내요원이 나타나서 지금 잠수함의 위치가 남조선 전라도 쪽의 해상이라고 전달해 주었다. 침투훈련을 하면서 남조선 육지는 밟아보지 못했어도 해상으로는 남조선 깊숙이 몇 번 드나들었던 경험이 있는지라 실전을 위한 훈련 정도로만 생각했고 공해상을 한 바퀴 돌아서 다시 북한으로 올라갈 것으로 그들은 추측하고 있었다. 그러나 이번만은 그들의 생각이 아주 크게 빗나갔다. 안내요원이 들고 온 지휘부의 명령서에는 소부대인원들을 지휘하여 남조선의 후방에 침투해서, 현지에서 차후명령을 전달받고 수행하라는 임무였다. 지역은 전라남도 일대이고 육지에 상륙하여 도착장소까지의 안내과정은 별도의 인원들이 맡아서 수행한다는 내용도 포함되어 있었다.

전라남도 지역에서 어떤 임무가 기다리고 있는지에 대해서는 당시로써는 아무도 모르고 짐작할 수도 없는 일이었다고 한다. 다른 때와 같은 가상적인 훈련이 아니라 이번만은 실제적인 상황이라는 현실이 배안에 타고 있던 11명의 전투요원들을 긴장시켰다. 그들이 남쪽으로 급히 파견되게 된 동기에 대해서 잠깐 설명을 보태면 북한 정권은 남조선에서 박정희 대통령이 김재규에 의해서 사살되고 전두환 군부가 등장하면서 조성되고 있던 복잡한 정세와 정치적 혼란이라는 적절한 타이밍을 놓치지 않고 배후를 조종하여 국가전복을 시도하려는 구체적인 작전을 사전에 계획하고 있었다.

오늘에 와서는 그 질과 범위가 아주 대담해지고 폭이 넓게 전개되고 있지만 북한이 남조선에서 가장 허점으로 노렸던 부분은 그때나 지금이나 변함이 없이 민주주의 체제에 민주정치라는 한 가지 '약점'이었다. 한국의 정치체제가 다양성에 대한 보장과 존중이 있다는 것 자체부터가 북한쪽이 바라보는 시각에서는 영락없는 틈새였고 합법적으로 친북세력을 양산하고 또한 그들을 이용하여 친북정권을 출연시킬 수 있는 아주 좋은 기회였다. 에돌리지 않고 말하면 지독한 피비린내를 풍겼던 5·18 광주사건의 서막도 북한의 이와 같이 치밀한 대남전략의 차원에서 서서히 준비되고 무르익어 가고 있었다. 11명의 침투요원들은 잠수함에서 내리기 전에 당과 수령, 조국과 인민을 위해서 최후의 한 명이 남을 때까지 목숨을 바치며 적들의 손에 잡히면 무조건 자폭을 한다는 서약서에 서명을 하였다고 한다. 잠수함에서 하선하여 남쪽의 안내원을 따라 도착한 곳은 남조선의 전라도 지역인 목포라는 해안가 도시의 작은 상점가게 안방이었다. 침투인원들은 그곳에서 7명의 현지 북한요원들(이 7명은 이미 전에 북한에서 파견되어 내려온 공작조)을 만났고 그들을 통해서 앞으로 전라도 지역에서 계획하고 있는 작전내용과 이를 위한 사전 준비 작업이 무엇인지에 대한 임무사항을 전달받았다.

그들이 당시 임무내용을 전달받으면서 한순간에 파악했던 것은 조만간 남조선에서 4·19인민봉기를 능가하는 전국적인 대규모의 인민항쟁이 무장폭동의 성격으로 준비되고 있다는 사실이었으며 자신들이 목포지역으로 급파된 것도 그 일을 준비하기 위해서였다는 것이었다. 본인의 말에 의하면 그들이 목포에서 만난 7명의 북한요원들은 박정희 대통령이 사망하기 전에 부산과 마산에서 일어났던 대학생들의 반정부폭동을 배후조종하기 위해서 파견된 사람들이었고 북한은 부산, 마산 폭동을 5·18광주사태와 마찬가지로 전국으로 확대할 계획이었다고 한다. 부산, 마산사태가 전국적인 인민봉기로 확산되지 못하고 조기에 진압된 것은 폭동이 일어나게 된 동기와 확대될 수 있는 명분이 취약했으며 부마사태의 정당성에 대한 지역 민심의 합법적인 공감대가 형성되지 않았던 것이 주요한 실패의 원인이라고 했다.

어쨌든 먼저 왔거나 나중에 왔거나 적후에서 만난 그들 모두에게 전라도 지역에서의 새로운 무장폭동을 준비해야 한다는 공동의 과제가 동일하게 떨어진 것은 분명한 사실이었고 어떤 어려운 일이 제기된다 해도 목숨을 내놓을지언정 반드시 수행해야 될 당과 조국 앞에 걸머진 본인들의 임무였다. 그들이 남조선전라도 지역에 침투하여 처음으로 착수한 일은 무장폭동을 준비하는데 관건인 무기를 확보하기 위한 사업이었다. 북한의 계획대로라면 원래 광주폭동이 정상적으로 시작되어야 하는 날자는 1980년 3월경이었다고 한다. 북한이 봉기시기를 농번기가 시작되기 전인 3월로 택한 것은 폭동이 일어나서 전국적인 항쟁으로 신속하게 번지려면 농사철과 같은 불필요한 계절요소들의 제한적인 방해를 피하는 것이 유리하다고 판단했기 때문이라는 것이었다.

　미리 침투해 있던 7명의 인원들과 합류한 안창식을 비롯한 11명의 인원들은 여러 개의 소조로 분산되어 전라도 현지에서 북한의 지령을 받고 움직이는 조직들이 사전에 확보해 놓은 무기고들의 위치를 재확인하는 한편 새로운 무기고들의 위치를 파악하기 위해서 3개월여 동안 전라도 전 지역에 대한 정찰을 이 잡듯이 샅샅이 진행하였다고 한다. 1980년 2월말을 넘기면서 폭동이 전개되면 임의의 시기에 무기탈취가 원만히 진행될 수 있도록 전라도 지역에 포진되어 있는 무기고들에 대한 사전파악과 요해사업이 성과적으로 마무리 되었다. 1980년 3월로 계획되어 있던 광주폭동이 5월로 늦어진 것은 1980년 4월말에 일어났던 강원도의 사북탄광 사태와의 밀접한 연관 때문이었다. 사북탄광에서의 폭동 조짐을 첩보망을 통해서 사전부터 구체적으로 감지하고 있던 북한은 3월로 예정되었던 광주폭동을 4월말로 연기하라는 지령을 내려 보냈고 득보다 실이 많은 산발적인 소요보다는 전국 각지에서 일시에 동시다발적으로 들고 일어나는 전국 규모의 항쟁이 성격으로 보나 위력으로 보나 훨씬 효율적이라는 것을 계산하였다(주: 김대중은 혁명정부의 예비내각 명단을 작성해놓고 1980년 5월 22일 전국 폭동을 일으키겠다 선언했다가 5월 17일 자정에 일당과 함께 전격 체포되었음).

　목포에 침투하였던 7명의 요원들이 사북탄광사태에 직접적으로 개입한 일은 없었다고 했지만 그들의 말로는 그곳에도 북한의 계획적인 지령을 받고 파견된 별도의 특수부대요원들이 잠입하여 사북사태가 강원도 지역 전반으로 확산되도록 배후를 은밀히 조종하였다고 증언하였다. 이는 1980년 5월 18일을 전후로 하여 북한이 남조선에서의 전 인민적인 항쟁을 위해 얼마나 치밀하고 계획적인 작전을 세웠는지 생생하게 보여주는 단편적인 내용의 한부분이라고 말할 수 있다. 북한쪽의 입장에서 사북탄광사태는 치명적인 실패작이었고 그것이 무산됨으로써 광주폭동은 부득이 하게 5월 중순으로 넘기게 된 것이었다. 여기서 놀랄만한 것은 목포를 중심으로 광주폭동이 시작되기 전까지 5개월여 동안 목포, 광주를 비롯한 전라도 지역에 포진되어 있는 숨은 지하조직들을 알아가는 과정에서 침투조 인원들이 직접 목격한 일이지만 그들의 조직들이 믿기지 않을 정도로 하나같이 잘 정비되어 있었다는 것이었다. 질적으로 짜여있는 북한의 당 조직과도 별로 차이가 나지 않을 정도로 체계적인 조직 구성과 집단화된 규율을 가지고 있었고 정신적인 무장상태나 각오 정도에서도 북한의 조선노동당원들의 수준 이상이었다고 한다.

그들이 지휘부 형태로 사용하는 공간에도 김일성의 초상화는 물론 김정일의 초상화까지 걸려 있었고 김일성선집이라든가 김정일의 주체철학 등 북한에서나 볼 수 있는 사회주의 내용의 북한용 정치서적들이 대거 비치되어 있어 마치도 북한 땅에 있는 어느 박사의 사무실을 보는듯한 느낌을 받았다고 했다. 자본주의사회에서 태어나서 자본주의 교육을 받고 자란 사람들이 어떻게 돼서 북한사람들의 정신상태 이상으로 김일성, 김정일을 숭배하고 북한체제를 위해서 주저 없는 희생을 감수하고 나서는지 한 순간의 머리판단으로서는 도저히 이해를 할 수 없었다. 강원도에서 일어났던 사북탄광사태가 전국적인 규모로 탄력을 받지 못하고 부마사태처럼 속수무책으로 조기에 소멸되자 북한 정권은 다급해지기 시작했다. 북한 정권은 남조선에서 전국 형태의 대규모 항쟁이라는 사전의 계획에 차질이 생기자 그 어떤 대가를 지불해서라도 실패한 부분들을 무조건 봉창하려고 접어들었다.

결국 그들에게 마지막으로 남은 카드는 광주였고 광주폭동을 전략적인 차원에서 치밀하게 조작하여 부마사태나 사북탄광사태처럼 두 번 다시 실수를 저지르지 않고 어떤 경우에도 내부를 조작하여 봉기를 확대시키는 것만이 최선의 미봉책이라고 생각했다. 전두환의 신군부에 대한 남조선청년학생들과 특히 전라도지역의 민심이 좋지 않았던 만큼 이런 분위기를 광주사건에 적절히 배합하여 지역감정에 이용하고 항쟁의 질을 자극적인 방향으로 극대화시켜 나가게 되면 예상외로 생각지 못했던 좋은 결과가 나올 수 있다고 북한은 타산하였다. 특히 1980년 5월초에 들어서면서부터 서울을 중심으로 광주를 비롯해서 전국적인 규모에서 시작된 청년학생들의 반정부시위는 북한 정권의 대남작전에 활력을 주고 기지개를 펼 수 있게 하는 큰 선물과도 같은 것이었다(주: 실제로 5월 4일부터 학생시위가 본격적으로 발동하였음).

당사자들한테서 직접들은 이야기지만 북한은 5·18사건을 배후에서 계획하면서 철저하게 두 가지 목적을 노렸다고 한다. 하나는 남조선 사회를 북한체제가 합법적으로 통치할 수 있는 국가 전복이었고 또 다른 하나는 전라도 지역을 기반으로 하는 믿음직하고 충실한 친북정권 수립이었다. 내가 북한에서 이런 내용들을 들을 때는 신기할 정도로 희한했었지만 지금 남한에 와서 다시 생각해보면 참으로 위험하고 끔찍한 일이 아닐 수 없다. 전국적으로 대규모의 인민항쟁이 일어나서 공권력이 흔들리게 되면 인민군대의 남침도발도 충분히 가능했던 것이 당시의 정세였다고 하니 소름이 끼칠 만도 한 일이었다.

잔인하고 피비린내가 났던 5·18광주폭동에 대한 계획은 이런 북한의 끈질긴 도발과 조작의 어두운 과정을 거치면서 점차적으로 준비상태가 마무리되어 갔다. 안창식을 책임자로 하는 11명의 북한 특수부대 요원들과 부마사태에 참가했던 7명의 요원들이 합류된 18명의 소부대는 광주사태의 전 과정이 마무리 될 때까지 목포에 거점을 두고 있었고 그들은 그곳에서 북한과 수시로 교신하면서 광주작전과 관련된 필요한 지시들을 지령으로 받고 집행하였다. 광주폭동이 진압군의 작전으로 종료될 때까지 두 명의 인원은 고정적으로 목포 아지트에 대기하면서 광주 시내에서 매일매일 벌어지는 사건 내용들을 구체적으로 신속하게 지휘부에 보고했다.

광주작전에 참가하기 위해서 북한에서 내려온 특수부대요원들의 규모에 대해서는 어느 누구도 알 필요가 없는 철저한 보안 사안이기 때문에 해당 당사자들 외에는 어느 부대에서 몇 명이 내려왔는지 아무도 몰랐다고 한다. 안창식을 비롯한 일행들도 광주사건이 터지기 대략 1~2개월 전에 배후 교란작전을 수행하는 부대들에서 적지 않은 인원들이 광주 작전을 위해서 전라도 지방으로 파견되어 왔다는 사실을 분명히 알고 있었지만 같은 부대 소속이 아니기 때문에 내려온 인원이 몇 명이고 그들이 무슨 임무를 수행하는지 등 구체적인 내막에 대해서는 전혀 알 수 가 없었다고 했다.

소부대작전에서 특이한 것은 죽은 시체도 적에게 내어주지 않는다는 엄격한 원칙이고 어느 조와 개인을 떠나서 각기 자기 분야에 특수하게 부여된 임무에만 충실하고 작전내용에 대해서는 마지막까지 비밀을 사수하는 것이 기본적인 룰이고 성질이라는 것이었다. 광주를 포함해서 서울을 비롯한 전국 각지에서 청년학생들의 반정부시위가 극열해지자 때가 되었다고 판단한 북한 지휘부는 남조선에 파견된 전투원들에게 일제히 행동을 개시할 것을 명령하였다. 안창식을 책임자로 하는 16명의 북한특수부대 요원들은 광주사건이 시작된 하루 뒤인 1980년 5월 19일 새벽에 광주 시내로 침투하였다고 한다.

그들이 광주에서 기본적으로 수행해야 할 임무는 전라도 내에 잠재해 있는 지하조직들을 간접적으로 동원해서 반정부시위에 참가하고 있는 대학가와 청년학생들의 지도부 세력을 우선 장악하고 그들에게 무기를 공급하여 비무장시위의 형태를 폭력적인 무장 폭동으로 격상시키는 것이었다. 광주폭동기간 광주지역뿐 아니라 전라도의 전 지역에서 일어났던 수많은 무기고 습격사건들은 그들이 사전에 일일이 파악한 정보를 토대로 하여 이루어지게 되었다. 광주 시내에서 교전이 벌어질 때 북한에서 파견된 요원들에게는 부득이한 경우가 아니고서는 절대로 전면에 섣불리 나서서 정체를 노출시키지 말라는 지휘부의 엄명이 떨어져 있었고 그들은 모든 임무를 수행하는 과정에 자신들의 행동이 의심받을 수 있다고 생각되는 부분에 대해서는 본인들 스스로가 철저히 경계하였다.

일면식이 전혀 없는 다른 부대에서 파견된 북한 전투요원들이 광주 시내 사방에서 각기 자기들이 맡은 임무에 따라 복잡하게 움직였지만 그들은 서로의 행동에서 상대가 누구라는 것을 충분히 읽을 수 있었고 우연히 스칠 때마다 간단한 눈인사 정도를 주고받았다고 했다. 남조선 진압군과 봉기군들 사이에서 밀고 당기는 교전이 치열하던 어느 날 뜻밖의 일 때문에 몇 명의 일행이 노출될 뻔 했던 적도 있었다고 한다. 남조선의 광주 시내가 치안부재 상태로 방치되면서 정체를 알 수 없는 사람들에 의해서 잔인하게 난도질당한 끔찍한 시체들(시민들을 자극할 목적으로 특별히 여성들을 골라서 조작한 시체가 많았다고 하였음)이 광주 시내의 골목들에서 하룻밤을 자고나면 줄줄이 쏟아져 나오자 정보기관들 뿐만 아니라 언론기관과 심지어 봉기군들까지도 그런 작품을 만들어내는 주인공들을 찾아내기 위해서 감시인원들을 동원시켰다.

지금에 와서 소위 민주화단체들이라고 하는 사람들은 광주에서 일어났던 모든 살인행위를 대한민국 국군이 저지른 만행이라고 일방적으로 몰아가고 있지만 진압작전에 동원되었던 공수부대들과 일명 가공된 '시체작품'들과의 거리는 상당히 멀었고 전혀 관계가 없었다고 한다. 전라도 광주지역 근처에 있는 감옥소(남조선의 교도소)에 죄 없이 감금되어 있는 혁명적인 투사들을 구출하기 위한 작전에 안창식의 일행들도 참가했었고 그 중 한명이 심한 중상을 입은 일이 있었다. 총탄이 복부중심을 관통하는 중상을 입은 그 사람은 과다출혈로 치명상이었다고 했다. 상황이 다급하지만 동지들이 나설 수 없는 형편이어서 망설이는 와중에 감옥 습격작전에 같이 참가한 남조선의 봉기군들이 중상을 입은 북한 전투요원을 들것에 들고 병원으로 달려갔다. 광주사건에 참가하였다가 사망하거나 부상당한 북한 전투요원들 중에는 눈먼 총알에 맞거나 서로 아군끼리의 오인사격으로 다친 경우가 허다하다고 한다. 자기들이 계엄군의 총에 맞았는지 아니면 반대편에서 움직이는 같은 전우들의 총에 맞았는지 조차도 분간하지 못할 정도로 현지의 상황이 그만큼 매우 무질서하고 혼잡의 연속이었다는 것이다. 감옥소에 대한 습격이 봉기군의 실패 쪽으로 기울어지자 안창식의 일행들은 즉시 현장을 탈출하여 중상을 당한 대원이 있는 병원으로 찾아갔다. 많은 부상자와 시체들로 아수라장인 병원 한쪽에 부상당한 대원이(그때는 이미 사망한 상태였다고 하였음) 아무 기척도 없이 조용히 누워 있었다.

그런데 참 그 장소에서 안창식과 조원들을 놀라게 하는 이상한 일이 벌어졌다고 한다. 부상당한 대원이 누워 있는 침대 앞에서 30대 중반의 한 남조선의 여자가 카메라를 들고서 그의 모습을 방향을 바꿔가면서 촬영하고 있었던 것이다. 안창식과 그의 일행들은 뜻밖의 일이 눈앞에서 벌어지자 대원의 곁으로 접근하지 못하고 한 발 떨어진 거리를 둔 채 그 여자의 행동을 긴장한 눈길로 주시했다. 침대에 누워 있는 당사자로 말하면 남조선에는 아무런 연고도 없는 사람이고 굳이 신분을 밝히자면 광주작전을 위해서 북한에서 파견되어 내려온 사람인데 그런 사람 앞에서 카메라를 들고 분주하게 움직이는 여자의 정체가 아무래도 수상했다.

시민군과 진압군 사이의 유혈적인 교전으로 워낙 사람들이 많이 죽어 나가다 보니 다른 사람의 시체를 자기 사람으로 착각하는 경우도 가끔씩 생기는 일이었지만 그 여자의 행동은 아무리 봐도 사람을 찾거나 확인하는 사람의 행동이 아니었다. 판단이 서지 않는 상황에서 그들이 결심을 내리지 못하고 망설이고 있는 사이에 여자도 이쪽을 의식했는지 불시에 돌아보다가 공작원들과 서로 눈길이 마주쳤다. 무장을 하고 서있는 안창식의 일행을 바라보는 그의 얼굴표정은 굳어져 있었고 눈가에서는 순간적으로 공포를 느끼는 듯한 당황한 기색이 확실하게 엿보이고 있었다. 안창식의 일행이 어떤 사람들이라는 것을 대충 파악하고 있는 사람이 분명하였다.

바로 그때 담당의사가 하얀 백포를 들고 나타나서 침대 위에 누워 있는 대원의 시신을 조용히 덮어주었다. 그때야 비로써 대원이 죽었다는 것을 확인했지만 그 순간 그들의 신경은 죽은 사람보다 카메라를 들고 있는 정체불명의 여자한테 더 집중되어 있었다고 했다. 침투요원들의 눈길을 피해서 의사와 조용히 몇 마디 말을 주고받던 여자는 이내 그 자리에서 떠났다. 여자가 자리를 뜨자마자 모르는 척하고 의사한테 접근하여 방금 사라진 그 여자가 죽은 사람의 가족이냐고 물으니 죽은 사람의 가족이 아니라고 대답했다.

시신이 본인의 것이 아니면 무엇 때문에 죽은 사람의 사진을 찍느냐고 다시 물으니까 그 여자의 신원에 대해서는 자기도 구체적으로 알 수가 없지만 시신을 다른 사람들이 절대로 다치지 못하게 보관하되 그날

중으로 자기가 다시 와서 처리한다고 말했다는 것이다. 여자의 행동이 나 말투에서 직업인과 같은 절제되고 규칙적인 냄새가 나는 것으로 봐서는 정부기관에서 근무하는 사람 같다는 생각이 든다는 것이었다. 순간을 지체하면 돌이킬 수 없는 사고가 날 수도 있는 매우 긴박하고 위험한 상황이라는 것을 책임자인 안창식은 육감적으로 판단했다고 한다. 안창식은 지체하지 않고 즉시 대원 세 명에게 여자를 추격해서 그를 조용히 처리하고 시신을 소각하되 사진기는 무조건 회수해 올 것을 명령했다.

분명히 다른 냄새를 맡고 따라다니는 남조선 정보기관의 끄나풀이 아니면 정체를 숨기고 광주 시내를 뒤지면서 색다른 냄새를 맡고 있는 어느 특수기관의 스파이라고 짐작되었다. 그 여자는 북한요원들에 의해서 광주 시내 모처로 납치되어 갔고 저항 한 번 제대로 해보지 못하고 잔인하게 살해되었다고 한다. 안창식의 말에 의하면 그 여자는 죽기 전에 통곡을 하면서 제발 살려달라고 사정하면서 자기는 정보기관의 지시를 받고 광주 시내에서 활동하고 있으며 무장폭동을 주도하는 배후세력을 알아내는 데 대한 임무를 받았다고 자기의 정체를 실토하였다. 북한에서 파견되어 온 사람들이라는 것을 어떻게 알게 되었느냐고 따지니까 무기고를 탈취할 때 자기도 같이 갔으며 그곳에서 움직이는 행동을 보면서 그때부터 의심하고 따라 붙었다고 자백하였다. 여자는 마지막까지 잘못했다고 살려달라고 사정했지만 사정은 그 여자의 것이고 북한특수부대 요원들의 적후활동 규정에는 정체를 아는 사람을 살려두라는 항목이 전혀 존재하지 않았다.

철없는 어린애나 노인에 이르기까지 북한군의 정체를 알고 있으면 이유 없이 무조건 죽여야 되는 것이 북한 첩보요원들의 철칙이고 엄격한 준수사항이라는 것을 그 여자는 자신이 그들에 의해서 시신의 정체조차 확인할 수 없을 정도로 처참하게 살해된 뒤에야 늦게나마 알게 되었을 것이다. 안창식은 교전 중에 무릎 바로 아래에 관통상을 입고 광주폭동이 끝나기 2~3일 전쯤 목포의 아지트로 이동해서 치료를 받다가 14명의 대원들과 함께 그해 7월 중순경에 강원도 동해안으로 이동하였고 북한에서 내려온 잠수함을 타고 철수하였다고 한다. 초기에 임무를 받고 타격대에서 파견되었던 안창식을 포함한 10명의 요원들 중에서 한 명이 숨지고 안창식과 함께 4명이 부상을 당했으며(부상자 중 1명은 북한으로 돌아가서 치료받다가 1년 뒤에 사망) 부산, 마산폭동에 참가하기 위해서 먼저 남파되었다가 그들과 합류한 7명의 일행 중 3명은 행불이 되어 북한으로 돌아가지 못했다.

행방불명된 3명의 인원이 광주사건 당시의 교전 중에서 사망했는지 아니면 남조선 땅에 살아 남아서 다른 임무를 수행하고 있는지에 대해서는 본인이 부대에서 제대될 때까지 상부로부터 들은 적이 없고 파악한 바도 전혀 없다고 했다. 광주에 파견되어 내려왔다가 행방불명된 사람들에 대해서는 북한 정권으로부터 영웅 칭호가 배려되지 않았고 국기훈장 1급만 가족들에게 수여되었다고 한다.

김대중을 수괴로 하는 친북좌파세력들이 5·18광주사건의 피비린내 나는 평화적인 민주시위에 대한 대한민국 국군의 무차별적인 탄압에 의해서 비롯된 일이라고 교묘하게 가공해서 선전하고 있지만 북한의 김정일 정권은 나름대로 한수 더 떠서 남한사회를 양분화하고 남남갈등을 조성하는데서 성공한 대표적인 '작품'이라고 자부하고 있다. 김일성이 살아생전에 남조선의 광주사태를 기념하기 위하여 같은 날짜인 5월 18일에 어느 공장을 현지지도하면서 북한의 철도부문에서 '5·18무사고정시견인운동'이 나왔고 1만 톤 대형프레스의 이름에 '5·18청년호', 제철소의 이름에 '5·18청년제철소', 학생들이 파철을 모아 군수공장으로 보내서 만든 탱크의 이름에 '5·18전진호'라고 이름을 붙이는 등 북한은 전 당과 전 국가, 전 국민적으로 5·18의 정당성과 계승성을 광범위하게 선전하고 대중사회에 의식화하였다. 이처럼 북한의 대남전략은 체제의 합법적인 차원에서 계획적으로 조직되고 한국 사회에 다량의 친북좌파세력들을 양산해 낼 정도로 그 범위가 질적으로 확산되고 있다.

4

광주인들의 집요한 역사 왜곡

황석영은 역사 왜곡을 위한 북한의 도구
『넘어 넘어』는 북한 작품
『넘어 넘어』는 읽기조차 민망한 저질의 북한 표현으로 가득
광주시를 뒤덮은 당시의 유언비어
북한이 직접 나서서 모략한 내용
검찰수사보고서의 5월 19일
『넘어 넘어』는 내가 썼다, 저작권 다투는 4인
아직도 진행중인 내전

황석영은 역사 왜곡을 위한 북한의 도구

    1980년대의 청년들, 언론인들 치고, 황석영을 저자로 하여 발행된『죽음을 넘어 시대의 어둠을 넘어』(일명 "넘어 넘어")를 읽지 않은 사람 거의 없을 것입니다. 이 책을 읽은 사람들 중, 책 내용을 사실로 믿지 않는 사람 거의 없을 것입니다. 그래서 이 책은 '지금까지도 5·18바이블'로 통합니다. 그런데 지난 2010년 1월부터 이 책의 정체가 드러나기 시작하였습니다. 피고인 신분으로 5·18 관련 재판을 받을 때, 저는 이『넘어 넘어』의 내용들이 북한 노동당이 발간한 2권의 대남공작 역사책(증3, 4)을 두루 베껴 조합하였다는 사실을 법원에 제출함과 동시에 홈페이지 '시스템클럽'에 게재하였습니다. 그 다음 용케도 월간지 신동아가 바통을 이었습니다.

    2010년 12월호 신동아 표지에는 "문화 권력 황석영에 묻는다"라는 큰 글씨가 쓰였습니다. 그 128쪽에는 황석영의 어두운 면들이 적나라하게 나열돼 있었습니다. 당시 그가 내놓은 소설『강남몽』이 신동아 조성식 기자가 낸 책의 본질을 그대로 끌어다가 조립하여 도색한 것이라는 주장이 거론됐고, 1980년 베스트 1위로 쓰나미를 일으켰던『어둠의 자식들』은 전 국회의원 이철용씨가 쓴 것을, 이철용이 도망 다니는 틈을 이용하여 황석영 이름으로 내서 돈과 명성을 얻었다는 주장도 거론됐고,『황석영 삼국지』는 먼저 출간된 엔볜 인민대 중문학부 교수 5명이 5년에 걸쳐 번역한『삼국연의』를 조립 각색한 것이라는 주장이 거론되고 있었습니다.

이어서 같은 신동아 12월호의 148쪽 중간에는 이런 글이 게재돼 있었습니다. "오마이뉴스와는 결이 다른 지만원(68)씨도 8월 출간한『솔로몬 앞에 선 5・18』이라는 책에서『죽음을 넘어 시대의 어둠을 넘어』와 북한 작가가 서술한『주체의 기치따라 나아가는 남조선 인민들의 투쟁』,『광주의 분노』에서 사실 관계가 비슷한 대목 여럿을 제시하면서 황 작가의 저작과 관련해 의혹을 제기했다." 오마이뉴스는 신동아보다 6개월 전인 2009년 5월 19일자에, 5・18 때 황석영은 광주에 없었고, 책속의 상황 지도도 남이 그린 것이며, 책의 내용을 보면 황석영이 쓴 책이 아니라고 지적했습니다. 신동아가 추적한 바로는『넘어 넘어』(1985) =『광주백서』(1982) =『광주의 분노』(1985) =『주체의 기치따라 나아가는 남조선인민들의 투쟁』(1982)라는 등식이 성립한다는 것이었습니다.

『넘어 넘어』는 북한 작품

　신동아와 황석영 사이에 인터넷을 통해 많은 시비가 있었습니다. 결국 황석영이 이실직고하는 것을 끝으로 표절 시비는 종결되었습니다. 『넘어 넘어』는 황석영 본인이 쓰지 않았고, 누가 썼는지 알지 못한다고 고백한 것입니다. 유령의 책을 황석영이라는 거물의 이름으로 발간해야 체포를 면할 수 있고, 많이 팔린다는 이유로 '광주 조직'이 권유해서 자기 이름으로 발행하게 됐다고 인터넷을 통해 신동아에 밝혔습니다.

　제가 여기에서 이『넘어 넘어』를 중요하게 다루는 이유는 첫째, 이 책이 보통의 책이 아니라 북한의 역사 왜곡 작전의 가장 큰 도구이기 때문입니다. 북한은 5·18사태를 북한의 통일 역사로 만들려고 대규모 병력을 투입했다가 실패하자 곧바로 역사 왜곡 작전으로 전환하였습니다. 또 다른 이유로는 1985년부터 지금까지 30년 동안 이 책을 읽지 않은 사람들이 드물 정도로 많이 읽혔고, 이상하게도 이 책을 읽은 분들이 책의 내용을 사실로 믿어오면서, 역사 인식에 대한 여론을 형성했고 이를 점점 더 굳혀가고 있기 때문입니다. 더구나 지식인이라면 읽어야 한다는 여론이 형성돼 있어서 이 나라의 여론을 좌우하는 층에서 많이 읽었습니다.

설상가상으로 내년에는 이 책의 증보판이 나온다 합니다. 지난 2014년 7월 8일, 광주시 시의회 기자실에서는 정상용을 위원장으로 하는 "『죽음을 넘어 시대의 어둠을 넘어』 증보판 간행위원회"가 발족하면서 모금운동도 전개합니다. 황석영, 박석무, 원혜영, 정용화, 이부영, 유인태, 강기정, 이학영, 장휘국, 이재의, 송선태 등 92명의 좌경인물들로 구성된 이들은 회견문에서 『넘어 넘어』가 "광주 민중항쟁 10일간의 상황을 종합적이자 체계적으로 기록한 최초의 책"이라고 정의하였습니다. 과연 이 말이 맞는 말인지 함께 살펴주시기 바랍니다. 먼저 『넘어 넘어』의 내용 중 전형적인 모략 부분들을 일부 발췌해 드립니다. 과연 이런 글들을 대한민국 국민이 쓸 수 있는 것인지 살펴주시기 바랍니다.

『넘어 넘어』는 읽기조차 민망한
저질의 북한 표현으로 가득

"학생들이 노래를 부르는데 갑자기 '돌격 앞으로'하는 명령과 함께 공수대원들이 으악! 소리와 함께 학생들 사이로 뛰어들며 곤봉으로 후려치기 시작했다. … 공수대원들의 곤봉은 철심이 박힌 살상용의 특수 곤봉이었다. 그들의 얼굴에는 살기가 돌았고, 가차 없이 머리를 후려갈겼다."(36쪽)

"한 손에는 대검을 또 다른 손에는 살상용 곤봉을 들고 눈에는 충혈이 되어 닥치는 대로 때리고 찔렀다."(42쪽)

"시위학생을 잡으면 먼저 곤봉으로 머리를 때려 쓰러뜨리고서는 서너 명이 한꺼번에 달려들어 군화발로 머리통을 으깨버리고 등과 척추를 짓이겼으며 곤봉으로 쳐서 피곤죽을 만들었다. 투쟁이 격화됨에 따라 사망자의 사망진단은 각기 특이한 양상을 보인다. 최초에는 타박상, 그 다음은 자상 그리고 총상의 순서였던 것이다. 공수대원들은 피투성이가 된 희생자가 축 늘어지면 멱살을 잡아 한 손으로 쳐들어 걸레를 던지듯 트럭 위로 던져 올렸다."(47~48쪽)

"제7공수특전단은 전두환 보안사령관의 사병처럼 육성되었으며, 시내에 최초로 투입될 때부터 살인 허가를 받은 것처럼 잔인, 냉혹하였다. 이들은 부마항쟁 때에도 진압군으로 투입되었던 부대였다."(48쪽)

"조금이라도 반항하는 기색이 보이면 그들은 가차 없이 대검으로 배를 쑤셨다."(49쪽)

"어떤 경우는 터미널 뒤편 막다른 골목까지 달아난 학생이 드디어 잡히게되자 자지러지게 무릎을 꿇으며 살려달라고 연신 빌었다. 대문에 나와 내려다보던 할아버지가 너무도 애처로워 몸으로 가리면서 봐달라고 사정하자 공수대원은 '비켜 이 새끼!' 하면서 할아버지를 곤봉으로 내려쳤다. 할아버지는 피를 뒤집어쓰며 고꾸라졌고 쫓기던 학생은 돌을 집어 들었으나 공수대원은 가차 없이 곤봉으로 후려친 뒤에 대검으로 등을 쑤시고는 다리를 잡아 질질 끌고 길거리로 나갔다."(49~50쪽)

"광주일고 부근에서는 길 가던 여학생을 아무 이유 없이 붙잡아 머리카락을 잡아 끌어내려 구둣발로 올려차고 상의와 브래지어를 찢어버리고는 여러 시민들이 보는데서 '이 씨팔년이 데모를 해? 어디 죽어봐라'하면서 계속 피투성이가 되어 실신할 때까지 주먹과 발길질로 난타했다."(50쪽)

"공수대원 7~8명이 반항하는 청년에게 달려들어 돌아가면서 난타한 후에 '광주 놈들은 모조리 죽여 버려야 한다'고 고함을 질러댔다. 안내양이 약간 반항의 기색을 보이자 '네 년은 뭐냐'면서 곤봉으로 후려갈겼고 안내양은 차 아래로 실신하여 굴러 떨어졌다."(50쪽)

"공수대원들은 얼굴이 붉어져 있었고 눈은 술기운과 살기로 벌겋게 충혈되어 있었다. 시민군에 잡힌 몇 명의 공수대원의 진술에 의하면 이들은 출동하기 전에 독한 술에다 환각제를 타서 마신 상태였으며, 수통에는 빼갈을 담고 있었다."(50쪽)

"여자라도 몇 명이 붙들려오면 여럿이서 겉옷은 물론 속옷까지 북북 찢어발기고는 아랫배나 유방을 구둣발로 차 짓뭉개고 또는 머리카락을 휘어잡아 머리를 담벽에다 쿵쿵 소리가 나도록 짓찧었다. 손에 피가 묻으면 웃으면서 그 몸에다 쓱쓱 닦는 식이었다. 그런 식으로 살육을 즐기다가 군용차량이 오면 걸레처럼 희생자들을 던져 버렸다. … 공수부대는 그들의 작전명령이 그러했듯 '화려한 휴가'를 마음껏 즐기고 있었다."(59쪽)

"수창초등학교 앞에서는 시위 군중 속에서 잡힌 청년을 발가벗기고 전봇대에 거꾸로 매달아 놓고는, 여러 시민들이 보는 가운데서 공수대원 여럿이서 곤봉으로 난타질 했다. 처음에는 비명이 들리더니 피곤죽이 되어 버린 청년은 축 늘어져 버렸다."(60쪽)

"공수부대는 화염방사기로 20여 미터나 나가는 불길을 뿜어댔으며, 시

위대 선두에 섰던 사람들이 미처 피할 사이도 없이 순식간에 불에 타 죽었다."(81쪽)

광주시를 뒤덮은 당시의 유언비어

위 『넘어 넘어』의 표현과 당시 광주시에 범람했던 유언비어들은 맥을 같이 합니다(증5, 6). 아래 유언비어 내용들은 말 그대로 유언비어로 처음부터 남남갈등을 조장하고, 계엄군과 광주 시민을 이간시키기 위해 조직적으로 구성한 표현들입니다.

- 경상도 군인들이 전라도에 와서 여자고 남자고 닥치는 대로 밟아죽이고 있다.
- 공수대원이 이화여대생으로 보이는 여학생 3명의 팬티와 브라자까지 모두 찢어내고 구두 발로 엉덩이를 찬 후 대검으로 등을 찔러 죽였다.
- 공수대원이 광주 수창초등학교 앞 전봇대에 산사람을 거꾸로 매달았다.

- 5월 18일에 40명의 시위 학생이 죽어 금남로가 피바다가 됐다.
- 공수대원들이 젊은 놈들은 모조리 죽여 버리고 광주 시민 70%를 죽여도 좋다, 개 몇 마리 잡았느냐고 농담을 한다.
- 계엄군이 출동해서 장갑차로 사람을 깔아 죽였다.
- 김대중을 잡아 죽이고, 전라도 사람을 몰살한단다.
- 공수부대들이 호박을 찌르듯이 닥치는 대로 찔러 피가 강물처럼 흐르고 시체들을 트럭에 던지고 있다.
- 여학생들이 발가벗긴 채로 피를 흘리며 트럭에 실려갔다.
- 삼립빵 트럭이 시체를 실으려 시내를 돌아다니고 있다.
- 부녀자의 국부를 찌르고 유방을 칼로 도려내니 참을 수 없다.

지금 이 나라의 운명을 재촉하는 반역의 신부 조직이 두 개 있습니다. 하나는 '정의구현사제단'이고, 다른 하나는 주교회의라는 '천주교정의평화위원회'입니다. 광주에 끔직한 유언비어들을 제작해 퍼트린 조직은 북괴 정치공작원들과 '정의평화'로 위장한 천주교 신부 조직이었습니다. 종교 신분의 공신력을 악용한 것입니다. 실제로 이들이 앞장 선 증거들이 있습니다.

첫째는 이 책의 조금 뒤에 소개되는 『찢어진 깃폭』입니다. 이 『찢어진 깃폭』은 가히 광주 유언비어의 최고 걸작(?)이라 할 수 있으며, '유언비어로 쓴 단편소설'이라 할 수 있습니다. 분량적으로도 『5・18분석 최종보고서』의 부록으로 21개 면을 차지할 정도인데다 그 내용이 모두 지어낸 창작물이니 가히 단편소설이라 할 수 있는 것입니다. 이 '유언비어 단편소설' 역시 '천주교정의평화위원회'가 광주사태 종결 1주일 후인 1980년 6월 5일 일본에서 '일본천주교정의평화위원회'라는 이름으로 발표했습니다. 천주교 신부들이 광주의 유언비어를 총 지휘하여 제작하고 확산하는 반역의 앞잡이 역할을 담당한 것입니다.

둘째, 이런 유언비어를 뒷받침하기 위해 광주 신부들은 얼굴이 으깨진 사진 15개를 컬러사진첩으로 여러 쇄에 걸쳐 제작하여 유포시켜 오고 있습니다. 이들 사진들과 『찢어진 깃폭』을 읽으면 누구나 공수부대가 그들의 표현대로 "귀축과 같은 만행"을 저질렀다고 믿을 것입니다. 그래서 1980년대 대학가가 이 『찢어진 깃폭』으로 도배되어 '민주화폭동'의 에너지를 축적했던 것입니다.

'천주교광주대교구 정의평화위원회'는 1987년 9월 『5월 그날이 다시 오면』이라는 제목의 컬러사진첩 발행을 통해 15개의 으깨진 얼굴의 컬러사진을 게재했고, 글자 메시지를 통해서는 이런 만행을 저지른 계엄군 및 당시 국가를 용서하지 말자고 호소하였습니다. 이어서 북한이 응수했습니다. 1990년 5월 18일, '한민전 평양대표부'가 『아! 광주여!』라는 제목의 컬러사진첩을 냈습니다. 이 두 개의 사진첩에 들어있는 15개 사진들은 똑같습니다. 북한이 발간한 사진첩에는 통일노래의 가사가 변조돼 있습니다. 광주폭동이 적화통일을 위한 혁명이었다는 의미인 것입니다. 천주교정의평화위원회 신부들이 북한과 공모 공동하고 있다는 피할 수 없는 증거인 것입니다.

처참한 사진들은 대구폭동이나 제주4·3사건에서 빨치산들이 저지른 만행의 복사판이라 할 수 있습니다. 사진들이 너무 처참해서 보는 것조차 혐오스럽습니다. 한국군은 별나라에서 온 청년들이 아닙니다. 우리의 아들들입니다. 우리의 자식들은 이렇게 악랄한 형태로 사람을 죽이지 않습니다. 이런 시체들은 계엄군의 총에 맞은 시체가 아니라 저들이 모략용 사진을 만들기 위해 의도적으로 짓이겨진 주검들입니다. 사람을 잔인한 모습으로 살해해놓고 이를 이웃사람들에게 보여주는 DNA는 오직 빨갱이들에게만 특허돼 있습니다.

이런 사진들과 함께 유언비어들이 나돌면서 광주 시민들을 격앙시켰던 것입니다. 정의평화를 앞에 내건 광주신부들이 북한의 정치공작원들과 공동하여 만든 후 유포시킨 것입니다. '천주교정의구현사제단'과 '천주교정의평화위원회'는 지금도 대한민국을 파괴하고 사회적화를 위해 몸부림치고 있습니다. 박근혜 대통령 즉각 퇴진, 국정원 및 국군 사이버 사령부의 선거개입 규탄, 세월호법 즉시 추진, 주한미군 철수, 원전 반대, 국책사업 반대, 안보사업 반대, 쇠고기 파동 선동 등을 적극 주도해 왔습니다. 이 '천주교광주정의평화위원회'는 1995년 5월에도 『5월 광주』라는 제목으로 또 다른 시체 사진첩을 제작했습니다. 5·18을 이용한 국가파괴에 진력하고 있는 것입니다.

지금까지도 전해 내려오는 위의 황당한 유언비어들을 가득 담아낸 황석영의 『넘어 넘어』, 소준섭의 『광주백서』 그리고 저자 불명의 『찢겨진 깃폭』 등이 널리 읽히면서 '대한민국의 5·18역사'는 완전히 북괴에 부역

하는 광주 사람들에 의해 가공된 모략물들로 가득 채워지게 된 것입니다. 불순하기 이를 데 없는 광주 사람들은 지금도 이 혐오스런 사진들을 자꾸만 인쇄해서 국가에 대한 적개심을 심어주고 있습니다. 광주의 '5·18 체험학습장'은 오늘도 광주의 어린이들에 이런 유언비어들과 각종 사진, 영상물들을 가지고 국가를 증오케 하는 반-대한민국 정신을 길러주고 있습니다.

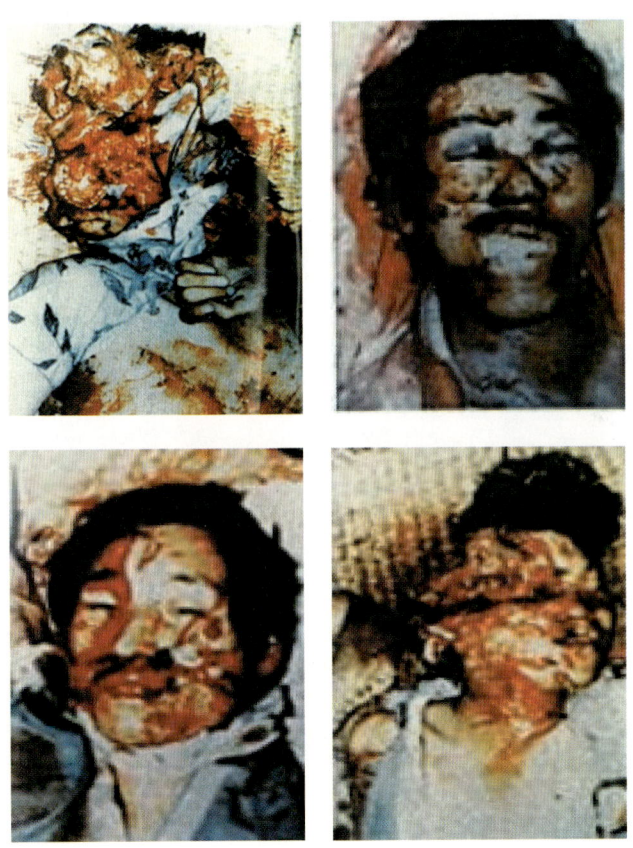

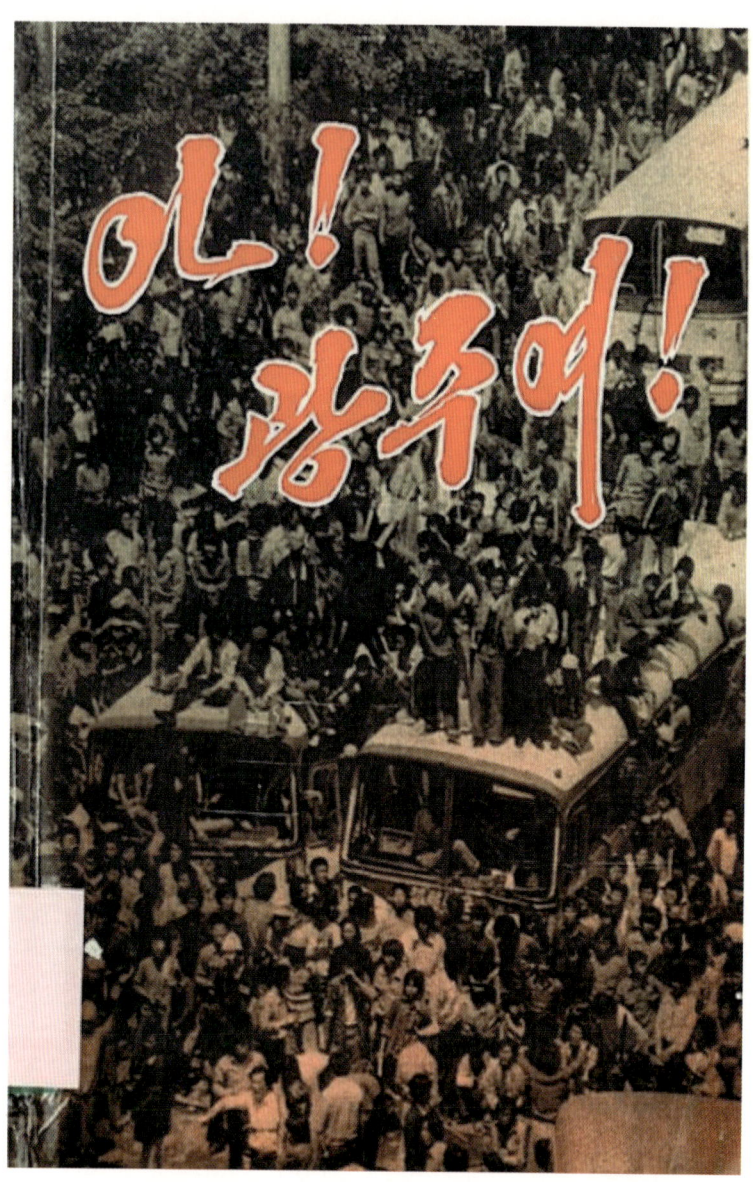

북한 '한민전 평양대표부' 『아! 광주여』 발행(1990년 5월 18일)

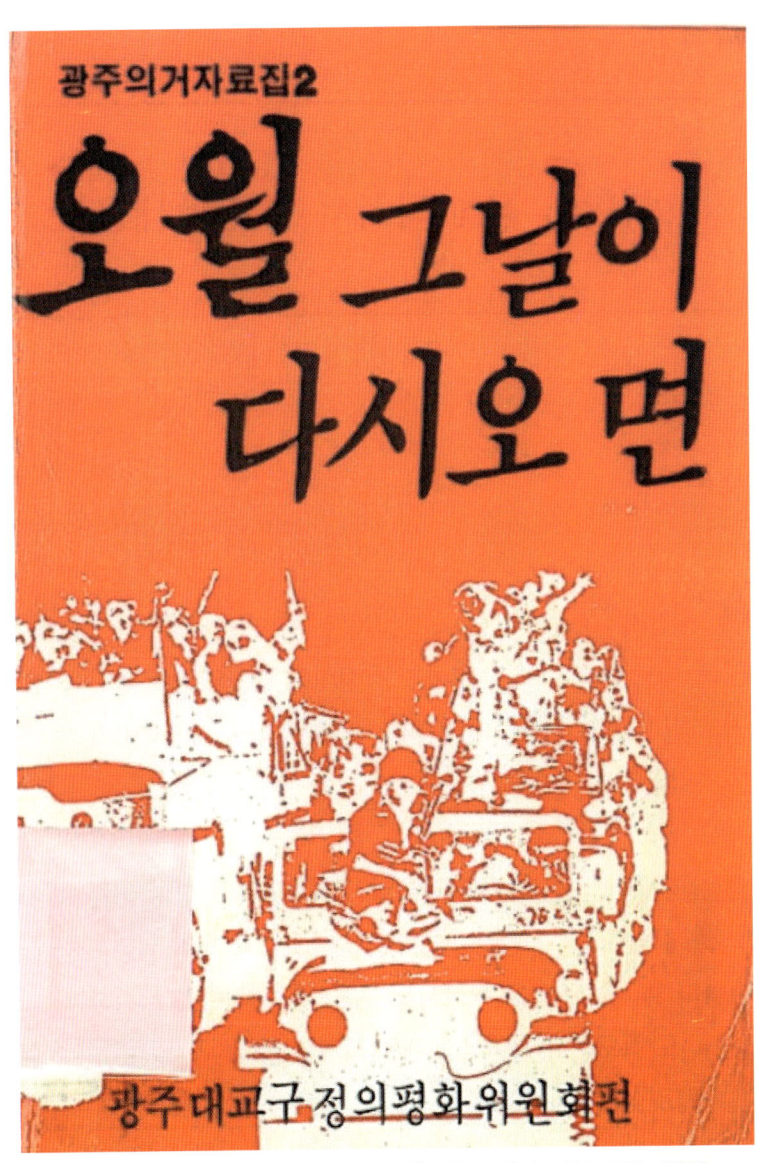

'천주교광주대교구 정의평화위원회' 『오월 그날이 다시 오면』 발행
(1987년 9월)

북한이 직접 나서서 모략한 내용

북한 월간지 『조선여성』(1990년 3월호)에 있는 글입니다. 이는 『찢어진 깃폭』에도 있는 내용들입니다. 광주시를 뒤덮었던 유언비어 내용들과 거의 일치합니다. 광주의 유언비어들은 북한이 창조하였다는 생각이 드는 것입니다.

"항쟁용사들에게 돌과 기왓장을 날라다 주었다고 하여 어린 고등학교 녀학생을 칼탕쳐죽이고 빵과 물을 보장해주었다고 하여 할머니를 군견을 풀어 놓아 물어뜯게 하고 부상자들에게 피를 뽑아주었다고 하여 폭도를 도와준 너도 폭도라고 하면서 불태워 죽이고 굴복하지 않는다고 하여 두 눈알을 뽑고 심장까지 도려내어 죽이는 잔인한 학살 참극이 전두환, 로태우 괴뢰도당에 의하여 가는 곳마다에서 헤아릴 수 없이 벌어졌다."(40쪽 좌하단)

"심지어 파쑈 살인마들은 환각제를 먹인 공수특전대 놈들을 봉기 진압에 내몰면서 〈광주 시민 70%를 죽여도 좋다. 젊은이들은 모조리 죽이라〉는 살인명령을 내리였으며 신경가스탄을 비롯한 유독성 화학무기까지 사용하여 봉기군중을 무차별적으로 살육하다 못해 녀학생들의 유방을 도려내여 죽이고 임산부의 배를 갈라 태아까지 꺼내여 참살하는 등 차마 눈뜨고 볼 수 없는 귀축 같은 만행을 감행하였다. 광주의 거리거리에는 항쟁용사들의 붉은 피가 랑자하였다."

"여기에 한 해외동포가 친척집을 방문하기 위하여 광주에 갔다가 인간 백정들의 피비린 살육 만행을 목격하고 쓴 수기의 일부가 있다. 〈… 참으로 무섭고 끔찍한 살인 행위였다. 여자 대학생으로 짐작되는 세 명의 처녀들이 공수병에 의하여 옷을 벗기우고 있었다. 속옷까지 모조리 찢어낸 다음 험악하게 생긴 공수병이 처녀들의 앞가슴을 걷어차면서 성난 늑대처럼 내몰았다. 처녀들은 하나와 같이 가슴을 감싸고 길바닥에 꺼꾸러졌다. 순간 처녀들의 등에는 대검이 똑같이 박아지면서 피가 분수처럼 뿜었다. 역전광장 앞에서도 조선대학교의 6명의 대학생들과 3명의 녀공들을 창고에 가두고 발가벗겨 희롱하다가 나중에는 광장에 끌어 내여 분수대에 매달고 유방을 도려내여 전선대에 묶어 놓고 칼로 가슴과 배를 찌르던 나머지 사지를 찢어 죽이였다."

"두 명의 공수병이 만삭이 가까운 임신부를 끌어다 놓고 〈야, 이년아, 이 주머니에 들어있는 것이 뭐냐?〉하고 묻자 임신부는 미처 대답을 하지 못하였다. 그러자 한 공수병이 〈머슴애는 모조리 죽이라는 것이 전두환 총장의 분부다〉라고 소리치면서 〈새끼주머니에 든 것이 머슴인가 계집앤가〉고 다그쳐물었다. 이때 옆에 있던 다른 공수병이 〈내가 알려주지〉라고 하면서 녀인이 반항할 짬도 없이 옷을 나꿔채자 원피스가 쭉 찢어지고 속살이 드러났다. 후비면서 찔렀는지 금방 창자가 튀여나왔다. 그들은 다시 그 녀인의 아랫배를 가르더니 태아를 끄집어내어 아직도 할딱거리며 마지막으로 숨져가는 녀인에게 던졌다."(39쪽 3단 중하단)

북한에서 발간된 책『주체의 기치따라 나아가는 남조선 인민들의 투쟁』에는 아래와 같은 내용들이 있습니다.

"악귀 같은 교형리(주: 괴뢰군)들은 녀학생들을 그들의 부모가 보는 가운데 발가벗기고 젖가슴을 도려낸 다음 화염방사기로 불태워 죽였다. 무차별 학살의 잔학성은 어린이나 늙은이, 임산부들에 대한 만행에서 더욱 몸서리치게 드러났는데 놈들은 광주천 기슭에 쓰러진 어머니의 시체를 붙잡고 우는 4살짜리 어린이에게도 달려들어 '폭도의 종자를 멸종시키라'고 하면서 총검으로 참살하고 살인 만행에 항거하였다 하여 70대의 할아버지도 하수구에 밀어 넣어 죽였고, 임신부의 배를 가르고 창자가 튀어나온 배에서 태아를 꺼내 던지는 귀축같은 만행도 서슴치 않았다."

"광주대살륙 만행의 극악한 범죄성은 다음으로 그것이 류례없는 대량 학살 만행이라는데서 표현되었다. 력사는 아직 단 며칠 사이에 단꺼번에 수만 명의 동족이 무참히 살상당한 대량 살육의 실례를 알지 못한다. 광주에서 희생된 수는 5천명에 달하는데, 총기류에 의해 살상 당한 수는 2,600여 명, 장갑차 등에 깔려 죽은 수는 150여 명, 생매장 당한 수는 1,700여 명, 화장 당한 수는 920여 명, 대검에 찔리우고 총탁에 맞아 죽은 수는 330여 명이며 중경상자는 1만4천여 명이나 된다. 광주에서만이 아니라 항쟁에 나섰던 목포, 라주, 려수, 순천, 장성 등에서도 참혹한 살육만행이 벌어져 1,700여 명이나 살상되었다."

"광주시의 도청 지하실 한 곳에만도 얼굴을 알 수 없도록 화염방사기에 그슬리고 찢긴 475구의 시체가 쌓여져 있는 사실만 놓고 보아도 놈들의 살육 만행이 …."(591쪽 하4줄~591쪽 14줄)

검찰수사보고서의 5월 19일

위 『넘어 넘어』의 표현들은 그 책에 들어 있는 『찢어진 깃폭』 내용을 포함하여 북한의 모략 내용들과 맥과 분위기와 표현 수법을 모두 같이 합니다. 이들은 주로 5월 19일의 상황에 대한 것이었습니다. 그러면 증5의 검찰 수사결과보고서 내용과 한번 비교해 보시기 바랍니다. 아래는 검찰보고서가 말하는 5월 19일 상황입니다.

31사단장 정웅은 이날 새벽 광주역에 도착한 11공수 3개 대대를 즉각 시내로 출동시켰다. 오전 8시, 전라남도 지사가 시민들에게 냉정을 찾자는 담화문을 발표했고, 전남 교육위원회는 모든 고등학교에 귀가령을 내리고 5월 20일부터 휴교한다는 휴교 명령을 내렸지만 사태는 극렬 쪽으로만 치닫고 있었다. 화염병, 각목, 쇠파이프, 낫, 곡괭이, 도끼, 휘발유통 등 폭력의 무기도 다양해졌지만 경유를 길에 붓고 불을 지른다거나 차량과 건물들을 닥치는 대로 파괴하고 불을 지르는 등 폭력의 행태에도 온갖 지혜가 다양하게 동원되었다. 5월 19일부터의 광주 시위는 그냥 시위가 아니라 폭력의 전시장 같았다. 3~4명, 7~8명 단위로 쪼개진 공수대원들은 수백-수천 명에 둘러싸여 매타작을 당하고 생사의 갈림길에서 혈투를 벌였다. 이날부터 공수대는 최루탄과 곤봉으로 방어하기에 급급했고, 전세는 완전히 시위대에 의해 압도됐다.

유언비어의 수위가 더욱 높아졌고, 시위대는 시체를 끌고 다니면서 시민들을 선동했다. 계엄군이 포위되어 매타작을 당해 빈사상태에 이르고, 계엄군이 소지했던 M-16 무기들이 피탈됐다. 다급한 상황에 몰리게 된 계엄군 장교들은 누구의 명령도 없이 단지 살기 위해 공포탄을 발사했고, 발포 덕분에 위기를 모면했다. 모란봉의 꽃으로 불린 전옥주라는 여인 등 몇 명의 여인들이 확성기를 들고 시내를 누비고 다니면서 애끓는 목소리로 시민들을 선동하고 동원하는 방송을 했다. 이날의 유언비어는 전날보다 더 다양하고 자극적이었다.

이러한 유언비어들에 현혹된 시민들은 이성을 잃기 시작했다. 공수부대는 소규모 단위로 쪼개져서 수많은 길목들을 가로 막고 부동자세를 취하고 있었다. 시위대와 시민들이 야유를 퍼붓고 인격적 모독을 해도 눈망울 하나 움직이지 않고 서 있었다. 그러다가 시위대가 돌과 화염병들을 던지면 이리저리 피하기에 바빴고, 피를 본 병사들은 이성을 잃고 돌을 던진 사람들을 끝까지 추적하여 타격하는 등 광주 시위는 군복을 입은 젊은이와 민간복을 입은 젊은이들 사이의 무자비한 폭력 싸움으로 변질됐다.

『넘어 넘어』는 내가 썼다, 저작권 다투는 4인

　여기에서 4인은 황석영, 이재의, 소준섭, 김상집을 말합니다. 위에서 살펴보았듯이 검찰보고서는 사실 나열 위주로 정리하였고, 『넘어 넘어』는 계엄군의 악랄성을 부각하기 위해 허위 사실들을 소설화하여 나열하였습니다. 그런데 그 내용들은 북한의 5·18영화『님을 위한 교향시』와 북한의 작품인『찢어진 깃폭』그리고 북한이 발간한 두 개의 책(증3, 4) 내용들을 베끼고 짜깁기 한 것입니다. 『넘어 넘어』내용은 허위 사실을 지어내도 너무 과도하게 지어내 계엄군을 살인마귀 그 자체로 조각하였습니다. 품위와 도를 저버린 원색적인 표현 그리고 글들에서 풍겨나는 음산한 기운들 모두가 북한 책들을 빼 닮았습니다. 그런데도 이런 거짓의 모략물을 읽은 사람들 대부분이 이 내용들을 진실이라고 믿었다 하니 참으로 알 수 없는 일입니다.

그런데, 어느 날부터 저작권 시비가 발생하였습니다. 1999년 3월, 『넘어 넘어』가 미국에서 번역되었습니다. 그런데 매우 희한하게도 그 저자가 황석영이 아니라 '이재의'로 표시돼 있었습니다. 2009년 5월 오마이뉴스는 이 책의 원저자가 5·18당시 전남대학 3학년생이었던 '이재의'였는데 황석영이 자기 이름으로 책을 내면서 인세까지 다 챙겨갔다고 비난했습니다. 전남대학 3학년생이 이런 방대하고 다양한 현장상황을 기록하여 당시의 대학생들로부터 존경을 받는 베스트셀러를 썼다는 주장인 것입니다. 하지만 이러한 책은 한참 대학에 다니면서 점수 받기에 정신없는 어린 대학생이 쓸 수 있는 책이 아닐 것입니다. 전남 전 지역에서 동시 다발적으로 벌어진 교전 상황은 숙성한 종군기자들이 여러 명 달라붙어도 정리하기 어려운 것인데, 겨우 대학교 3학년생이 이를 단기간 내에 정리해냈다는 것은 마치 이 시대에 홍길동이 장안에 나타나 다시 활동하고 있다는 것을 믿으라는 말 정도로 황당한 것입니다.

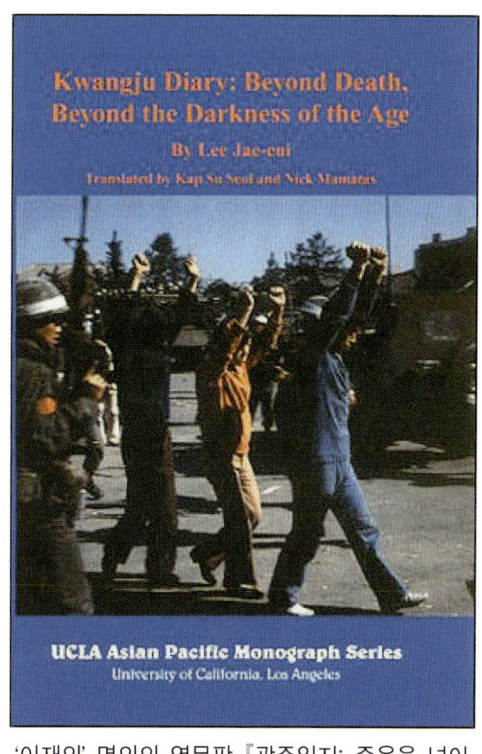

'이재의' 명의의 영문판 『광주일지: 죽음을 넘어 시대의 어둠을 넘어』(1999)

제4부 광주인들의 집요한 역사 왜곡

이것도 황당한 일이었는데 또 다른 황당한 일이 이어졌습니다. 소준섭이라는 또 다른 광주 사람이 나타나 자기가 『넘어 넘어』의 원조라고 주장한 것입니다. 소준섭은 1982년에 『광주백서』를 자기가 직접 편집했는데, 황석영이 자기 책을 다 베꼈다며 황석영을 비난했습니다. 5·18당시 소준섭의 나이는 22세, 지금은 국회도서관에 근무합니다. 2011년 1월 1일 날짜로 입력된 신동아 기사가 있습니다. "땀과 발로 쓴 우리 기록 황석영이 베꼈다"라는 제목 아래 소준섭 자신이 5·18기록의 원조라는 주장이 고스란히 담겨 있습니다. 황석영의 『넘어 넘어』가 『광주백서』를 베낀 것이라는 요지의 기사인 것입니다.

소준섭이 썼다는 『광주백서』(총 44쪽)를 구했습니다. 이 책자의 핵심은 『찢어진 깃폭 -어느 목격자의 증언-』이란 제목의 글입니다. 공병우 타자체로 등사된 이 『찢어진 깃폭』은 5쪽 분량으로 요약돼 있습니다. 원문은 50쪽 정도의 분량입니다. 이 요약 분의 핵심은 북한의 월간지 『조선녀성』 1990년 제3호 「광주는 잊지 않는다」에 게재된 내용 거의 그대로입니다. 그리고 『광주백서』의 나머지 분량은 공병우 타자체로 쓰인 39개 쪽입니다. 총 44개 쪽이 1982년에 소준섭이라는 22세의 학생이 쓴 『광주백서』였고, 이는 1985년에 발간된 『넘어 넘어』와 그 색깔과 주요 내용 면에서 거의 일치합니다. 이 『광주백서』에는 5월 18일부터 27일까지의 상황을 압축했는데 그 내용은 북한이 발간한 두 권의 책들과 일치하고 『넘어 넘어』와도 일치합니다.

『광주백서』의 핵은 단연 『찢어진 깃폭』(부록 1)입니다. 저는 이 『찢어진 깃폭』의 원산지가 북한임을 밝혔습니다. 소준섭은『광주백서』가 5·18기록의 원전이라고 지금도 주장하고 있고,『찢어진 깃폭』을 처음으로 입수한 사람이 자기인 것처럼 암시하고 있지만 이는 허위입니다. 이것이 허위인 증거는 아래 일본 책에 있습니다.

일본의 니시오까 쓰도무(西岡力)가 1992년 지은 저서『일한오해의 심연』(증7)의 31~43쪽에는『찢어진 깃폭』이 일본말로 소개돼 있습니다. 이 일본말 부분은 당시 한국말로 된 원자료를 번역한 것이며, 이 불온자료는 1980년 6월 5일 '일본가톨릭정의평화협의회'가 기자회견을 통해 배포한 것으로 밝혀져 있습니다. 니시오카는 발행처도 없고 저자도 없는 이 내용들이 한국 정부를 모략하기 위해 거짓말들로 작성돼 있다는 것을 조목조목 분석해 놓았습니다. 그 한 예로 니시오까는 "도청의 지하실에 얼굴을 구분하기 어려울 정도로 화염방사기 불길에 그을리고 탄 시체가 475구나 방치되어 있는 것을 목격한 시민들은 이를 갈았다"는 구절을 대

일본의 니시오까 쓰도무(西岡力) 저서
『일한오해의 심연』(1992)

표적인 허위 사실이라고 지적하였습니다. 5·18에서 사망한 민간인들은 불과 166명이고, 이중 공수부대가 소지했던 M-16에 의한 사망자는 불과 36명뿐이었습니다. 그런데 이를 배부한 천주교 종교 단체는 기자회견장에서 황당한 허위 사실들을 발표했고, 광주 사람들은 지금 이 순간에도 그 허위 사실들로 가득 찬 이 『찢어진 깃폭』을 별도의 단행본으로 만들어 널리 확산하고 있습니다. 1980년 8월 5일, 일본 기자회견에서 발표한 내용은 아래와 같습니다.

"이 자료는 우리에게 보내기 전에 내용의 타당성을 입증한 한국 가톨릭교회의 믿을 만한 소식통으로부터 입수된 것이다. 우리는 내용의 진실성에 책임을 진다. 이 증언은 광주에서 서울로 돌아가기 위해 탑승했던 고속버스에서 내린 증언자가 5월 19일부터 직접 목격했던 사태 설명에 대한 녹음테이프에서 베끼고 편집하여 번역한 것이다. 그는 그날 아침 서울로부터 도착해서 가족들의 안전을 점검하고 아래 사태가 일어났을 때는 서울로 다시 돌아가려던 참이었다. 증언은 증언자가 군대의 감시를 피하기 위해 철도를 따라 5월 24일 새벽 7시 광주를 떠난 시점에서 끝난다. 그는 도로 이용을 피하려 애쓰면서 산을 넘고 계곡을 빠져 서울행 기차를 탔다. 그 후의 보도에 의하면 그는 광주사태에 관해 이 증언을 한 혐의로 체포되었다고 한다."

'깃폭'이라는 단어는 북한에서 많이 사용하며 '붉은 혁명의 깃폭 아래'라는 표현이 북한 사회를 도배하고 있다 합니다. 『찢어진 깃폭』이라는 표현은 결국 '붉은 혁명'의 의도가 갈기갈기 찢어졌다는 의미일 것입니다.

『광주백서』는 ① "죽은 사람이 2천명을 넘는다", "시민들을 대검으로 무차별 난자했다"는 등 허황된 내용들이 대부분을 차지하고 있고, ② 그 내용과 강조점 줄거리가 북한이 발행한 대남공작 역사책『광주의 분노』와『주체의 기치따라 나아가는 남조선인민들의 투쟁』과 일치하며, ③ 어투와 표현이 위 두 개의 북한책들과 비슷하게 게재돼 있었습니다. 저는 위에서 검찰의 수사결과보고서에 기록돼 있는 5월 18일 오전 9시 30분 상황을 소개해 드렸습니다. 그런데『광주백서』는 그 상황을 정반대로 날조하였습니다.

"5월 18일, 10시가 되자 학생이 500명으로 불어났다. '계엄군 물러가라', '전두환 물러가라'는 구호를 외치자 공수부대가 '돌격 앞으로'를 감행했다. 착검한 총, 개머리판, 곤봉으로 무차별 구타해 상당수의 학생들이 부상당했고, 대검까지 휘둘러 2명이 대검에 찔렸다. 이에 격분한 학생들이 20분 동안 돌멩이를 던졌다."

'돌격 앞으로'를 당한 학생들이 계엄군과 뒤섞여 무차별 구타를 당하고 대검에 찔리고 있는 아수라장 속에서 20분 동안이나 돌멩이를 던진다는 것은 상상 밖의 소설이 아니겠습니까. 이처럼『광주백서』는 5·18사태 첫날 아침 상황에서부터 황당하게 날조하였습니다.

앞에서도 말씀드렸지만,『찢어진 깃폭』의 이동경로는 '일본가톨릭정의평화협의회'(1980. 6. 5.)-소준섭(1982, 22세)-이재의-황석영(1985. 5. 15)입니다. 그런데 증10의 김상집 증언에 의하면 김상집이 소준섭보다 먼저 『찢어진 깃폭』이 포함돼 있었을 『넘어 넘어』의 원본을 정리했다고 주장합니다. 허위 사실과 반국가 모략 내용들, 품위가 없어 읽기조차 민망한 저질 표현들로 가득 찬 '반역의 책'을 놓고 지금 이 순간 별 이름도 없는 세 사람이 황석영에 맞서 사실상의 저작권을 주장하고 있는 것입니다.

대남모략물의 극치인 이 『찢어진 깃폭』은 분명히 이 세 사람의 작품이 아닙니다. 소준섭은 황석영이 자기 책을 베꼈다 하고, 황석영은 자기 이름으로 낸 책은 자기가 쓴 것이 아니라고 실토했습니다. 그런데 또 이재의는 자기가 대학교 3학년 때인 1980년 후반에 쓴 것이라고 주장하고, 고등학교 말고는 별 공식적 학력이 안 보이는 김상집(녹두서점)은 자기가 원조라고 주장합니다. 결론적으로 『찢어진 깃폭』의 원산지는 북한이었습니다.

『광주백서』와 『넘어 넘어』 및 『광주의 분노』, 『주체의 기치따라 나아가는 남조선인민들의 투쟁』, 『찢어진 깃폭』은 한 작가가 썼다고 인식할 수밖에 없도록 내용과 문체가 일치합니다. 황석영과 소준섭은 다 같이 말합니다. 『넘어 넘어』는 광주인들 모두가 함께 쓴 책이라는 것입니다. 광범위한 광주 시민들의 목격담을 담았다는 것입니다. 하지만 이 책은 그렇게 작성된 책이 아닙니다. 광주 시민들의 진정한 목격담은 5·18사람들이 2011년 초에 유네스코에 등재시켜 놓은 5·18자료들에 고스란히 담겨 있습니다. 이 광주 시민의 목격담들은 2013년 역사학자 김대령 박사가 쓴 『역사로서의 5·18』(4권) 기록들에 거의 다 정리돼 있습니다.

그런데 이 광주 시민들이 관찰한 기록들은 『광주백서』와 천양지차입니다. 『광주백서』에 나와 있는 허무맹랑한 모략적 내용들은 광주 시민들의 관찰기록들에 없습니다.

광주 시민들의 증언들은 대체적으로 광주 시위대가 공격자, 즉 가해자였고, 공수부대가 몰매를 맞는 피해자 정도로 묘사했습니다. 외지인들이 벌이는 수상한 행동들에 대해서도 많이 증언하였습니다. 예를 들면 이런 내용들입니다.

"전남지역 무기고를 향해 차를 모는 외지인이 있었다. 광주에서 무기고까지는 쏜살 같이 달려갔는데 무기를 털어가지고 광주로 돌아올 때는 길을 몰라 자꾸 묻더라, 시위대를 이끌던 외지인이 유동삼거리에 와서도 유동삼거리가 어디냐고 묻더라, 군용트럭을 몰고 곧장 무기고로 가더니 무기고 앞에서 차를 후진시켜 무기고 철문을 박살내는데 그 행동에 번개 같았고 거침이 없더라, 시내에 많이 돌아다니는 차량을 공짜로 얻어 타고 백운동으로 가려했는데 외지인이 강제로 외곽지역으로 끌고 가 진월동 효덕초등학교에 모인 시위대에 배치시키더니 거기에서 정체모르는 사람들이 카빈과 M1소총을 한 자루씩 주면서 양손에 들라 하고, 철모를 쓰고 있으라 해서 그렇게 했더니 우리를 계엄군으로 오인한 또 다른 시위대가 총을 쏘더라, 금남로 뒷골목에서도 이런 식의 시민들끼리의 총질이 빈번하더라, 장갑차 뚜껑을 열고 우뚝 솟은 상태에서 달리던 '조사천'이라는 사람이 갑자기 카빈총알에 맞아 푹 쓰러지더라."

아직도 진행중인 내전

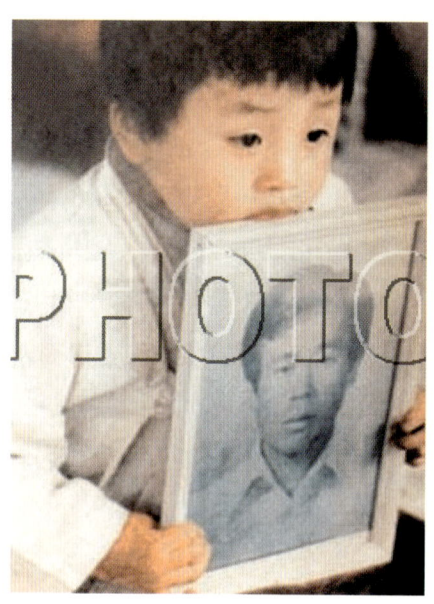

아버지 조사천과 아들 조천호

　조사천, 조사천은 광주의 비극과 억울함을 선전하는데 로고로 사용돼 왔습니다. 오른쪽 사진을 보십시오. '어린 아이가 아버지 영정사진을 들고 있는 사진'입니다. 꼬마의 천진난만한 눈빛은 광주에 대한 진압군의 만행을 증폭시키는데 상당한 파괴력을 가지고 있습니다. 광주인들은 이 사진이 가장 호소력이 있다 하여 늘 이 사진을 앞에 내놓고 5·18의 광주를 선전합니다. 이 사진을 보는 모든 사람들이 할 말을 잃습니다. 하지만 사람들의 심금을 울리는 이 사진 역시 역사를 왜곡하는 모략물입니다.

이 꼬마의 이름은 조천호, 그는 언론들에 의해 '오월의 아이', '오월의 꼬마상주'라는 별명으로 불립니다. 아버지 조사천은 당시 34살로 금남로 뒷골목을 달리던 장갑차에 승차해 상반신을 내놓고 신나게 시위를 하다가 다른 시위자가 소지한 카빈소총탄에 맞아 사망했습니다. 그 부인 정동순씨의 증언에 의하면 그는 당시 자기가 책임을 지는 인부들에게 나누어줘야 할 임금을 오너로부터 수금하러 집을 나갔다 변을 당했습니다. 그런데 5·18묘역에 있는 조사천 묘비에는 "도청 앞에서 계엄군의 총에 맞아 사망"이라고 적혀 있습니다. 저의 이런 지적을 놓고 너무한 것 아니냐 반발하겠지만, 5·18측이 망자와 그 어린 아들을 선전선동 목적으로 악용하는 행위야말로 시체장사를 전매특허 낸 공산주의자들의 전형적인 시체놀이라 비난받아 마땅할 것입니다.

결론적으로 이 책들은 북한의 대남사업부, 즉 통전부(통일전선부)가 남한 정부를 모략하기 위해 작성해 준 불온서적들입니다. 『찢어진 깃폭』의 말미에는 아래 표현이 있습니다. 이 표현은 남한 표현이 아닙니다.

"데모 군중의 시위 차량을 지휘했던 모 대학생은 사살된 사람이 1천명, 교통사고·대검 등에 의해 죽은 사람이 8백명가량 된다고 전했다. 그러나 시체 수를 확인해 보지 않은 이상 이 숫자를 타당하다고는 할 수 없을 것이다. 병원을 꽉 메운 부상자들의 대부분이 죽었거나 피와 의약품의 부족 때문에 죽어가고 있다니까 그 숫자는 더 불어날 것이 틀림없다. 한 종교단체는 사상자 수가 약 2천명 이상이라고 말했다."

"총알에 누더기가 되고 동포의 피로 얼룩진 민중의 응어리진 원한이 서린 저 깃폭을 보라. 뉘라서 이 응어리진 분노를 풀어 줄 것인가. 눈을 감으면 아직도 떠오른다, 저 찢기고 누더기가 된 깃폭. 뜨거운 눈물이 볼을 타고 끊임없이 흘러내린다."

시체가 2,000여 명이라는 말은 '정동년'이 입에 달고 사는 말입니다. 2005년에도 그는 똑같은 말을 했습니다. 이 황당한 허위 내용들이 1980년대의 한국의 대학가를 휩쓸면서 근 10년 동안이나 한국 사회를 광란의 굿판으로 몰고 갔습니다. 그 1980년대의 민주화 굿판이 바로 5·18의 연장이었고, 지금도 모략을 내용으로 하는 심리전이 5·18의 연장선상에서 진행되고 있는 것입니다. 5·18은 북한특수군 600명 등이 광주 시민들을 총으로 쏘는 것은 물론 제주 4·3사건에서처럼 잔인한 방법으로 살인을 저질러 놓고, 이를 국군에 뒤집어씌우는 모략전을 반복적으로 구사함으로써 민주화운동으로 굳혀가는 '아직도 끝나지 않은 내전'입니다. 지금도 이 나라는 우리가 원치 않는데도 모략전쟁에 휘말려 있습니다. 반역의 편에는 수많은 인물들과 세력들과 언론들이 구름처럼 결집해 있지만, 대한민국 편에는 저를 포함 극히 적은 수의 애국자들과 네티즌들이 산발적으로 존재할 뿐입니다.

5

김영삼의 역사 왜곡

객기어린 김영삼과 시녀 근성 검찰의 야합
전두환은 '코너에 몰린 김영삼'의 희생양이자 소모품

객기어린 김영삼과 시녀 근성 검찰의 야합

 1993년 대통령이 되자 김영삼은 노태우가 이끄는 민정당에 들어가 대통령에 당선되었습니다. 이 사실로 인해 그는 소위 민주화 세력으로부터 군부와 결탁하여 대통령이 됐다며 조롱을 받았습니다. 이러한 불명예로부터 탈출하기 위해 그는 여러 가지 시도를 하였습니다. 하나회를 정리하였습니다. 예상 외로 엄청난 인기를 얻었습니다. 인기의 요체를 실감한 김영삼은 군사정권의 핵심인 전두환과 노태우를 때리기 시작했습니다. 이로 인해 인기는 더욱 올랐습니다. 민주화에 대한 막연한 열기가 전국을 휩쓸었습니다. 이런 인기에 힘입어 김영삼은 자신이 민주화의 화신으로 등장하려 했습니다. 그의 주위에는 좌경인물들이 꽤 많이 있었습니다.

 1993년 5월 13일, 그는 느닷없이 "12·12는 하극상에 의한 쿠데타적 사건이지만 역사 평가는 후대에 맡겨야 한다"는 매우 자극적인 발언을 했습니다. 이는 아무런 명분 없이 내 던진 객기에 불과했지만 이 발언을 기다리던 사람들이 매우 많았습니다. 12·12에 관련된 정승화 그룹과 5·18에 관련된 광주 사람들이 동시에 일어났습니다. 1993년 7월 19일 정승화, 장태완 등 22명이 전두환-노태우 등 34명을 반란 및 내란죄 등 혐의로 대검에 고소장을 냈습니다. 12·12사태는 군의 사조직인 하나회를 중심으로 정권 찬탈을 목적으로 일으킨 군사반란이라는 것이 그 요지였습니다.

이로부터 1년 3개월 10일 후인 1994년 10월 29일, 검찰은 12·12고소-고발사건에 대한 최종 수사결과를 발표했습니다. 12·12를 '군형법상의 군사반란사건'으로 규정했고, 피고소-피고발인 전원에 대해 반란죄를 인정했습니다. "12·12사건은 소장과 군부세력의 리더인 전두환 합수본부장이 군권을 탈취하기 위해 치밀한 사전 계획 하에 군 최고통수권자인 대통령의 재가-승인 없이 정승화 육군참모총장을 강제연행하고, 병력을 불법동원해 군지휘체계를 무력화시킨 명백한 군사반란 사건이다." 이렇게 막중한 범죄는 저질렀지만, 검찰은 이들 모두를 법정에는 세우지 않겠다고 발표했습니다.

38명 중 전두환-노태우 등 34명에 대해서는 14년간 국가발전에 기여한 점을 평가하고, 법정에 세울 경우 국가적 혼란이 야기될 수 있다는 이유로 기소유예를, 공소시효가 지난 정호용 등 4명에 대해서는 '공소권 없음'이라는 결정을 내렸습니다. 서울지검 조준웅 1차장검사는 12·12

가 군사반란죄에는 해당하지만 내란죄에는 해당하지 않는다고 발표했습니다. "당시 대통령 등 헌법기관이 그대로 유지됐기 때문에 정권 탈취를 목적으로 한 내란죄는 인정되지 않는다. 이제 사건에 대한 역사적 평가는 후세에 맡기고 관련자들에 대한 사법적 판단은 이번 검찰의 결정으로 마무리하는 것이 바람직할 것이다." 이상은 "죄는 있지만 역사평가는 후대에 맡기자"는 김영삼의 발언에 검찰이 법적 고무도장을 찍어주는 것이었습니다.

이어서 5·18 시위를 획책했던 정동년 등 구속자-부상자-사망자 가족 등 322명이 주동이 되어 1994년 5월 13일 오후 3시, 전두환-노태우 등 5·18 당시 대대장급 이상 신군부 35명을 내란 및 내란목적 살인죄로 서울지검에 고발했습니다. 고소장이 접수된 지 1년 2개월만인 1995년 7월 18일, 서울지검 공안1부(부장 장윤석)는 피고소-피고발인 58명 전원에 대해 '공소권 없음'이라는 판단을 내리고 이들을 불기소 처분했다고 발표했습니다. "그동안 고소인과 피고소인, 참고인 등 모두 269명의 진술과 관련 자료를 종합해 본 결과 신군부가 취한 행위들은 10·26으로 야기된 권력 공백기에 12·12를 통해 군을 장악하여 제5공화국이라는 새 정권을 창출해내기까지의 전형적인 통치행위이기 때문에 내란죄 등에 해당되는지 여부를 판단할 사법 심사의 대상이 될 수 없다." 한마디로 성공한 쿠데타는 처벌할 수 없다는 것이었습니다. 이 역시 죄는 인정하지만 처벌은 하지 않겠다는 김영삼의 뜻에 일치하는 것이었습니다. 검찰이 철저한 김영삼의 시녀였던 것입니다.

전두환은 '코너에 몰린 김영삼'의
희생양이자 소모품

    당시 여론은 검찰의 이런 결론들을 별 무리 없이 수용하고 있었습니다. 이로써 민주화세력에 의한 역사뒤집기 노력은 일단 수그러드는 듯 했습니다. 그런데 여기에 한 이변이 발생했습니다. 1995년 10월 19일 박계동 의원이 2,300억 원대에 이르는 노태우의 비자금을 폭로한 것입니다. 국민은 충격과 배신감에 노태우뿐만 아니라 군사정권 전체에 대한 반감을 드러냈습니다. 바로 이런 분위기가 역사를 뒤집기하려는 소위 민주화세력에게 절호의 찬스를 가져다 주었습니다. 국민적 분노가 열화와 같이 일자 1995년 10월 27일, 노태우는 조기 진화를 위해 대국민 사과 성명을 발표했습니다. 하지만 이러한 시도 역시 또 다른 뜻밖의 변수 때문에 수포로 돌아갔습니다.

    1995년 10월 25일부터 중국 '조어대'(영빈관)에 1주일간 가 있던 김대중이 동행했던 참모들과 한마디 의논도 없이 그가 노태우로부터 20억 원을 받았다고 자백한 것입니다. 그가 그런 자백을 한 것은 정치적 계산이 있었기 때문이었습니다. 만일 검찰이 노태우 비자금의 향방을 추적하게 될 경우, 그가 노태우로부터 받은 비자금 전모가 노출될 것이기 때문에 사전에 양심선언을 해두는 것이 유리하다는 판단을 했을 것이고, 다른 하나는 김영삼을 코너로 몰아넣어 자기의 안전을 꾀하자는 의도가 있었습니다. 김대중이 노태우로부터 이 정도를 받았다면 당시 민정당에 들어가 노태우 밑에서 대통령이 된 김영삼은 더 큰 규모의 비자금을 받았을 것이라는 여론을 불러일으키기 위한 것이었습니다. 조사하면 김대중 혼자만 다치는 것이 아니라 김영삼이 더 많이 다칠 것이니 알아서 막으라는 것으로 해석됩니다.

김대중의 이 의도는 적중했습니다. 김대중의 폭로로 당황한 쪽은 김영삼 정부와 여당이었습니다. 여당은 김대중의 정치자금 수수를 비난하며 '20억+a' 설까지 제기했지만 대다수 국민은 김대중이 노태우로부터 20억을 받았다면 김영삼은 더 많이 받았을 것이니 고백하라 다그쳤습니다. 막다른 코너에 몰리자 김영삼은 특유의 승부수를 띄워 국면 전환을 시도했습니다. 전두환 등 군부세력에 대한 '공소권 없음' 결정을 존중하겠다던 종전의 입장을 갑자기 바꿔 1995년 11월 16일, 노태우를 2,358억 9,600만원의 뇌물을 받았다는 혐의로 서울구치소에 전격 구속시켰습니다. 이어서 11월 24일, 5·18특별법을 제정하라 지시함으로써 검찰로 하여금 전광석화의 속도로 11월 30일에 특별수사본부를 발족시키도록 유도하였습니다. 정당과 국회가 일사불란하게 움직였습니다. 검찰은

12월 13일, 전두환의 고향인 합천에서 그를 검거하여 안양교도소에 수감시켰습니다. 김영삼은 결국 그를 향해 집중돼 있는 검은돈의 의혹을 피해가기 위해 노태우와 전두환을 희생양으로 삼아 그에게 집중됐던 국민적 관심을 다른 곳으로 돌려놓는 데 성공하였습니다. 군사정권의 부정부패가 없었다면 5·18역사도 이렇게 황당하게 뒤집히지는 않았을 것입니다.

이런 약사가 말해주듯이 5·18에 대한 재판은 순전히 김영삼의 국면 돌파 필요성에 의해 시동되었고, 좌익 검사들과 좌익 법관들이 인민재판식 여론몰이에 영합하여 판결문을 쓴 정치재판이요, 역사를 뒤집는 역사쿠데타였습니다. 역사는 학문입니다. 분석에 훈련된 학자들이 장기간에 걸쳐 신중하게 써야 하는 대상의 것이지, 논리에 훈련되지 않은 정치세력과 법관들이 단기에 몰아치기 식으로 쓸 대상이 아닙니다. 그런데 1996~97년의 법관들은 12·12 및 5·18에 대한 역사를 권력에 아부하면서 이념적 잣대를 가지고 판결문을 썼습니다.

6

두 개의 5·18 판결문 폐기해야

1981년의 5·18 판결문 폐기해야 하는 이유
1997년의 5·18 판결문 폐기해야 하는 이유
수사결과는 동일한데 판사들의 색갈이 정반대
1997년의 민주화판사가 쓴 붉은 판결문
오욕의 족적 남긴 판검사들
5·18관련 3개 법률 폐기해야
반역세력이 받는 상전 대우

객관적 수사자료, 안기부 자료, 북한자료, 일본자료, 통일부 분석자료, 남북한의 5·18영화, 황장엽 및 김덕홍의 증언, 북한특수군 신분으로 실제 광주작전에 참전한 가명 김명국의 증언록과 TV출연 사실, 5·18 공화국 영웅에 대한 증언, 5·18유공자들의 증언, 광주 일반시민들의 증언 등을 모두 읽으신 분들께서는 지금쯤 5·18의 진실이 무엇인지, 마치 눈앞에 전개되는 영상을 보시는 것처럼 또렷하게 인식하고 계실 것으로 생각합니다.

이렇게 되기까지에는 무려 35년이 지났고, 무려 12년 동안의 제 연구가 있었습니다. 단순한 사건들에 대해서도 판검사들은 오판을 합니다. 검사의 검증 능력과 판사의 판단 능력은 아무래도 분석 훈련을 학문적 차원에서 쌓은 전문가들에 미치지 못합니다. 5·18사건은 원체 규모가 크고, 전문적인 군사지식을 요하는 성질의 것이기에, 1980~81년에 걸쳐 5·18사건을 재판한 판검사들, 1996~97년에 걸쳐 다시 이 사건을 재판한 판검사들 모두가 충분히 오판할 수 있었을 것입니다. 판단력이 한 사람의 인격을 결정합니다. 판단력이 그 나라의 과학과 사회 수준을 좌우합니다. 판단력이 모자라기에 우리 국가는 자기 나라의 역사조차 제대로 쓰지 못하고, 북한이 써준 역사를 우리의 역사인 것으로 배워왔습니다.

1981년의 5·18판결 폐기해야 하는 이유

1981년 4월 1일자 대법원 판결의 핵심은 이렇습니다. "정동년이 김대중에게서 500만원을 받아 300만원은 전남대 총학생회장 박관현에게, 200만원은 전남대 복학생 윤한봉에게 주어 학생시위를 주도케 했다." 그러나 정동년은 5월 17일 밤에 잡혀갔고, 박관현과 윤한봉은 그날로부터 장기간 도망가 있었습니다. 광주의 운동권, 대학생, 교수 등 거의 모두가 시위기간 내내 잠적해 있었습니다. 학생 시위대를 구성한다는 것은 상상할 수 없는 환경이었습니다. 이는 매우 중요한 사실입니다.

여기에 더해 1심 군법회의에서 사형과 무기징역을 선고받은 사람들은 모두 12명으로 이들은 거의 다 광주에서 천대받던 20대의 사회 불만계급들이었습니다. 계엄군이 시 외곽으로 빠지면서 5월 22일부터 전남도청에 각자 처음으로 들어온 부나비들이었습니다. 이들은 5월 26일 새벽부터 27일 새벽 1시까지 25시간 동안 객기를 부리다 계엄군의 재진입작전을 초래한 개념 없는 젊은이들이었습니다. 더구나 이들은 거의 다 서로 일면식도 없던 콩가루들이었습니다. 5·18기념재단의 증언록과 당시의 정황들을 살펴보면 중벌을 받은 이 사람들은 광주의 그 어느 운동권과도 연결돼 있지 않은 그야말로 어리고, 개념도 뿌리도 없는 떠돌이들이었습니다.

광주사태 기간 내내 광주인에 의한 시위대가 없었다는 것을 이 이상 더 잘 증명할 수는 없다고 생각합니다. 그런데도 1981년의 대법원 판결은 이들이 곧 시위대 중심인물들이며 이들이 복학생 정동년과 윤한봉 및 박관현이 동원해 놓은 시위대라는 결론을 냈습니다. 그렇다면, 5월 18일부터 21일까지 그 화려한 공적을 이룩했던 600여 명의 학생 전사들은 어디로 갔습니까? 600명이라는 숫자와 그들이 이룩한 업적들이 상황일지에 있었지만 여기에 분석의 필(feel)이 꽂히지 않았습니다. 당시 현장을 지휘하던 7공수 35대대장 김일옥 중령 등 일부 대대장들에게 물어보았습니다. "현란했던 폭동군중의 전략, 전술, 기동력 그리고 몸놀림들을 보면서 자기 같은 사람들보다 훨씬 우수한 게릴라 전문가들이 군중을 움직이고 있다"는 생각을 했다 합니다.

저는 당시 보안사와 안기부 모두의 대북정보를 총괄했던 고 이학봉씨를 여러 차례 만나 확인했습니다. 그는 단호했습니다.

"광주에 아마 몇 십 명 정도의 간첩들은 동원됐을 것이다. 이는 나도

의심하고 있었다. 지시를 했지만 꼬리를 잡지 못했다. 하지만 지 박사 말대로 600명이 왔다면 이는 차원이 전혀 다른 문제다. 그랬다면 광주만이 아니라 대한민국 전체가 쑥대밭이 되었을 것이다. 지 박사는 『수사기록으로 본 12·12와 5·18』이라는 불후의 역사책을 썼다. 공연히 600명 소리를 하면 지 박사의 신뢰가 추락해 4권짜리 역사책에 대한 신뢰까지 추락한다. 그 소리는 안 했으면 좋을 것 같다."

당시 중앙정보부는 '그 수장이 대통령을 살해한 죄인 집단'이 되어 있었습니다. 모든 직원들의 사기가 떨어지고 무기력했습니다. 그래서 최규하 대통령은 중앙정보부에 새로운 바람을 일으켜 활용해야 하겠다는 생각에 전두환을 중정의 수장으로 겸직시켰습니다. 언론들은 이를 문제 삼아 '안개정국'이라는 헤드라인을 달았습니다. 중앙정보부에 이미지 쇄신이 필요했습니다. 1981년 이름을 안기부(안전기획부)로 바꾸었습니다. 안기부는 정신을 차려 1985년에 『광주사태 일지』를 발간하였습니다. 그 일지에는 1980년 5월 21일, 4시간 동안에 털린 무기고 이름과 털린 무기 숫자들이 10여 페이지에 나열돼 있었습니다. 하지만 나열만 되어 있을 뿐 분석이라는 게 도대체 없었습니다. 이 나열만 돼 있는 자료들을 보고 저는 이렇게 정리하였습니다.

"5월 21일, 12시부터 오후 4시 사이에 전남 17개 시군에 위장돼 있는 38개 무기고가 털려 2개 연대를 무장시킬 수 있는 5,408정의 총과 다이너마이트 수류탄 등이 피탈됐다."

10여 쪽에 걸쳐 털린 무기고 이름 및 털린 무기 수량이 시간대 별로 나열돼 있는 것과 이를 가지고 위와 같이 정리해 놓은 것과는 그 전달력이 사뭇 다른 것입니다. 1982년에 계엄군이 정리한 야심작인 『계엄사』(戒嚴史)에도 이렇게 정리돼 있지 않았습니다. 그런데 북한이 1985년 5월 16일에 발행한 『광주의 분노』 35~45쪽에는 또 다른 6개의 무기고가 기록돼 있습니다. 그래서 44개 무기고라고 정리한 것입니다.

　계엄사는 총상 사망자들 중에서 무기고 총으로 사망한 숫자가 75%에 해당한다고 정리했습니다. 이는 유용한 분석이었습니다. 광주 시민들이 또 다른 광주 시민들을 이토록 많이 죽였다는 것은 매우 인정하기 어려운 것이지만 이는 사실입니다. 계엄군은 M16만 지참하고 있었습니다. 그런데 참으로 이상한 것은 계엄사와 제가 이 근거를 제시하였을 때, 광주 시민들이 취한 태도입니다. 광주 시민들은 북한특수군의 존재를 애써 외면합니다. 그러면서도 이 75%에 대해서는 대답을 하지 못합니다. 광주 시민들을 이해할 수 없는 또 다른 미스터리는 "당시의 광주 시민이 반드시 공수부대에 의해 사망했다고 해야 광주의 명예가 유지되고, 북한특수군에 의해 사망했다고 하면 광주의 명예가 훼손된다며 고소·고발을 해왔다"는 사실입니다. 더 이상 광주 시민들은 진실을 알려하지 않습니다. 자기들이 믿고 싶은 것만 믿고 그것만 반복해서 주장합니다. 그리고 논리적으로 코너에 몰릴 때마다 폭력을 행사하고, 야당을 통한 정치공세를 취해 왔습니다.

　당시의 군과 정보기관들의 정보분석 능력은 매우 유치했습니다. 그래서 조금만 더 분석하면 볼 수 있는 600명을 보지 못했던 것입니다. 많은 사람들은 "그래도 그렇지, 아무리 엉터리 군대라 해도, 아무리 엉터리 국가기관이라 해도 어떻게 600명씩이나 몰려들어 판을 벌였는데 그걸 눈치 채지 못했겠는가?" 지금부터는 어째서 당시의 정보계통이 600명씩이나 되는 북한특수군의 존재를 찾아내지 못했느냐에 대한 일반의 의문점에 대해 잠시 설명드릴까 합니다. 저 역시 1980년 10월부터 1년 동안 중정 2차장실 특별보좌관으로 근무를 했고, 그 이전에는 지금의 국방정보본부의 전신인 합참 정보국에 여러 해 근무하면서 분석관들과 늘 어울렸습니다. 제 장교 특기는 정보였고 실제로 정보분야에서 성장하였습니다.

그 이전인 1968년, 저는 베트남에서 1년 동안 정글작전을 수행하다가 중위가 되자마자 월남 백마사단 도깨비연대 상황실에 근무했습니다. 매일 수많은 첩보가 접수됐습니다. 첩보의 신뢰성에 따라 A급부터 D급까지 분류돼 있었습니다. 이들 첩보들은 접수되는 순서대로 두꺼운 첩보일지에 기록됐습니다. 한 달이면 깨알같이 작은 글씨로 200쪽이 넘는 책이 됐습니다. 하루에도 7~8쪽이나 되는 첩보내용을 장교들이 일일이 읽는다는 건 불가능했습니다. 그래서 상황실 선임하사가 중요하다고 표시해주는 첩보만 대강 훑어봤습니다. 일단 날짜가 지나면 모든 내용들이 두꺼운 첩보철 속에 묻히고 맙니다. 하루 이전의 첩보 내용, 열흘 이전의 첩보 내용을 다시 들춰내 읽는 사람은 없습니다. 자료는 많지만 모두가 땅 속에 묻혀 있는 것이나 다름없었습니다. 그런데도 사람들은 "저 첩보일지 속에는 모든 첩보가 다 들어있다"고 믿고 있었습니다. 일반인들은 또 말할 것입니다. "저 많은 첩보가 매일 같이 쏟아지는데 왜 베트콩을 못 잡느냐?" 하지만 그 많은 첩보를 즉시 사용할 수 있도록 가공하려는 사람은 제 주위에 없었습니다. 저는 중사에게 똑같은 지도판을 3개 만들라고 했습니다. "중위님, 상황판을 3개씩이나 만들어 무얼 하시게요?"

"김 중사. 하나는 초저녁용, 또 하나는 밤중용, 그리고 또 다른 하나는 새벽용이야. 상부로부터 첩보 내용을 받아 적을 때마다 상황판을 골라 표정을 하라구. A급은 적색, B급은 청색, C 및 D급은 노랑색으로. 알았어?" "아! 존경하는 중위님, 이제야 감이 옵니다. 돌아가겠습니다."

첩보를 받아 적는 노력이 10이라면 지도판 위에 점 하나를 표시하는 노력은 1도 안됐습니다. 하나 하나의 점은 의미가 없었습니다. 그러나 여러 날에 걸쳐 표시된 수많은 점들은 일련의 분포와 추세를 나타냈습니다. 수많은 점들의 분포를 보면 시간대별로 베트콩이 어떻게 이동해 다니는지에 대해 훤히 읽을 수 있었습니다. 바로 이것이 통계의 묘미였습니다. 매일 밤 저는 이 상황도에 따라 사격을 했습니다. 구태여 제가 사격을 해야 할 좌표를 찍어 줄 필요가 없었습니다. 누구라도 상황판만 보면 언제 어디에 사격을 해야 할지 알 수 있었기 때문이었습니다. 제가 잠이 들더라도 병사들은 정해진 시스템에 의해 포를 날렸습니다. 그래서 저는 자다가 훈장을 탄 사람이 되었습니다. 얼마 후, 체포된 베트콩의 진술이 나왔습니다. "한국 포병에는 눈이 달렸다."

저는 통상의 동료들보다 늘 분석력에 대해서만큼은 앞서 있었습니다.

DNA 측면에서도 평균보다는 분석력이 앞섰던 제게 그 후 많은 것들이 더 얹혔습니다. 수학적 분석의 원조인 미국 해군대학원에 가서 분석의 최고 메커니즘인 시스템공학으로 무장을 했고, 그 이론을 8년 동안 국방연구원에서 응용했으며, 또 다시 미국방성에 가서 3년 동안 응용을 했고 또 주위의 미국인들로부터 더 배웠습니다. 이런 것들이 밑거름이 되어 오늘날 이런 분석을 할 수 있었을 것입니다.

1980년 당시에 국가에는 수많은 분석관들이 있었습니다. 그러나 특히 전문분야에서는 수가 중요한 게 아니라 질이 중요합니다. 수십만의 보통 사람들이 힘을 합쳐도 단 한 사람의 능력을 따라 갈 수 없는 경우가 허다합니다. 당시의 분석관들은 그 수는 엄청났어도 거의가 다 재래식 문관 수준들이었습니다. 이들은 대부분 소령 중령들이 신분을 바꾸어 장기근무를 선택했던 사람들이었습니다. 보안사에서는 준위급이 최상의 정보분석관이자 수사관이었습니다. 이 모두가 학문과정을 통해 특별한 분석 훈련 과정을 거치지 않은 사람들이었습니다. 저는 지금도 모든 정부기관의 분석관들이 이런 재래식 분석관일 것이라고 생각합니다. 군의 수사가 대부분 거짓말이거나 함량미달인 것은 바로 이러한 데에 기인한다는 것이 제 관찰내용입니다. 이러한 인력들이 정보기관들을 채우고 있었기 때문에 흩어져 있는 원천자료들을 보면서도 그 속에 묻힌 중요한 광맥을 발견해내지 못했을 것입니다. 당시 중령-대령이었던 이학봉의 위치만 하더라도 이런 준위 또는 문관급 수준으로부터의 보고를 통해 정보를 파악하였지, 직접 원천자료를 들여다 볼 기회는 없었을 것입니다.

어떤 사람은 보수 진영에 몸담고 있으면서도 "내가 광주에 5월 23일에 가보았는데 북한특수군처럼 생긴 사람이 한 사람도 없었다"며 "북한특수군은 절대로 오지 않았다. 내 목숨을 걸고 단언한다"는 말을 각종 매체들을 통해 활발하게 발표하면서 제 연구결과를 정식으로 부정하기도 합니다. 정보가 무엇인지 모르고 하는 말입니다. 또 어떤 사람들은 이 600명이라는 숫자가 광주에서 떠돌던 유언비어거나 탈북자들이 폭로한 숫자일 것이라고 잘못 인식하고 있기도 합니다. 그러나 이 600명은 1995년 7월 18일, '서울지방검찰청-국방부 검찰부'가 작성한 216쪽짜리 최종보고서 『5·18관련사건 수사결과』의 92~93쪽에 있으며, 여기에는 또 이들 600명이 이룩한 빛나는 전과가 함께 기록되어 있습니다. 검찰도 이를 기록하면서도 이것이 북한특수군일 것이라고는 상상조차 하지 못했을 것입니다. 그냥 기계적으로만 기록한 것입니다.

광주의 600명이 이룩한 화려한 업적은 1인당 수십억 원씩의 보상이 가능한 것이었고, 나서기만 하면 모두 영웅으로 등극할 수 있는 혁혁한 전과들이었습니다. 그런데 이 엄청난 '유공자 공적'을 주장하고 나선 사람이 단 한사람도 없습니다. 그들이 북한특수군이었기 때문입니다. 광주에서 활약한 폭동세력은 분명 있었습니다. 이동 중인 20사단을 공격한 300명 조직이 핵심세력이었습니다. 44개 무기고를 불과 4시간 만에 턴 600명 조직이 핵심 세력이었습니다. 멀리에서 경찰들의 모습만 보아도 가슴이 뛰었던 바로 그 순간에 전남대 앞에 서있는 계엄군에게 감히 돌멩이 공격을 감행하고, 곧바로 중심가로 달려갔던 200명 대학생 집단이 핵심 시위대였습니다. 아침 10:30분 금남로 중심가 파출소들을 불태우며 부나비들을 끌어들인 1,000여 명 '시위대'가 그 핵심이었습니다. 그런데 1981년의 정보 당국과 재판부는 이 폭동의 실체 중에서는 단 한 사람도 잡아내지 못한 반면, 이들에 이용된 부나비들만 잡아놓고 광주인들이 기획-연출한 폭동 시위대였다고 판단하였습니다. 참으로 한심한 현상이 아닐 수 없었습니다. 지금까지도 광주 공간을 펄펄 날아다니던 600명의 영웅들이 단 1명도 나타나지 않고 있는 이 사실도 이들이 북한특수군이라는 것을 짙게 말해 줍니다.

결론적으로 1981년의 재판은 몸통의 실체를 밝혀내지 못했고 그래서 몸통은 잡지 못했습니다. 재판부가 잡아놓은 20대의 개념 없는 부나비들은 600명이라는 몸통에 붙어 있는 깃털이 아니라, 그냥 광주에 날아다니던 부나비들이었습니다. 5·18연극 무대를 가장 화려하게 장식했던 단어는 '기동타격대장'이었습니다. 이 얼마나 어마어마한 이름입니까? 그런데 그 기동타격대장은 어이없게도 20세의 구두공 윤석루였습니다. 그와 함께 5월 26일부터 '항쟁지도부' 핵심 간부를 맡았던 사람들은 이구동성으로 윤석루를 개념 없는 어린아이라 평가했습니다.

그런데 1980년의 군법회의는 이런 윤석루에게 무기징역형을 내렸습니다. 홍남순 변호사를 제외한 나머지 중범죄자들도 다 윤석루와 같은 급의 20대들이었습니다. 그러니 1981년의 정보기관이나 재판부는 얼마나 허술하였습니까? 국가를 위태로운 지경으로 내몰았던 엄청난 폭동이 분명히 있었습니다. 아니 대한민국의 그 어느 특수부대도 감히 흉내조차 낼 수 없었던 태풍급의 폭풍작전이 대한민국 전체를 흔들어 놓았던 사실이 분명히 있었습니다. 그리고 일정기간 대한민국이 통치할 수 없었던 해방구가 광주 일원에 탄생했습니다. 그런데 이 엄청난 작전을 주도한 몸통이 겨우 20세 구두공 등 그와 유사한 20대 부나비들이었다 하니, 이런 기막힌 판결이 어디 또 있겠습니까? 더구나 이들은 운동권과는 사돈의 팔촌도 안 되는 20대 뜨내기들이었습니다. 1981년 재판부가 쓴 판결문은 이제 무효가 돼야 하고 폐기돼야 할 것입니다. 근본적으로 하자가 있는 이런 판결 결과를 가지고 일국의 역사를 쓸 수는 없는 일 아니겠습니까?

1997년의 5·18판결 폐기해야 하는 이유

1997년 5·18 판결문의 핵심은 이러합니다. "광주시위대는 신군부로부터 헌법을 수호하기 위해 결집된 준-헌법기관이다. 시위가 전국으로 속히 확산됐어야 했는데 신군부가 이 민주화운동을 무력으로 조기에 진압한 행위는 분명한 내란행위다."

위에서 살핀 바와 같이 광주에는 광주인들이 독자적으로 구성한 시위대가 없었습니다. 광주에서 유일했던 시위대는 북한특수군 600여 명 뿐이었고, 나머지는 이들이 동원했거나 이들에 부화뇌동한 철없는 10대와 하층계급의 노동자, 양아치, 무직자 등의 20대들이었습니다. 한마디로 1997년의 판결은 북한특수군 600명에게 영광의 면류관을 씌워준 세기의 코미디 판결이 된 셈입니다.

당시 5·18 시위는 대한민국을 적으로 한 무장폭동이었습니다. 당시의 당국은 5·18 시위가 전국적으로 확산되면 북한이 남침할 것이라는 정보판단 아래 바짝 긴장하고 있었습니다. 이 판단은 정당하고 합리적인 판단이었으며, 이런 정치·군사적 판단에 대해서는 감히 판검사가 이렇다 저렇다 참견할 사안이 아니었습니다. 그런데 1997년의 재판부는 "전두환 등이 북한으로부터 아무런 괄목할만한 위협이 없었는데도 위협을 과장·확대하여 탄압의 명분으로 삼았다"고 몰아쳤습니다. 이는 엄청난 월권이고 오만이었습니다.

아래는 1980년 3월 28일, 동아일보(도쿄특파원) 기사입니다. 이 기사에 실린 첩보가 제가 분석한 결론을 긍정적으로 뒷받침해 주고 있습니다. 이제 보면 이 첩보는 A급 첩보였습니다. 기사 전문을 아래에 옮겨 드립니다.

"북한은 한국의 정치적 불안정을 틈타 금년 봄에 대량의 무장간첩을 남파, 지방도시의 방송들을 점령하는 등 본격적인 대남 게릴라 활동을 벌일 계획으로 있으며, 지난 23일 한강에서의 무장공비수중침투 사건과 25일 포항 앞바다에서 발각된 무장간첩선 사건은 이 간첩 작전의 일환이라고 도쿄에서 발행되는 통일일보가 북한소식통을 인용, 28일 보도했다. 이 소식통에 따르면 북한은 이와 같은 '대남특수군사작전 계획'을 작년 가을에 수립, 인민군 제1부 총참모장이자 로동당 정치위원 후보인 인민군 상장 김만철을 이 계획의 책임자로 임명했으며 김은 1·21사태와 울진·삼척 공비 사건에 동원됐던 124군부대와 제7정찰여단을 통합한 '특수8군단'과 '청년 돌격독립여단'이라 불리는 '특공게릴라부대'를 장악했다는 것이다."

< ■ 1980 03 28 > 동아일보 ▼

北韓、對南게릴라戰 획책

間諜南派 지방放送局등 占領계획

──統一日報

【東京＝洪仁根특파원】北韓은 韓國의 정치적 불안정을 틈타 금년봄에 대량의 무장간첩을 南派, 지방도시의 방송국을 점령하는등 본격적인 對南게릴라활동을 벌일계획으로 있으며 지난 23일 漢江에서의 무장공비 수사작전도 이 계획의 가을에 수립, 人民軍제1부총참모장이자 로동당 정치위에서 발각된 무장간첩선 다에서 발각된 무장간첩선 충침투사건과 25일 浦項앞바 공게릴라부대를 장악했다는 북격여단」이라 불리는 북 특수8군단」과「청년돌격 한 와 제7정찰여단을 통합한 이소식통에 따르면 北 보도했다. 방송국을 접령하는등 본격 룸한 소식통을 인용, 28일 로 임명했으며 金은 1·21 北韓 사건은 이 간첩작전의 일 원후보인 人民軍 上將 金 鐵萬을 이 계획의 책임자 사건과 蔚珍 三陟공비사건 에 동원됐던 124군부대 것이다.

결론적으로 민주화 판사들은 감히 전문분야를 월권하여 고급 군사정보까지 자의적으로 판단해 가면서 광주의 폭동집단을 정의의 사도라고 규정했고, 폭동 진압 주체인 국가를 전두환 등에 의해 동원된 내란수단(간접정범)이었다고 판결했습니다. 이는 1996~97년의 검찰(채동욱이 주역 담당)과 재판부가 북한 편에 서 있었다는 것을 느끼게 하는 대목이 아닐 수 없습니다. 1981년의 재판은 함량미달의 재판이었고, 1997년의 재판은 함량미달에 더해 인민군 판사에 의한 인민재판이었다고 평가하지 않을 수 없습니다.

수사결과는 동일한데
판사들의 색깔이 정반대

    1980~81년, 한국의 법관들은 김대중 등을 '김대중이 10·26 이후의 정권의 공백기를 악용하여 북한 측 불순분자들과 연합하여 최규하 정권을 무너트리고 정권 찬탈 목적으로 내란음모를 획책했다고 판결하였고, 5·18을 김대중으로부터 자금을 받은 정동년 등 복학생들이 학생 폭동을 배후조종하여 일으킨 내란이라고 판결하였습니다. 그런데 세상이 바뀌자 1996~97년의 법관들은 헌법이 명시한 일사부재리 원칙과 형벌불소급의 원칙을 무시하고 5·18 광주사건을 다시 재판하였습니다. 이들에 의해 김대중은 민주화의 화신으로 등극했고, 전두환은 무력으로 국권을 찬탈한 반란수괴요, 광주 시민을 학살한 내란수괴죄로 사형을 언도받았습니다. 1997.4. 17(96도3376) 대법원은 이런 요지의 판결문을 냈습니다.

    "5·18은 전두환 일당이 12·12 군사반란을 통해 실질적인 권력을 장악해 가지고 최규하 대통령을 위압하여 바지로 만들어 놓고 권력을 행사하면서 내란을 목적으로 광주학살을 자행하였다."

　검찰 수사결과는 1980년의 것과 1995년의 것이 조금도 다르지 않습니다. 똑같은 수사결과를 놓고 1981년의 대법원과 그 후 16년이 지난 1997년의 대법원이 정반대의 판결을 낸 것입니다. 1981년의 역적이 1997년에 충신이 되고, 1981년의 충신이 1997년에 역적이 된 것입니다. 이는 국가가 바뀌지 않고서는 있을 수 없는 막중한 현상입니다. 이는 세상을 장악한 지금의 좌익세력들이 이승만의 건국 역사를 부정하고 김일성 역사를 존중하고 있는 것과 정확히 맥을 같이 하는 것입니다.

　역사는 법관들이 쓰는 것이 아닙니다. 그런데 1997년의 법관들은 그들의 직무범위를 넘어 5·18역사를 다시 썼습니다. 법은 광활한 사회 분야 속에서 극히 좁은 한 부분을 차지하고, 이 속에 사는 검사들과 법관들은 우리 사회에서 그 위상에 비해 시야가 가장 좁고, 논리 훈련이 가장 취약한 고시 출신들입니다. 방대한 자료와 고도의 분석력을 요하는 5·18과 같은 역사 사건을 진단함에 있어서 분석 능력과 시각이 극히 제한돼 있는 검사와 판사들의 시각을 여과 없이 받아들여 그것을 역사의 진실이라고 받아들일 수는 없는 것 아니겠습니까?

1997년의 민주화판사가 쓴 붉은 판결문

　5·18을 옹호하는 사람들은 물론 일부 장군 출신까지도 "5·18은 대법원이 이미 땅땅 쳤지 않느냐, 이제 와서 재론하면 사회만 시끄러워지고, 이상한 사람 된다." 이렇게 반응합니다. 하지만 이렇게 말하는 국민들은 다음의 판결문을 한 번도 읽어보지 않은 사람들입니다. 논리도 없고 법 상식에도 어긋난 판결문, 그 어느 코미디물보다 더 코미디인 이 판결문, 인민군 판사가 아니고서는 절대로 쓸 수 없는 이적의 판결문, 이런 판결문을 읽는다면 그 어느 국민도 김영삼 시대의 민주화 판검사들을 용서하려 하지 않을 것입니다.

　판결1. "광주 시위대는 전두환의 내란음모로부터 헌법을 지키기 위해 결집된 준-헌법기관이다. 이를 신군부가 무력으로 진압한 것은 명백한 내란행위다. 광주시위는 전국적으로 신속하게 확산됐어야 했는데 신군부가 이를 조기 진압한 것은 내란이다."

판결2. "5월 21일, 광주시위대가 무장으로 저항한 것은 헌법을 수호하기 위한 정당한 애국행위였다. 그런데도 공수대가 무장시위대와 총격전을 벌인 것은 내란을 위한 폭동이었다."

판결3. "5월 17일, 비상계엄전국확대 조치를 가결하기 위해 중앙청에 모인 총리와 장관들은 집총한 경비병들에 주눅이 들고 공포감에 휩싸여 만장일치로 가결했기에 무효다."

판결4. "10·26 직후의 지역계엄(제주도 제외)을 5·17에 제주도에까지 확대한 것은 그 자체가 국민을 협박하는 폭력이고, 그 폭력을 내란의 마음을 가슴속에 품은 신군부가 껍데기 대통령을 도구로 이용해 행사한 것이기 때문에 내란이다. 계엄령의 선포는 그 자체가 국민의 기본권을 침해하는 '해악의 고지' 행위이고 계엄 업무에서 총리와 내각을 제외시킴으로써 국민은 물론 총리, 내각 등 헌법기관들까지도 공포감을 가지게 함으로써 업무를 제대로 수행할 수 없게 만든 행위였기에, 계엄령 확대 조치 자체가 내란죄에 해당한다."

판결5. "계엄령을 발하느냐 마느냐는 고도의 정치, 군사적 판단을 요하기에 일반적으로는 사법판단의 대상이 안 된다. 그러나 전두환의 마음에는 이미 내란하려는 의도가 있었기 때문에 그가 계엄령을 발한 것은 내란행위다."

판결6. "전두환은 최규하 대통령이 시키는 일만 해야 하는데 대통령이나 장관들이 착안하지 않은 분야들에 대해서까지 적극적으로 아이디어를 내서 건의했고, 그것을 바탕으로 여망을 얻어 대통령에 오른 것에는 처음부터 반역의 뜻이 있는 것으로 봐야 한다."

판결7. "최규하 대통령이 광주에 가서까지 직접 챙긴 광주작전이긴 하지만, 광주에 간 최규하 대통령은 신군부의 5·18 진압 과정을 지켜보고 놀라 공포감에 휩싸였다. 그래서 대통령 기능을 제대로 수행하지 못하게 되었고, 대통령은 껍데기에 불과해졌다. 따라서 껍데기에 불과한 대통령이 재가한 것은 아무런 의미가 없고, 대통령이 서명한 것 모두는 신군부의 책임이다."

판결8. "역사바로세우기 재판은 접근방법 자체가 달라야 한다. 법률도 아니고 헌법도 아닌 '자연법'을 근거로 재판해야 한다. 자연법 재판이란 국민여론 재판(주: 일명 인민재판)이다."

판결9. "정호용은 광주진압의 총사령관이자 내란목적살인죄의 주범이다. 12·12에는 직접 관여하지 않았다 해도 신군부의 한 사람으로 전두환을 추수하며 부화뇌동한 죄가 인정되기에 12·12 관련자로 인정하여 처벌한다."

오욕의 족적 남긴 판검사들

제1심(1996. 3. 11~8. 26) : 서울지방법원 형사합의 30부
재판장 : 김영일
판 사 : 김용섭, 황상현
검 사 : 1채동욱, 2김상희, 3임성덕, 4이재순, 5임수빈, 6박태식,
7이부영, 8송찬엽

제2심 서울고등법원 사건 96노1892(반란-내란-내란목적살인 등
14개 법률위반)
재판장 : 권성
판 사 : 김재복, 이충상
검 사 : <u>채동욱</u>, 김각영, 김상회, 김성호, 문영호, <u>김진태</u>, 임성덕,
이재순, 이부영, 송찬엽, 박태식

제3심 대법원 사건 96도3376
재판장 : 대법원장 윤관
주 심 : 정귀호
대법관 : 박만호, 최종영, 천경송, 박준서, 이돈희, 김형선, 지창권, 신성택, 이용훈, 이임수, 송진훈

※ 채동욱은 전 검찰총장, 김진태는 현 검찰총장, 두 사람은 박근혜 정부가 임명한 검찰총장입니다.

5·18관련 3개 법률 폐기해야

앞에서 살핀 대로 1980년 5월 18일 이후 광주에는 민주화든, 무엇이든 그것을 실현하기 위한 시위대가 일체 구성되지 않았고, 구성을 시도한 지도자들도 일체 없었습니다. 때문에 "광주에 민주화운동을 추진한 주체가 구성되어 있었다는 것"을 전제로 한 3개의 법률, 즉 '광주민주화운동관련자보상등에관한법률'(1990. 8. 6), '5·18민주화운동등에관한특별법'(1995. 12. 21), '광주민주유공자예우에관한법률'(2002. 1. 26)은 모두 폐기해야 마땅할 것입니다.

사기(詐欺)를 뒷받침해주는 이런 나쁜 법률안이 존재했기에 오늘날 세월호 유가족들이 '이념이 불량한 정치권력'과 야합하여 세월호 특별법을 통해 5·18유공자들이 받는 개국공신의 대우를 동등하게 받겠다고 벌써 7개월 동안이나 국가 기능을 마비시키고 있는 것이며, 제주 4·3사건에서 좌익으로 인정되었거나 오해를 받아 죽음을 당한 유족들이 '이념이 불량한 정치인'들을 압박하여 4·3사건을 미군정의 압박에 대항하기 위해 분연히 일어선 5·18 종류의 민중항쟁이었다며 5·18처럼 국가 명의로 추념 받는 길을 닦아 놓은 것입니다. 이어서 5·18유공자들처럼 국민세금을 챙겨가겠다며 노력하고 있습니다. 이 유족들은 2014년 3월, 그들의 요구가 관철되자 즉시 100만인 서명운동을 전개했습니다. "한국정부가 잘못을 인정했으니 이제는 미국 정부의 무릎을 꿇게 해야 한다. 보상도 받도록 만들어야 한다"는 것이었습니다. 이렇듯 좌익들은 한 가지를 양보하면 열 가지를 더 내놓으라는 속성을 가지고 있습니다.

이런 억지의 행위들이 자행되고 있는 것은 오직 5·18이라는 전례가 있기 때문입니다. 그러나 제가 연구한 이 연구결과에 의하면 광주에는 민주화 실체가 없었고, 더구나 헌법을 수호하기 위한 광주인들의 결집체가 일체 없었습니다. 따라서 이것들이 존재했었다는 것을 전제로 하여 규정된 3개의 법률은 새로 발견된 진실에 따라 즉시 폐기돼야 마땅할 것입니다. 이 세 개의 법률이 존재하기 때문에 5·18유공자들이 특별대우를 받으면서 신흥 귀족으로 등극해 있는 것이며, 일부 옳지 못한 다른 국민들에게 선망의 대상이 되고, 롤 모델이 되고 있는 것입니다.

반역세력이 받는 상전 대우

　국가에 목숨 바친 국가유공자는 천대받고, 북한특수군에 부화뇌동한 광주 무산계급들은 개국공신 대우를 받고 있습니다. 국군과 경찰들을 쏘아 죽이고 그 대가로 국가유공자가 되는 나라가 지구상에 여기 말고 또 있겠습니까? 공무 수행중인 경찰들을 신나로 불태워 죽인 주모자가 최상의 민주화 유공자라며 2002년에 6억 원을 받은 나라, 이런 나라가 지구상에 또 있겠습니까? 대한민국에서 '민주화'라는 단어는 무소불위의 권능을 갖습니다. '국가에 공을 세운 사람'들에 대해 국가는 '국가유공자법'을 제정해 놓고 보은을 합니다. 그런데, 이런 법이 5·18 내란 폭동자들에 악용되어 보상금을 포함해 국가가 나서서 순국선열보다 더 높은 보은을 해주고 있습니다. '5·18유공자법'(5·18민주유공자예우에관한법률)이 '국가유공자법' 위에 군림해 있습니다.

6·25참전용사들은 매월 10만원 단위의 수당을 받습니다. 그러나 5·18유공자들은 일거에 많게는 3억 2천만원을 받았습니다. 19세의 나이로 경찰관 15명을 닭장차에 가두고 포로로 잡았던 고교생 윤기권은 그 공로를 인정받아 2억 원의 보상을 받고 12년 후인 1991년에 북한 간첩에 안내되어 평양으로 가 영웅 대접을 받았습니다. 35년 전의 2억이면 지금의 가치로는 얼마이겠습니까? 당시 경찰에 잠시 들렸던 광주 사람이 받은 일시불이 500만 원이었습니다. 1980년 정동년이 김대중으로부터 공작금으로 받았다는 액수가 500만 원이었다면 이들 광주인들이 받은 돈이 얼마나 큰 것이었습니까? 이들이 현금으로 받는 일시금은 순국선열들이나 '참모총장이 상주가 되어야 하는 태극무공훈장을 받은 사람들'에 비해서도 매우 높은 것이었지만, 이들이 일생동안 받는 대우와 이들의 가족들이 일생동안 받는 대우는 독립유공자나 6급 이상의 국가 상이유공자와 비슷합니다.

 2014년 7월 29일 현재, 광주광역시 인권담당관실로부터 전달받은 유공자 현황에 의하면 유공자는 4,634명입니다. 사망자 155, 행방불명 81, 상이 후 사망 110, 상이 3,378, 연행-구금 910명입니다. 연행되고 조사만 받았어도 유공자가 된 것입니다. 제가 광주에 가서 득문한 바에 의하면 주유소로부터 휘발유를 달래서 집에 가져가기를 4번째 하다가 날아다니던 총알에 맞아 사망한 사람도 1억 원을 받았다 합니다.

1. 교육지원

1) 중·고·대학교에 수업료 전면 면제 : 모든 유공자의 배우자 및 자녀에 해당
2) 중·고·대학교에 학자금 지급 : 모든 유공자 및 배우자, 자녀에 해당
3) 장학금 지원 : 대학원(최고 1,150,000원, 특수학교 300,000원)-모든 유공자의 배우자, 자녀

2. 취업지원

1) 보훈특별고용 : 보훈처가 희망 직장 취업 알선, 모든 유공자, 배우자, 35세 이하의 자녀 3인까지
2) 가산점 취업 : 모든 유공자, 배우자, 자녀(인원 무제한)
 (사망 및 행불자의 유족에게는 만점의 10%, 부상자 및 각종 희생자에는 5%)
3) 직업훈련 : 수혜 대상은 위와 같음.

3. 의료지원 : 부상자는 보훈병원 전액 무료, 모든 유공자의 가족 및 유족은 30~60% 감면

4. 대부지원(농토구입자금, 사업자금, 주택구입비 대부, 아파트 우선 분양) : 부상자 및 모든 유족

5. **수송시설 이용료 감면** : 철도, 지하철, 시내버스, 시외버스, 고속버스, 내항여객선, 국내선 항공기 각 경우 최저 30%, 최고 무료

6. 기타지원

1) 양로지원
2) 보훈요양원 이용
3) 5·18묘지 안장 및 부대비용 일부
4) 국내항공료 30% 할인
5) 동사무소 수수료 면제
6) 고궁, 공원 무료
7) 개인택시 우선 면허

이상은 유족 및 부상자에 공동으로 적용

이하는 부상자에게만 적용

1) 공항이용료 및 주차장 할인
2) 자동차 검사 수수료 할인
3) TV 수신료 면제
4) 전기요금 20% 할인
5) 도시가스요금 할인
6) 각종 세금 감면

취직시험, 공무원시험, 경찰시험에 10% 가산점을 받을 수 있는 대상들이 대략 1만 명을 훨씬 초과할 것입니다. 다른 지역 젊은이들은 오늘도 곰팡이 쓴 고시촌들에서 최장 10년 동안 고시공부를 하고 있지만 광주의 개국공신들은 1년 차에 척척 합격하는 것입니다. 반면 6·25전투에서 무공훈장 중 최고인 태극무공훈장(육군장 대상)을 받은 사람은 수십 년 동안 월 37만원으로 깍두기 하나를 놓고 겨우 쌀밥을 지어먹는다 합니다. 15만원 이상의 집세를 제하고 관리비를 내고 나면, 깍두기에 밥 한술 먹기도 어렵다고 합니다. 15만원 집세라면 그 집이 어떤 집이겠습니까? 태극무공훈장이란 무엇입니까? 한 마디로 말하자면 그 수훈자가 사망하면 장례식을 육군의 경우 '육군장'으로 치릅니다. 육군총장이 장례위원장이 되는 것입니다. 이런 영웅이 홀대받고 있는 것입니다.

국가의 사정이 어려우면 어쩔 수 없는 일입니다. 그러나 2009년 1월, 용산에서 전국철도민연합 소속의 깡패들이 불법을 저질러 죽어놓고도 떼를 쓰니 한 사람 당 7억 원이라는 거금을 챙겨 주었습니다. 이것만이 아닙니다. '태극무공훈장 탄 사람이 깍두기 하나 놓고 밥을 먹는다'는 보도가 나가자 많은 사람들이 수군거렸습니다. "저 사람, 얼마나 많은 사람 죽였기에 저런 훈장 탔을까?" 이거 국가 맞습니까? 김대중 정권 시설의 한 국가유공자는 30년 동안 받은 연금이 3천만 원도 되지 않는다며 5·18유공자(?)들에 보상금 퍼주는 데 분통을 터뜨렸습니다.

6·25가 어떤 전쟁이었습니까? 가장 처참했습니다. 이 처참한 전쟁에 참전한 것은 오직 국가를 살리기 위해 치른 것이었습니다. 그런데! 그런

고생의 내용들은 기록에 없습니다. 오직 남아 있는 상처가 있느냐 없느냐, 그리고 그 상처가 과연 전쟁 중에 입은 상처냐. 자존심이 상하도록 치사하게 따집니다. 총을 맞았어도 부상이 심하지 않으면 국가유공자가 될 수 없고, 일본 치하에서 구금을 당했다 해도 그 기간이 1년을 넘지 못하면 독립유공자가 될 수 없습니다. 그런데, 광주 사람들은 잠시 불려가 조사를 받았다는 이유로 유공자가 되고, 서로 맞보증을 서주면서 유공자가 되었습니다. 다른 사건에 연루되어 경찰서 유치장에 며칠 있었던 사람도 "그게 바로 5·18 때였다"고 주장하면 유공자가 되었습니다. 계엄군이 김대중을 연행하는 과정에서 김대중 아들의 운전수가 한 역할을 했던 모양입니다. 이 운전수가 그때 계엄군에 맞았다는 이유로 5·18유공자로 인정해 달라는 소송을 걸었다는 웃지 못할 보도가 있었습니다. 5·18유공자 되기가 얼마나 쉽다고 소문났으면 이런 황당한 경우가 다 발생할 수 있겠습니까? 초등학교 1학년 여학생을 성추행한 40대 후반의 5·18유공자가 미성년 성추행 상습범이었다 합니다. 그런데 5·18 때문에 정신분열을 앓고 있다는 이유로 불구속 되었다는 보도가 있었습니다.

세월호 유가족은 순국선열의 몇 배에 해당할 수 있는 의사상자 대우를 받겠다 떼를 쓰고 있습니다. 이 세상에 남의 잘못으로 인해 죽는 사람이 세월호에서 죽은 사람들뿐이 아닙니다. 솔직히 제주도로 놀러가는 또는 수학여행 가는 과정에 악질 선주를 둔 배를 탔기에 당한 사고인데 어째서 국민세금으로 일생동안 분수에 넘치게 호강할 생각을 하는 것입니까? 댐에 바늘구멍이 뚫리면 댐이 무너지듯이 5·18유공자라는 것이 존재하기 때문에 너도 나도 떼를 써서 그런 지위를 쟁취하려 드는 것입니다. 국가가 무너지고 있는 것입니다. 7개월 동안 국민은 세월호 유족들의 마음을 헤아려 많은 희생을 치렀고, 많은 호의를 베풀었습니다. 그런 호의를 베푼 국민의 호주머니를 털겠다는 유족의 발상은 솔직히 배은망덕하고 부도덕합니다. 이런 폐단을 없애기 위해서라도 5·18에 관련된 3개 법안은 빨리 무효 처리돼야 할 것입니다.

7

폭력으로 지켜온 5·18성역

5·18재판은 판사들이 기피
광주식 폭력 DNA에 5·18진실 담겨 있어
열기 달아올랐던 5·18규명 행진
'광주'만이 독점한 야만의 라이선스
메아리 없는 광주법원들

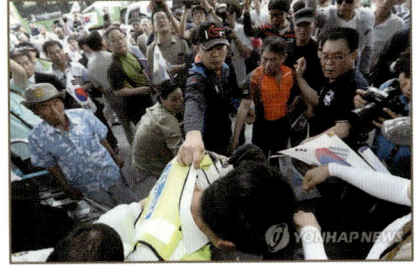

2008년 제가 발간한 4권짜리 다큐멘터리 역사책 『수사기록으로 본 12・12와 5・18』(2,730쪽)의 머리말을 대상으로 5・18단체들이 고소-고발을 했습니다. 머리말 글에서 5・18단체들이 문제를 삼은 부분은 아래의 문장들입니다.

    "필자는 10・26, 12・12, 5・18, 김대중 내란음모, 1995~97년에 걸친 역사바로세우기 재판 이 모두에 대한 기록들을 열람하였다. 이 모든 기록들을 보면서 필자는 5・18은 김대중 등이 일으킨 내란사건이라는 1980년 판결에 동의하며, 북한의 특수군이 파견되어 조직적인 작전 지휘를 했을 것이라는 심증을 다시 한 번 갖게 되었다. 불순분자들이 시민들을 총으로 쏘는 것은 물론 제주 4・3사건에서처럼 잔인한 방법으로 살인을 저질러 놓고, 좌익들이 이를 군인들에게 뒤집어씌우는 소위 모략전을 반복적으로 구사함으로써 민주화운동으로 굳혀가는 '아직도 끝나지 않은 심리적 내전'이 바로 5・18이라고 생각한다."

    그해 6월, 5・18부상자회 회장 신경진, 5・18형제자매가족부상자회 회장 정수만 등 38명이 저를 고발했고, 이들은 또 제 글을 인용한 전사모(전두환을사랑하는모임) 회원 10명을 무더기로 고발하였습니다. 저는 안양검찰 박윤희 여성 검사에 의해 안양법원에 기소되었고, 10명의 전사모 회원들은 대구법원에 기소되었습니다. 이 세상에 재판기록 18만쪽을 5년 동안이나 연구해서 4권짜리 역사책을 썼다고 고발하는 나라가 한국 말고 또 어디에 있겠습니까. 또한 이런 역사 연구 행위를 기소하는 검찰이 어느 나라에 또 있겠습니까. 이 재판(사건 2010고합51)은 2009년 10월 8일 안양지원 405호실에서 첫 심리가 열렸고, 이로부터 1심 14회, 2심 9회 총 23회에 걸쳐 재판을 했습니다. 1심 선고는 2011년 1월 19일에 무죄를, 2심 선고는 2012년 8월 23일에 무죄를 선고하였습니다. 검찰이 상고하였지만, 대법원은 2012년 12월 27일 검사의 상고를 기각했습니다. 이는 역사적 순간이었습니다. 하지만 그 과정은 참으로 험악하였고 진을 빼는 시간들이었습니다.

5·18재판은 판사들이 기피

 1심에서는 재판부가 3번이나 바뀔 정도로 판사들이 이 재판 맡기를 싫어했습니다. 5·18을 건드리면 큰일난다는 사실은 일반 가정주부들까지도 다 아는 상식입니다. 2008년 서울교회 이종윤 목사님이 설교 중에 5·18에 북한특수군이 개입했다 언급하셨습니다. 5·18단체들이 이를 트집 잡아 동년 10월 이후 5·18단체 회원 수십 명이 세 차례에 걸쳐 버스를 대절, 술을 잔뜩 마신 상태에서 서울교회를 찾아와 교인들이 보는 앞에서 행패를 부리고 온갖 공갈 협박을 가했습니다. 결국은 장로들이 광주 5·18묘지를 참배하는 것으로 폭력 행사는 일단락됐지만 목사님은 5·18단체가 제기한 손해배상 청구소송에 시달렸습니다. 물론 승소하셨습니다. 5·18 문제를 건드리면 이처럼 폭력을 당하고 소송을 당하는 것입니다. 5·18 관련 재판을 맡는 판사들은 광주 사람들로부터 많은 저항을 받습니다. 1996년 서울에서 김영삼의 정치적 지휘로 진행됐던 5·18재판, 법정은 온통 광주인들의 북새통으로 점철된 아수라장 그 자체였습니다.

안양에서 저를 피고인으로 하는 5·18재판을 맡은 단독판사들은 재판을 회피했습니다. 이 사건을 가장 먼저 배당받은 단독판사는 첫 회 재판에서 피고인인 저에게 매우 의미심장한 말을 해주었습니다. "피고인, 피고인은 제가 하는 말을 절대 흘려듣지 마십시오. 이 사건은 반드시 변호인이 필요한 사건입니다. 변호인을 꼭 선임하십시오. 다시 한 번 말씀드립니다. 절대 흘려듣지 마십시오."

우익 변호사 모임이라는 모 변호사 모임에 타진해 보니, 1억이라는 이야기가 흘러나왔습니다. 그래서 저는 재판장에게 국선변호인을 부탁했습니다. 재판부가 정해준 국선변호사를 만나보니 첫 마디가 "구속될 수 있는 사건"이라고 했습니다. 학자가 역사책을 썼는데 그 책을 대상으로 재판을 받는 것 자체가 논리적으로는 말이 안 되는 것이지만, 한국 판사들의 일반적 정서가 그렇다는 것이었습니다. 그의 사무실에는 한겨레신문 등이 진열돼 있었습니다. 그래서 서석구 변호사에게 부탁했습니다. 이름도 없는 좌경 네티즌이 재판에 걸리면 5인 정도의 민변 변호사가 이름을 걸고 싸워주는데, 우익 변호사들은 단지 좌익이 아니라는 것뿐이지 우익 투사들을 도와주지 않습니다. 언제나 돈을 요구하는 것입니다. 애국투사들을 무료 지원하는 애국우익 변호사는 없습니다.

제게 유익한 힌트를 준 단독판사는 시간을 끌다가 다른 법원으로 전근 갔습니다. 두 번째 나타난 단독판사, 매우 투박하게 생긴 그는 마치 저를 포함해 법정을 가득 채운 피고인 측 방청객들을 범인 시 했습니다. 금방이라도 저를 감옥에 넣을 듯한 험악한 자세였습니다. 법정에 자리가 남는데도 반 정도만 입정하라고 했습니다. 방청객 쪽에서 조금의 부스럭 소리만 내도 눈을 부라렸습니다. 90분 동안 서석구 변호사의 변론을 들은 후 태도가 좀 누그러졌습니다. 제가 글을 함부로 쓰는 사람이 아니라는 것을 느꼈을 것입니다. 다음부터는 방청객 모두를 입장시키겠다는 누그러진 말도 했습니다. 첫 공판이 끝나자 그는 곧 서석구 변호사에 전화를 걸어 "이 재판은 단독으로 가기가 매우 버거운 재판이니, 합의부로 가는 것이 어떠냐" 이렇게 제안했고, 저와 변호사는 이를 흔쾌히 수락했습니다.

드디어 합의부 재판부가 나타났습니다. 재판장은 이현종 판사, 첫 공판을 열자마자 참으로 기분 상하는 말을 했습니다. "피고인은 지금 불구속 상태에서 재판을 받고 있지만 언제든지 구속될 수 있습니다." 이렇게 험한 말을 재판장으로부터 듣는 저의 심정이 어떠했겠습니까? 1심에서 무려 17개월, 14회의 공판을 통해 저는 광주에 600여 명의 북한특수군이 왔었다는 증거들을 많이 제출하였습니다. 통일부에 보관돼 있는 북한자료를 찾아내느라 많은 시간을 보냈습니다. 날이 갈수록 송곳처럼 따가웠던 재판장의 눈매가 조금씩 부드러워졌습니다.

광주식 폭력 DNA에 5·18진실 담겨 있어

 2010년 10월 29일, 이날은 저를 고소한 5·18부상자회 신경진 회장이 증인으로 출석하는 날이었습니다. 신경진은 재판부의 명령을 두 차례 무시하다가 강제구인에 나선다고 하자 이날 법정에 출두하였습니다. 그런데 광주 사람들 70여 명이 먼저 법원에 들어와 저와 저를 응원하는 분들이 오기를 기다리고 있었습니다. 법정 앞의 넓은 로비를 선점한 광주 사람들은 인간들이 아니라 맹수 그 자체였습니다. 젊은 회원들이 저를 에워싸고 검색대를 통과할 때에도 "지만원 이 씨발새끼, 어디 얼굴 좀 보자"하는 소리와 함께 온갖 쌍욕을 하면서 호위하는 사람들을 제치고 제게 달려들었습니다. "얼굴을 긁어 부려야 한당께", "지만원이 저 개새끼 나올 때 봐라, 뒈질 줄 알아라. 갈아 마셔도 시원치 안탕께."

양쪽 모두 방청석은 24개씩만 허락되었고, 나머지 사람들은 법정 밖에 있는 넓은 로비에서 대기했습니다. 방청석을 얻지 못한 어느 한 40대 주부는 대형 창문 앞에서 밖을 바라보다가 광주의 한 남자로부터 폭력을 당했습니다. 뒤로부터 접근하여 투박한 손으로 귀와 얼굴을 밀어 때렸기 때문에 여성의 귀가 찢어져 선혈이 낭자하고 귀고리가 달아났습니다. 재차 때리려는 것을 어느 남성이 가로 막고 엘리베이터를 통해 1층으로 호위한 후 112에 신고했습니다. 경찰이 출동하여 귀에 난 상처와 핏자국을 사진 찍고 곧바로 법원 3층으로 올라가 범인의 얼굴을 찾으니 어디론가 사라져 버렸습니다.

제가 운영하는 홈페이지 '시스템클럽'에는 필명 정XX님의 소감이 게시돼 있습니다.

"저는 재판정에 입장하지는 못하여서 대기실에서 일어난 일들에 대하여만 말씀드립니다. 호남인들의 피해의식에 가득한 그 당당함에 우리 쪽은 사분오열, 지리멸렬되어 저들의 온갖 욕설과 협박에 무기력한 모습을 보였습니다. 일례로, 많이 쳐주어도 40대 초중반쯤 되었을까 하는 자가 60대로 보이는 우리 쪽 회원에게 '아그야! 니가 뭘 알아서 떠드냐'는 선창과 함께 이어지는 저들의 욕설 …, 칠·팔십대 어르신들이 앉아있는 곳을 향해 시종일관 찐한 전라도 사투리로 욕설을 뱉어내는 저들이 진정 '5·18민주화운동'을 했다는 자들인지요? 5·18이라고 인쇄한 군대식 머플러를 단체로 맞춰 쓰고 남녀노소가 벌이는 집단적인 발작 증세는 연로한 어르신들이 감당하기에 버거운 일이었습니다. 가끔 바른소리하시는 어르신들은 이들의 표적이 되어 집단 광기에 희생양이 되었고 이 상황에 고무된 자들이 더욱 공격적으로 나서서 어느 어르신의 태극기 뱃지까지 뺏으려는 만행을 저지르자 우리 쪽 회원분이 겨우 제지시켰습니다. 어제의 일은 호남에 대한 부정적인 저의 시각을 더욱 증폭시키는 것에 지나지 않고 이 더러운 일들을 기억하고 싶지 않았기에 글을 올리지 않으려고 했고, 정말 간단히 쓰려고 했습니다. '쪼사버릴 새끼들', '갈아 마셔 버리겠다', '오늘 아무나 년이든 놈이든 한 놈 걸려라, 작살을 내 버리겠다', '광주에 대해 너거들이 머 안다고 개지랄이냐', '일당 얼마 받고 쓰잘 데 없는 짓을 하느냐', '광주를 비난하는 너거들이 빨갱이 새끼들이다.' 녹음기를 가져 오지 않은 게 후회가 되었습니다. 완전히 정신병동을 법원으로 옮겨 온 것 같았습니다. 뚱뚱한 여자들이 남자들보다 더 패악적, 전라도 광주의 말투가 그렇게 살벌하고 추악스러운지 새삼 느꼈습니다. 시비가 생길 것을 우려하여 상대하지 말라는 글을 읽지 않았다면 진짜 욱할 뻔 했습니다. 당장이라도 이 나라를 떠나버릴까 하는 생각이 듭니다."

301호 법정에 들어서자 재판장은 5·18부상자회 신경진 회장과 피고인 측의 변호인 및 저를 재판장실로 불러 양측의 방청객들의 질서를 잘 잡아 달라고 부탁했습니다. 이 때 신경진 회장은 방청객들이 검은 바탕에 흰색으로 5·18이라 쓴 머플러를 법정에서 착용하게 해달라고 재판장에 요청했고, 재판장은 피고인 측에 동의를 구한 후 이를 허락했습니다. 이 머플러에는 '5·18'이 아니라 '5018'로 적혀 있었습니다. 5공에 대한 욕이었습니다.

법정 질서에 대해 간곡한 부탁을 받았지만 광주 사람들은 성난 맹수처럼 설쳤습니다. 변호인이 질문을 하나씩 할 때마다 소리를 지르고 변호사에게 쌍욕을 퍼붓고 일어서서 삿대질을 했습니다. 재판장이 수십 차례 주의를 주었지만 그 효과는 불과 몇 분이면 소멸됐습니다. 너무 소란스러워 재판장이 인내할 수준을 넘어서면 재판장은 시원한 냉수를 마시고 마음을 진정시키라는 부탁과 함께 휴정을 선언했습니다. 이런 휴정이 3번이나 있었습니다. 재판장은 휴정을 3번씩이나 하는 재판은 이번이 처음이었다고 말했습니다.

재판장은 궁여지책으로 변호인이 신경진을 향해 묻는 질문지(신문내용)를 여러 개 복사해서 질문지는 재판장, 검사, 신경진(증인), 변호인, 피고인에 하나씩 주었습니다. 이렇게 해서 재판장은 변호인이 신경진에게 묻는 질문내용을 방청객이 알아들을 수 없게 "74번, 그게 사실인가요?" 하는 식으로 암호를 사용했습니다. 1시간이면 끝날 재판이 2시간 20분 정도나 걸렸습니다. 1980년 5·18 때 지독한 매너로 가두방송을 해서 수많은 계엄군 병사들이 쏘아버리고 싶었다고 했던 전옥주(전춘심)가 방청석에서 가장 시끄럽게 소란을 피웠습니다. 그리고 재판이 끝난 다음에도 "에이 봅시다. 재판장님, 나 할 말 좀 있으니 들어보소" 하며 재판장을 향해 삿대질을 했습니다. 이 무서운 여인, 법원 직원들이 에워싸고 간신히 내보냈습니다. 그리고 저는 비밀통로를 통해 나왔습니다. 5·18이 무엇인지 잘 모르는 사람들도 5·18사람들이 저런 사람들이라는 것을 구경하면서 5·18이 무엇인지를 저절로 깨달았다 말들 합니다.

신경진 회장은 재판장 앞에서 필자와 변호인에게 악수를 청했고, 질문에 대답하는 과정에서도 꼬박꼬박 "지만원 박사님"이라는 말로 예우를 했습니다. 가장 놀라웠던 사실은 휴정을 했을 때 신경진 회장이 변호인과 제가 나란히 앉아있는 자리에 와서 의외의 말을 하였다는 점입니다. "지만원 박사님께서 법원에 제출하신 답변서들을 읽으니 나도 모르게 빨려듭디다. 이래서는 안 되겠다 싶어 문서를 덮었습니다."

그리고 2011년 1월 19일, 재판장은 제게 무죄를 선고하였습니다. 판결의 취지는 이러했습니다.

"5·18의 범위는 매우 넓다. 5·18 시위에 가담한 사람, 5·18을 지지하는 사람, 5·18단체에서 근무하는 사람 등 그 범위가 실로 넓다. 피고인은 5·18에 대한 역사적 평가를 했고, 그 과정에서 그 어느 사람의 이름도 지칭한 바 없으며, 좁은 의미의 단체도 지명한 적이 없다. 단지 5·18은 역사적 사건임으로 그 역사적 사건에 대해 연구를 했을 뿐이지 사람이나 단체의 이름을 적시한 바 없다. 피고인은 역사책의 머리말을 썼다. 피고인이 쓴 역사책의 분량은 매우 많다. 그 많은 분량은 역사를 규명하기 위한 것이지 특정인의 명예를 훼손하기 위해 쓴 글이 아니다. 그런데 그 중 극히 일부의 글을 따로 떼어내 그것이 글의 전부인양 확대하여 명예훼손으로 고소하는 것은 옳지 않다."

이러한 판결은 2심과 3심에서도 계속 유지됐습니다. 2012년 12월 27일, 대법원이 최종으로 검사의 상고를 기각함으로써 북한특수군이 광주에 참전했다는 표현은 얼마든지 할 수 있게 되었습니다. 5·18의 '5'자만 건드려도 폭력이 쏟아지고 법원의 처벌을 받던 5·18의 세도와 횡포, 이제는 더 이상 존속할 수 없게 되었습니다. 대법원의 최종 판결이 나오자 저는 트위터를 통해 5·18의 진실을 알리는 수많은 단문을 써서 세상에 알렸습니다. 트위터가 갑자기 요란해졌습니다. 트위터가 요란하니 종편방송들이 이야기나 들어보자며 가벼운 매너로 저를 불렀습니다. 먼저 2013년 1월 16일, 채널A가 저를 초청하였습니다. 저는 이것이 기회이다 싶어 북한책들과 제가 쓴 책을 한아름 안고 출연했습니다. 아래 사진에서 제 옆에 쌓인 책들이 바로 그런 책들이었습니다.

지만원 출연(2013. 1. 16)

지만원 출연(2013. 1. 16)

지만원 출연(2013. 1. 16)

열기 달아올랐던 5·18규명 행진

앞 영상들에는 제가 쓴 5·18책들이 화면을 가득 메우고 있습니다. 아마 이 정도의 광고를 돈을 주고 하려면 상당했을 것입니다. 생전 처음 들어보는 특수군 600명, 그들은 매우 의아한 주제라며 저에게 설명을 재촉하였습니다. 저는 앞에서 설명드린 내용들을 요약해서 설명했습니다. 남녀 진행자들 모두가 즉시 소화를 하면서 제 논리에 동의하였습니다. 이 방송은 엄청난 반향을 불렀습니다. 이후 조선과 동아 등 종편방송들은 서로 경쟁적으로 5·18의 진실 규명을 위해 5·18전문가들과 탈북자들을 방송에 초청했습니다. 5·18역사 새조명에 대한 방송 인기가 충천했습니다. 이런 방송은 TV조선과 채널A에서 경쟁하듯이 진행되었습니다.

인기가 상승하자 2013년 4월 22일, TV조선이 황장엽과 김덕홍의 묻혀

졌던 증언들을 그들과 최초로 접촉했던 전 월간조선 편집장 김용삼씨를 통해 폭로했습니다.

"5·18은 북한이 주도하여 일으킨 후 남한에 덮어씌운 것이고, 사건이 끝난 다음 대남공작 부서인 통전부 친구들이 무더기로 훈장 받고 술 파티까지 했다."

남한으로 귀화한 두 사람이 북한의 거물급이었던 것만큼 폭로의 반향도 대단했습니다. 그 엄청난 폭로는 1998년 7월호 월간조선에 실을 예정으로 당시 월간조선 편집장에게 제출되었지만 국정원의 집요한 방해로 무산되었다 합니다. 이런 사실을 놓고 2013년 4월의 국민들은 당시 월간조선과 국정원 사이에 모종의 딜이 있었을 것이라는 정당한 의혹들을 제기하였습니다. 하지만 이 의혹은 지금까지도 공개적으로는 풀리지 않은 상태입니다.

이어서 2013년 5월 15일, 채널A가 잠자는 국민을 깨우는 매우 충격적인 보도를 했습니다. 실제 북한특수군으로 광주에 참전했던 김명국(가명)이 채널A에 나와 증언을 한 것입니다.

"내가 북한특수군으로 5·18광주 작전에 문제심 대장을 호위하고 왔던 사람이다. 문제심은 2006년 내가 탈북할 당시 남한으로 말하자면 국방차관을 하고 있었다. 나는 내가 속한 조원의 이름들을 기억한다. 나도 5월 27일 새벽, 계엄군을 향해 발사를 하여 3명이 쓰러지는 것을 보았다."

이러한 내용은 2006년 그가 탈북했을 때 합동심리반에 진술했던 내용 그대로라 했습니다. 당시 합동조사반은 그가 진술하는 도중에 생긴 모든 의문점에 대해 집중적으로 따졌다 했습니다. 김명국의 이번 방송 출연은 5·18측 사람들에 엄청난 충격을 주었습니다. 다급한 나머지 광주 사람들은 아무런 근거 없이 김명국을 허위 사실 유포 혐의로 광주검찰에 고발하였습니다만 그를 조사해야 하는 경기도 검찰은 그를 부르지도 않고 종결처리 하였습니다. 아마도 그가 합조반에 남긴 기록이 확인되었기 때문일 것입니다. 이로써 5·18작전에 북한특수군이 참전한 것은 공식적인 사실로 인정된 것입니다. 세상에 이처럼 확실한 증거가 어디 또 있겠습니까? 5·18측이 코너로 몰렸습니다. 5·18에 대한 광주인들의 대국민 사기행각이 들통나는 결정적인 순간이었습니다. 제가 바친 12년의 노력이 결실을 보는구나, 신나는 순간이었습니다.

그런데 이 어인 낭패이란 말입니까. 이때 박근혜 대통령이 2013년 5월 18일, 광주로 날아가 5·18행사에 참석했습니다. 적색가요 "임을 위한 행진곡"을 부를 때 태극기로 박자를 맞추며 호응했습니다. "5·18은 민주화운동이니 딴 소리 말라"는 무언의 압박이었습니다. 그가 5·18에 대해 어떻게 생각하는지는 2012년 7월 26일, 광주의 5·18묘지를 혼자 찾아간 사실에 잘 나타나 있습니다. 새누리당 비대위 위원장 시절, 박근혜 대통령은 '조용히' 이학재 비서실장 한 사람만 대동하고 5·18묘지를 찾아 비석을 쓰다듬었습니다. 그리고 합동연설을 통해 "아무에게도 알리지 않았다. 인간 박근혜로 돌아와 '광주의 마음'과 진심으로 마주하고 싶었다"고 밝혔습니다. 공식행사에 참석한 것과 혼자 조용히 찾아가,

개인적 애정과 개인적 추모의 마음을 바친 것 사이에는 하늘과 땅만큼의 차이가 있는 것입니다.

5・18에 대한 박근혜 대통령의 특별한 애정 표시에 고무된 광주 사람들, 참으로 대단하였습니다. 2013년 6월 10일, 서울로 대거 몰려와 전두환의 집과 종편 방송국들에 들이닥쳐 폭력을 행사한 것입니다. 5・18의 명예를 훼손하는 방송들을 즉시 처벌하고, 전두환의 재산을 몰수하라며 폭력 시위를 벌였습니다. 그리고 이들이 이날 주장했던 모든 것들은 그 후 즉시 100% 이행됐습니다. 광주 사람들은 확실하게 1등 국민 대우를 받고 있었습니다.

TV조선 사옥 앞에 서 있는 경찰들에 밀가루 살포
(2013. 6. 10)

채널A 건물 유리벽을 공격하는 광주인(2013. 6. 10)

채널A 건물 유리벽 공격. 공격 도구는 도로통제용 철제품(2013. 6. 10)

광주인들 앞에 주눅 든 경찰 모습. 5·18 당시의 경찰 모습 연상(2013. 6. 10)

추징금 내놔라, 연희동 전두환의 집 앞에서 항의하는 5·18 광주 시민들

제7부 폭력으로 지켜온 5·18성역

이에 김관진 당시 국방장관이 가장 먼저 나섰습니다. 5월 27일에는 대변인을 통해 그리고 5월 30일에는 강운태 광주시장을 만나 2007년 7월 24에 발행한 '국방부과거사진상규명위원회'(위원장 이해동 목사, 목포 출신)가 조사한 조사결과보고서(570쪽)를 인용하여 북한특수군이 광주에 개입한 사실이 없다 하였습니다. 가치 없는 옛날 자료를 근거로 한 답변이었습니다. 이에 고무된 광주 사람들은 수십 명의 변호사들을 모아 '5・18대책위'를 만들어 놓고, 누구든 5・18의 명예를 훼손하는 행동을 하면 용서하지 않고 법적으로 대응할 것이라고 위협하였습니다. 탈북자들을 포함하여 양개 종편 방송에 출연한 사람들을 광주지검에 고발하였습니다. '우익청년 사이트'로 알려진 '일베'에서 5・18을 비난한 청년들을 상대로 무차별 고발을 하였습니다. 모두 10여 명이었습니다.

광주 사람들이 공포분위기를 조성하고 있을 때, 정홍원 국무총리가 여기에 동참하여 광주 사람들의 기를 한껏 살려주었습니다. 그는 2013년 6월 10일, 국회 대정부질문 과정에서 민주당 임내현 의원으로부터 "5・18민주화운동을 왜곡하는 일베의 패륜행위에 대해 어떻게 생각하느냐"는 질문을 받고 민주당 시각에 적극 호응하면서 민주주의 국가의 총리로서는 해서는 안 될 아래와 같은 취지의 망발을 하였습니다.

"5・18에 북한군이 개입하지 않았다는 것이 정부의 판단이다. 이에 반하는 표현은 역사 왜곡이고, 역사 왜곡은 반사회적 행위로, 이에 가담한 일베 회원들의 글은 삭제 등의 적절한 조치를 취하고, 북한특수군 개입을 증언시킨 방송들은 방통위를 통해 제재할 것이며 역사 왜곡자들은 검찰

조사를 받게 될 것이다."

'정부의 판단'과 다른 판단 또는 다른 표현을 하는 것을 역사 왜곡으로 규정하고, 역사를 왜곡하는 국민들에 대해서는 그들의 표현을 삭제하고 중징계를 내리고 검찰수사를 전개하도록 하겠다는 것입니다. '정부의 판단'과 '정부의 입장'에 어긋나는 표현을 표출하는 국민을 처벌하는 것은 전체주의 국가에서나 가능할 일일 것이며, 민주주의의 근간을 허무는 시대착오적 망언이라 할 것입니다. 민주주의는 수많은 국민들의 지혜와 생각을 공론의 시장을 통해 수렴하는 방법으로 공공선(Public Good)을 추구하는 정치시스템입니다.

방송 출연자들이 "북한특수군이 광주에 왔다"고 주장하는 데에는 논리와 팩트들이 있습니다. 그러면 "그렇지 않다"고 주장하는 광주 사람들도 방송에 출연하여 논리와 팩트를 가지고 다투어야 할 것입니다. 이것이 민주주의입니다. 그런데 광주 사람들은 여러 차례 이런 공개토론을 제의받았지만 나서지 않았습니다. 그리고 무슨 힘을 그리 많이 가졌는지 떼로 몰려다니며 때려 부수고 압력을 넣고 정치인들과 행정부 요인들을 마치 5·18의 수하세력인 것처럼 부리고 있는 것입니다. 광주 사람들의 이 막강한 정치 파워가 이 나라에서 판을 치는 한 5·18의 진실은 국민들에 널리 알려질 수 없을 것입니다. 이치와 사리가 이러함에도 일국의 국무총리가 감히 이런 전근대적인 발언을 한 것은 현대판 분서갱유 사건이요, 민주주의에 대한 일대 반역사건이라 규정해도 무방할 것입니다. 이는 국무총리로서의 직권을 남용하여 민주주의의 근간을 허물고 국민 기본권을 말살하는 범죄행위로 5·18역사에 기록돼야 할 엄중한 발언일 것입니다.

국무총리의 이러한 방침을 방송통신심의위원회가 받들었습니다. 9명 (박만, 권혁부, 김택곤, 엄광석, 장낙인, 구종상, 최찬묵, 박성희, 박경신)의 위원들은 2013년 6월 13일, 만장일치로 TV조선 및 채널A의 방송진행자들에 대해 중징계할 것을 의결하였습니다. 이 두 방송국에 대해 방송 재허가 문제를 들먹이면서 국가기관의 파워를 휘둘렀습니다. 증명되지 않은 내용을 방송하였다는 것이 그 이유였습니다. 참으로 무식한 말입니다. 증명은 공론의 시장에서 다투어야 이루어지는 것입니다. 민주주의가 무엇인지 조차 모르는 사람들이 방통심의위를 가득 채운 것입니다. 이들 9명은 두 종편방송 진행자들에게 강제로 사과방송을 하게 했고, 감봉이라는 중징계조치를 내렸습니다. 진행자들은 울었습니다. 방송들은 더 이상 5·18을 다루지 못하게 됐고, 그 일로 출연했던 사람들도 방송출연이 금지되었습니다. 이 뿐이 아닙니다. 광주 사람들이 전두환의 사저 앞에 가서 전두환 추징금을 끝까지 추징하라는 시위를 하자 검찰은 그들이 찾아낼 수 있는 모든 재산을 전두환으로부터 몰수했습니다.

5·18 광주 시민들의 뜻이 100% 이루어진 것입니다. 이 나라에서 가장 큰 세도 세력이 광주세력입니다. 이 나라 행정부가 5·18성역을 지켜주는 성문 전사로 추락한 것입니다. 2012년 12월 27일, 대법원은 누구나 "5·18에 북한특수군이 참전했다"는 내용을 공론의 장에서 말해도 된다고 판시하였습니다. 그런데 2013년 6월, 국무총리와 방통심의위원 9명은

"그 내용은 증명되지 않은 내용임으로 공론의 장에서 말하면 안 된다"며 처벌을 한 것입니다. 대법원 판시를 국무총리가 무시한 것입니다. 이런 국가를 누가 존중하겠습니까? 저는 민주주의의 근간을 허문 국무총리 정홍원과 방통심의위원 9명을 고발하였지만, 검찰은 아무런 이유 없이 각하하였습니다. 대한민국 실정 하에서 검찰이 이를 사건화하리라고는 생각하지 않았습니다. 하지만 아마 그들은 그들의 지각 없는 권력 남용에 대해 감시당하고 있다는 사실을 깨달았을 것입니다.

여기까지는 청와대가 직-간접으로 개입한 일사불란한 탄압 행위로 보입니다. 대통령은 일일이 그의 입을 통해 지휘하는 것이 아닙니다. 분위기를 만들면 그게 곧 명령인 것입니다. 저는 믿습니다. 만일 박근혜 대통령이 5·18의 진실을 바로 안다면 이런 지휘를 하지 않을 것으로 생각합니다.

'광주'만이 독점한 야만의 라이선스

    2002년 8월 16일 및 20일, 저는 동아일보와 문화일보에 "대국민 경계령! 좌익세력 최후의 발악이 시작됩니다"는 제목의 광고를 냈습니다. 국민들에게 시국을 자세히 설명하는 4,500자의 칼럼형 광고였습니다. 광고문의 전체적인 메시지는 "김정일이 김대중을 통해 대한민국을 통치하고 있으며, 그 증거들은 이러 이러하다"는 실로 소름이 끼칠 정도의 직격탄이었습니다. 권력이 시퍼렇게 살아 있을 때 대통령을 빨갱이로 몰아간 것입니다. 이 광고문은 당시의 역사를 가장 적나라하게 묘사한 것이라고 생각되기에 전문을 부록에 실었습니다.

    김대중 정부는 위 광고 내용에 대해서는 트집을 잡지 못했습니다. 모두가 사실 자료로 뒷받침돼 있었기 때문입니다. 그 대신에 임동원 당시 국정원장을 통해 저를 집중 도청하고 뒤에서 은밀하게 해코지 하였습니다. 모든 언론활동, 강연활동이 동결되었습니다. 1999년부터 저를 집중 도청했다는 사실은 검찰에서 인정되었고, 그 사실로 인해 임동원이 2005년 11월 14일, 사전 구속되었습니다. "자기 방어능력이 없는 순수한 자연인 지만원을 왜 도청했느냐"는 것이 사전 구속영장 청구 이유의 핵심이었습니다. 2009년, 저는 이 일로 임동원으로부터 2,000만원의 위자료를 받아냈습니다.

2002년 8월의 이 광고문을 읽으신 많은 국민들께서 제게 격려전화를 주셨지만, 호남인들로부터는 도끼로 머리를 두 쪽 내겠다는 등의 험한 전화가 폭주했습니다. 민주당은 2회에 걸쳐 성명서를 내 지만원을 처벌하라 강경 대응을 주문했고, 오마이뉴스는 저를 정신분열증환자로 매도했습니다. 이어서 실질적인 공격이 시작되었습니다. 제1진으로 5·18단체가 나섰습니다. 5·18부상자회 회장 김후식이 2002년 8월 20일, 검은 유니폼을 입은 11명의 조폭을 이끌고 올라와 다수의 경찰이 보는 앞에서 충무로 소재 제 사무실을 부수고 건물주에게 협박을 가하면서 "사무실을 거두어들이겠다"라는 각서까지 받아갔습니다. 이어 안양 소재 제 아파트로 달려와 수많은 주민들이 보는 앞에서 차를 부수고, 현관출입문을 부수며 무력시위를 했습니다. "지만원은 빨갱이 새끼인데 왜 주민들은 이런 빨갱이를 그냥 두느냐" 소리쳤습니다. 주민들로부터 빈축을 받자 이들은 영화에서 보는 것처럼 일제히 허리를 굽혀 "소란을 피워 죄송합니다" 외치고 갔습니다. 이러는 동안 저와 제 가족들은 중부 경찰서로부터 피신하라는 사전 연락을 받고 피해 있었고, 경찰들은 이들의 난동과 폭력을 지켜만 보고 있었습니다. 이들이 타격한 아파트 철문은 지금도 흉하게 우그러져 있습니다. 대한민국 위에 광주 공화국이 있었습니다. 이는 지금도 매 한가지입니다.

　제2진이 오마이뉴스와 MBC 손석희였습니다. 이른 아침 전화를 연결한 손석희 앵커가 "현직 대통령을 드러내 놓고 빨갱이라고 하시는데 한 가지 근거라도 대 보십시오"라고 다그쳤습니다. 저는 "김대중은 23세에 노동당에 가입했고, 광주사태를 배후 조종했으며, 대통령이 되어서는 알게 모르게 적장에게 군자금을 대주면서 지뢰 제거, 남침통로 건설 등 남한의 안보를 통째로 허문 확실한 좌익입니다"라고 말했습니다. 이는 아침 7:30분 인기프로를 청취하는 국민에 생방송 되었습니다. 제 말에 당황한 진행자가 서둘러 전화 연결을 중단했습니다. 훗날 손석희 앵커는 MBC에 들린 제게 "지난번 선생님 때문에 많은 어려움을 받았습니다"라며 씁쓸하게 말한 바 있습니다. 오마이뉴스는 저를 보고 출세하고 싶어 달을 보고 울부짖는 늑대라고 공격하였습니다. 손해배상 청구소송을 냈습니다. 1심에서는 제가 500만원을 받도록 승소했지만, 2심은 제가 당할 일을 저질러 공격받았다며 제게 패소판결을 내렸습니다.

　그런데 이 광고문에는 "광주사태는 소수의 좌익과 북한에서 파견한 특수부대원들이 순수한 군중들을 선동하여 일으킨 폭동이었습니다"라는 46자의 문장이 들어 있었습니다. 표면적으로 저를 묶어갈 수 있는 광고 문장은 이것 뿐이었습니다. 이 46자 표현이 5·18의 명예와 5·18로 사망한 사람들의 명예를 훼손하였다며 목포과학대 이동춘(43) 교수, 부상자회 김후식, 정수만, 나간채, 이성길 등이 고소-고발을 해 왔습니다.

광주검찰청 최성필 검사가 광주지검으로 출두하라는 통지서를 보냈습니다. 이에 대해 저는 광고문을 쓴 지역이 서울이었고, 거주지는 안양이어서 광주검찰이 저를 광주로 불러 조사하는 것은 형사소송법 제4조1항의 토지관할 규정을 정면으로 어기는 것이라며 서울이나 수원으로 사건을 이송해 달라고 했습니다. 그리고 광주검찰의 조치를 기다리고 있었습니다.

그러던 2002년 10월 22일 16:00시, 최성필 검사실 조사계장 김용철이 광주 서부경찰서 순경 3명(이일남, 박찬수, 이규행)을 이끌고 제 아파트에 침입했습니다. 운동 후 샤워를 하고 팬티바람으로 있는 저를 옷도 입지 못하게 하면서 무작정 끌어내려 했습니다. 체포영장이라며 종잇조각과 '대검찰청'이라 쓰인 신분증을 눈앞에 슬쩍 스치게 하면서 자세히 좀 보자는 제 요구에 대해 "너 같은 새끼에게 이런 걸 왜 자세히 보여주냐"며 달려들어 팬티만 입은 저를 끌어냈습니다. 가족의 강력한 항의로 겉옷만 간신히 입힌 채 아이들이 보는 앞에서 수갑을 뒤로 채웠습니다. 이 광경이 가슴에 각인된 가족과 아이들은 전라도 사람이라면 지금도 분노합니다. 저를 뒷좌석 한가운데 앉힌 네 사람, 차안에서 그들이 하고 싶은 일을 다 했습니다.

"니미씨팔 좆 같이, 뭐 이런 개새끼가 다 있어. 야, 이 씨발놈아, 니가 시방 5·18을 씨부렀당가. 네깟 놈이 무얼 안다고 감히 5·18을 씨부러. 이 씨발 개새끼, 가다가 목을 비틀어 파묻고 가야 한당께, 뭐 이런 싸가지 없는 개새끼가 다 있어. 야, 이 새끼야, 너 이회창으로부터 얼마나 받아 처먹었냐, 이런 새끼가 무슨 대령 출신이야, 이런 새끼가 무슨 육사 출신이야,

대령질하면서 돈은 얼마나 받아 챙겼냐, 부하 꽤나 잡아 처먹었을 거다. 이런 쥐새끼 같은 개새끼, 우익새끼들은 모조리 밟아 죽여 없애부러야 한당께. 너 이새끼 가다가 죽을 줄 알아, 너를 때려 죽여서 파묻어도 증거가 남냐? 증거가? …"

자식뻘 되는 검찰 및 경찰들로부터 6시간 동안 차에 갇혀 들었던 욕의 대강입니다. 표현 자체가 혐오스러워 출판물에 그대로 기재되는 것은 일반적으로 피해야 하겠지만, 이 책은 5・18의 역사를 규명하는 책이기에 그대로 기재하는 것이 더 가치가 있다고 생각하였으니 양해하여 주시기 바랍니다. 6시간 동안 안양에서 광주로 호송되는 동안 수갑을 뒤로 채인 채 찰싹 찰싹 뺨도 맞고 머리도 수없이 쥐어 박혔습니다. 저는 세상을 하직할 때까지 이들을 기억해야 한다고 생각했습니다. 호송되는 동안 최성필 검사와 이들의 소속기관인 광주 서부경찰서로부터 받는 전화였는지, 이들은 각기 전화를 받았습니다. "네, 김용철입니다", "네, 이일남입니다", "네, 박찬수입니다", "네, 이규행입니다."

수갑을 뒤로 채이면 보통 사람은 단 10분을 견디지 못할 것입니다. 생지옥의 아픔과 모욕 속에서 저는 수없이 이들의 이름을 잊지 않기 위해 가슴에 적었습니다. 화장실에 가고 싶다 했다가 몰매를 맞았습니다. "야 이 씨발 개새끼야, 바지에 흥건히 싸부러, 좆대가리를 팍 뭉개버리기 전에" 광주 검찰청에 도착했습니다. 화장실에 가고 싶다 했더니 바짝 옆에 붙어 "이 씨발놈아 빨리 싸부러" 최성필 검사실의 또 다른 조사관(이름 모름)이 옆에 붙어 채근했습니다. 금수만도 못한 존재들이 광주 사람이라는 생각이 뼛속에 사무쳤습니다. 물론 일반론입니다. 수갑을 뒤로 채였는지라 팔과 손가락이 퉁퉁 부어 움직여지지가 않았습니다.

최성필 검사가 저를 보더니 곧 잡아먹을 듯이 노려보며 삿대질을 했습니다. "당신이 뭘 알아, 당신 이회창에게서 얼마나 먹었어, 돈 벌려고 한 짓 아냐? 이 개새끼 수갑 풀어주지 말고 밤새워 조사해." 2시간 이상 더 수갑을 뒤로 채인 채 조사를 받았습니다. 수갑을 뒤로 채운 채 6시간을 이동하고 2시간 이상 조사를 받았기에 팔과 등이 손바닥 두께만큼 부어올랐습니다. 그 부기는 거의 4개월이 지나서야 가라앉았습니다. 광주 구치소 의무관은 어깨가 아프다며 약을 지으려는 저를 보더니 "이 사람들 왜 고소하지 않습니까? 변호사가 없습니까?" 딱하다는 듯 분노를 표시했습니다.

검사로 보이는 이웃 사무실 여성이 치마폭을 날리며 살랑살랑 최성필 검사실로 걸어 들어왔습니다.

"오미, 이 자가 지만원이라는 그자랑가 잉? 아이, 이 보소, 얼굴 좀 들어 보소 잉, 당신 눈에는 광주 시민 전체가 빨갱이로 보이요? 당신 눈에는 여기 있는 우리가 빨갱이로 보이요? 이 자도 인간이랑가 잉~, 참말로라 잉, 광주가 아니었다면 한국에 무신 민주주의가 생겼겠소. 어림도 없재이 잉~ 이 보소, 당신이 시스템공학 박사요 엥? 시스템공학이란 게 있당가, 어디서 학위를 받았소? 처음 듣는 건디, 이거 가짜 아닝가벼, 좀 알아봐야겠구만, 어이 좀 알아보소 잉."

제가 광주지법에서 처음 만난 판사는 정경헌 부장판사(1957, 전남 함평), 그는 10월 24일에 영장실질심사를 진행했습니다. 44세의 그 판사는 광주에 변호사 사무실을 운영하면서 제 변호를 맡은 66세의 이근우 변호인에게 막말을 하였습니다. "변호인은 광주 시민들에게 무슨 욕을 들으려고 서울 사람의 재판을 맡았소." 아버지뻘 되는 선배 법조인에 모욕을 가한 것입니다. 이때 무료변론을 맡은 서울변호사인 임광규, 정기승, 강신옥, 이종순 변호사는 참석하지 않은 상태였습니다.

이근우 변호인이 저의 경력과 훈장받은 사실들을 나열하자 "시끄럽소, 지저분한 신문은 집어치우시오"라고 또 한 차례 면박을 주었습니다. 이어서 저를 삼킬 듯이 노려보면서 "당신이 광주에 대해 무얼 아요? 나는 내 눈으로 똑똑히 보았소. 구속영장은 발부되요. 이상이오."

10월 30일, 구속적부심 재판이 열렸습니다. 김용출 부장판사(1959년생, 전남 장성)가 시니컬하게 웃으면서 "나의 형님도 아무런 죄 없이 계엄군에 가서 몇 시간 동안 고초를 받고 왔소. 이런 건 어떻게 해석해야 되요?" 형사소송법 제15조는 지역 정서가 작용하는 본 사건을 광주지법 이외의 다른 지역 법원으로 이송하도록 규정하고 있습니다. 저의 서울지역 변호인들은 이 지역 정서와 토지관할권을 이유로 관할이전 신청을 3회씩이나 냈지만 광주지법은 막무가내였습니다. 대법원에 상고를 했지만 대법원은 광주에서 재판받는 것이 적법하다고 판결했습니다. 이 대법관들은 강신욱(재판장), 조무제(주심), 유지담, 손지열이었습니다.

메아리 없는 광주법원들

광주 구치소에 101일간(2002. 10. 22~2003. 1. 28) 있으면서 저는 볼펜을 가지고 5회의 답변서와 구속에 항의하는 2회의 항의서를 써서 냈습니다. 대표적인 문장만 아래에 발췌합니다.

<2002. 11. 3. 제1회 답변서>
광주 최성필 검사는 "광주사태는 소수의 좌익과 북한에서 파견한 특수부대원들이 순수한 군중을 선동하여 일으킨 폭동이었습니다"라는 문구가 허위 사실 적시라고 주장합니다. 주장의 유일한 근거는 논리와 자료가 아니라 단지 국회가 특별법을 만들어 5·18민주화운동으로 규정할 것을 의결했다는 사실 자체뿐입니다. 검사의 주장대로라면 역대 국회가 의결한 것이면 모두가 '진실된 사실'이며, 이에 어긋나는 비판과 사관은 '허위 사실'이 되는 것입니다. 이는 소가 웃을 전근대적인 주장입니다.

분서갱유의 암흑시대를 연상케 합니다. 역사 연구는 학자가 하는 것이지 정치인들이 하는 게 아닙니다. 학자의 영역을 정치인들이 침범하는 것은 전체주의에서나 있을 수 있는 일입니다.

현 대통령은 50여 년 전에 대법원에서 '좌익폭동'으로 판결한 제주 4·3사건에 대한 역사를 재평가하고 좌익들의 명예를 회복시켰습니다. 50여 년 전의 역사는 재평가해도 되고, 20여 년 전에 발생한 광주사태는 역사적 재평가의 대상이 될 수 없다는 것이 무슨 뜻입니까? 운동의 목표는 구호에 담겨 있습니다. 당시의 구호들은 민주화운동 구호와는 거리가 있었습니다. "김대중을 석방하라", "주한미군을 몰아내자", "보안법과 반공법을 철폐하라", "공무원과 군발이를 몰아내자", "사회주의 건설을 앞당기자." 이들을 어찌 민주화구호라 할 수 있습니까?

<2002. 11. 9. 답변서>

피고인은 피고인의 표현이 사실이라고 믿을 만한 충분한 자료와 근거에 기초했다는 것을 재판부에 증명해야 합니다. 그런데 이 자료들은 피고인만이 마련해 둔 각종 형태의 자료, 즉 컴퓨터, 문서, 복사물, 책자 등에서 많은 시간을 들여 뽑아내야 합니다. 이는 단순한 교통사고나 사기사건 등과 같이 변호인이 대신할 수 있는 일이 아닙니다. 검찰과 피고인의 다툼에서 한 쪽의 손발은 풀어주고 다른 쪽의 손발은 묶어 놓은 채 경쟁을 하라는 것은 심히 불공정한 인권 유린이라 아니 할 수 없으며 재판의 승복력을 잃는 부끄러운 행위라 아니 할 수 없습니다. 피고인은 구속 재판을 받아야 할 이유가 전혀 없는 사람입니다. 이런 사람을 더구나 감정 대립의 당사자인 광주가 장기간 구속 수감한 채 불공정한 재판을 받게 하는 것은 "앞으로 누구든 광주를 건드리면 본 때를 보여주겠다"는 대국민 협박이라 아니 할 수 없습니다. 대한민국 위에 광주 공화국이 군림한다는 느낌을 정말로 지울 수 없습니다. 피고인은 '광주의 원칙'이 아닌 '대한민국의 원칙'에 따라 대우받기를 원합니다.

<2002. 11. 27. 답변서>

행실이 고와야 양반이라 합니다. 광주가 대한민국 민주주의의 상징이라면 하는 행동도 양반다워야 합니다. 권위와 명예는 남이 인정해 주는 것입니다. 광주 역사 역시 외부자 시각으로 써야 객관성과 승복력이 있습니다. 지금 지내놓고 보니 광주의 민주화는 남이 인정해 준 게 아니라 광주인들이 피고인에게 보여준 바의 폭력-린치-세도에 의해 탈취한 것으로 보입니다.

<2002. 12. 2. 답변서>

학자의 역사관을 법정에 세운다는 것은 민주주의 시대가 갑자기 '분서갱유'의 암흑시대로 후퇴하는 것이 아닌가 하는 공포감을 주기에 충분합니다. 본 사건은 누가 봐도 '학자의 객관적 사관'과 '호남인들의 주관적 감정' 간의 정면 대결입니다. 비록 법복을 입기는 했지만 호남출신 판사들 역시 본질적으로는 호남 정서를 가진 호남인들에 틀림없으며, 광주지법 법관들의 감정적인 지역정서는 이미 4명의 법관(체포영장발부 판사, 구속영장발부 판사, 영장실질심사 판사, 구속적부심 판사)들에 의해 노골화되어, 신성해야 할 법정에서까지 피고인을 감정적으로 공격한 사실

에 명확히 증명된 바 있습니다. 이는 사실상 법관 기피 신청이나 법원 기피 신청의 사유가 됩니다. 이러한 맥락에서 형사소송법 제15조는 본 사건을 광주지법 이외의 다른 지역 법원으로 이송하도록 규정하고 있습니다. 하지만 매우 놀랍게도 광주지법은 이러한 법의 정신과 실정법을 유린한 채, 재판의 권위와 승복력을 스스로 허물고 있습니다.

본건의 사건 번호는 '고단'으로 분류된 단독사건이었으나 2002.11.27에 갑자기 합의부를 형성하여 다루게 한 것을 보면, 사회적으로 불거지는 객관성 문제에 대해 광주지법이 상당한 관심을 기울이고 있음을 짐작케 하며, 1명의 판사가 아니라 3명의 판사들이 '신중하게' 다루었다는 겉모양새를 갖추기 위한 것으로 보입니다.

하지만 본 건을 맡은 합의부 재판관 3분(재판장 : 전성수, 조재건, 윤영훈)은 모두 호남인으로 알려져 있습니다. 법은 양심을 믿어주지 않습니다. 객관적 사실이 남 보기 좋아야 합니다. 겉으로 나타난 양심이 불량해 보이는데 속에 있는 법관의 양심을 믿으라구요? 합의부 3분의 판사들께서 호남 정서를 가지고 있느냐 아니냐는 양심에 의해서가 아니라 객관적 사실에 의해 판가름된다고 봅니다. 이렇게 볼 때 합의부를 3인이 아니라 30인으로 구성한다 해도 그 판결문은 호남 정서로 작성될 것이라고 생각됩니다.

광주는 이미 피고인을 잡아다 구속시켜 놓고 있습니다. 그래서 광주지법은 어떻게 해서든 장기 구속에 상응하는 형량을 주어야 대외적으로 장기 구속을 정당화시킬 수 있다고 생각할 것입니다. 그런데 사건을 타 지역 법원으로 이송하면, 처음부터 무죄가 될 가능성을 배제할 수 없고, 이렇게 되면 광주는 그야말로 세인의 비웃음거리가 될 것이 뻔해 보입니다. 그래서 광주는 여러 가지 무리수를 감수하면서 마치 손바닥으로 하늘을 가리려는 억지를 쓰고 있는 것으로 보입니다. '분노하는 분쟁 당사자인 광주 시민들이 법복만 갈아입고 분쟁의 다른 당사자를 재판한다는 것'이 도대체 광주지법의 상식인지 4,700만 국민을 향해 소리쳐 묻고 싶습니다.

글로서 활동이 많고 연설로 활동이 많다보면 간혹 실수도 있을 수 있습니다. 설사 실수를 저질렀다 해도 인민군이 아닌 이상 대한민국 국가 안보의 선두 진영에 서있는 피고인을 이렇듯 적대시 할 수는 없을 것이며, 동물에게도 차마 할 수 없는 학대와 만행을 공공연히 저지를 수는 없을 것입니다. 피고인은 아주 잔인한 인신매매단에 납치돼 온 심정이며, 낯선 괴한들에게 강간당한 규수의 심정이 아마 피고인의 심정과 같을 것입니다.

'진압군'을 전두환의 사병이요, '반란군'으로 부르는 것은 한국군 전체에 대한 명예훼손입니다. 왜냐하면 당시의 70만 한국군은 그 어느 부대이든 상관없이 명령만 내리면 광주로 내려가야 했고, 광주로 갔다면 그들 역시 '반란군'으로 불렸을 것입니다. 이 어찌 70만 한국군에 대한 명예훼손이 아니라 하겠습니까? 당시의 광주 '진압군'은 전두환 정권을 창출하기 위해 간 것이 아니라 대한민국의 안녕과 질서를 바로 세우기 위해 간 것입니다. 전두환 정권은 광주사태 이전인 12·12 쿠데타로 이미 창출돼 있었습니다. '진압군'을 광주에 보내기 위해 당시 최규하 대통령이 각료회의를 여러 번 주재했고, 국방장관이 전군지휘관회의를 열어 장시간 고뇌한 증거가 회의록에 담겨 있습니다. 이를 어찌 내란군이라 할 수 있습니까? 당시 군은 호남출신 영관장교들을 선발, C-54라는 대형 수송기 2대에 실어 광주로 보내 선무활동을 벌이게 했습니다. 광주에 무질서가 발생하지 않았다면 진압군도 없었을 것이며, 경찰이 진압만 할 수 있었어도 진압군은 없었을 것입니다. 이상은 행여 소위 '반란군론' 하나만 가지고 피고인 측이 제출하는 자료들을 법정이 무시하지 않을까 하는 염려에서 기술하였습니다.(답변서 끝)

하지만 광주법원의 판결문은 이미 각본대로 짜여져 있었습니다. 판결문의 요지는 "5·18이 비상계엄 철폐를 요구하는 등 헌정질서를 수호하기 위해 벌인 민주화운동인 것으로 5·18특별법이 규정해놓고 보상법으로 보상도 받고 있는데, 사망한 자들이 마치 소수의 좌익과 북한에서 파견한 특수부대원들에 의하여 선동되어 일으킨 폭동인 것처럼 허위로 묘사하여 사자와 생자의 명예를 다같이 훼손했다"는 것입니다.

1심 재판장은 전성수, 2심 재판장은 박삼봉이었습니다. 한마디로 5·18이 전두환의 내란을 분쇄하여 헌정질서를 수호하려고 일으킨 성스러운 운동이고, 여기에는 불순세력과 북한특수군이 절대 개입하지 않았다는 월권적 판결문이었습니다.

"피고인은, 5·18민주화운동은 1980. 5. 18을 전후하여 전라남도 및 광주 시민들이 비상계엄의 철폐를 요구하는 등 헌정 질서를 수호하기 위하여 벌인 민주화운동으로 국회에서 의결, 공표된 5·18민주화운동등에관한특별법, 광주민주유공자예우에관한법률, 광주민주화운동관련자보상등에관한법률 등에 의하여 정립된 지 오래 되었음에도 불구하고, 5·18민주화운동 유공자들 및 5·18민주화운동과 관련하여 사망한 자들이 마치 소수의 좌익과 북한에서 파견한 특수부대원들에 의하여 선동되어 일으킨 폭동인 것처럼 묘사하여 위 5·18민주화운동 유공자들 및 5·18민주화운동과 관련하여 사망한 자들을 비방하였다."(1심 판결문)

8
소리 없이 침탈당하고 있는 역사

민주화 세력은 곧 공산화 세력
소리 없이 진행되는 공산화 공작

민주화 세력은 곧 공산화 세력

　이른바 민주화운동은, 해방직후에 발생한 전남 하의도 농민폭동, 화순 탄광 폭동, 전국을 동결시킨 9월 총파업, 2개월간의 살인방화로 얼룩진 10월의 대구폭동 등과 같이 폭동과 파업의 형태로 시작되었습니다. 이를 주도한 세력은 소련의 지원과 사주를 받은 남한 내 공산주의 세력이었습니다. 1917년 볼셰비키 혁명이 성공하면서 소련은 "세계 노동자, 농민들은 국경을 무시하고 소련에 뭉치라"는 선동구호 아래 코민테른 기구를 설치하여 세계 공산화를 추진하였습니다. 이에 부화뇌동하는 부나비들이 미국, 일본, 유럽 등 각국에서 나타나기 시작하였습니다. 안동 출신 김재봉이 코민테른의 프락치로 서울에 침투하여 조선일보에 위장 취업해 있으면서 박헌영을 데리고 1924년 조선공산당을 지하에 창당하였습니다. 일본 경찰의 끈질긴 탄압으로 감옥을 들락거리면서도 공산주의는 지하에서 꾸준히 자랐습니다. 해방직후 남한인구의 70% 정도가 공산주의 사상에 경도돼 있었습니다.

　소련의 공산주의 정강을 헌법에 수용한 북한은 '민주주의'를 '사람중심주의'로 정의했습니다. 이른바 주체사상입니다. 여기에서 '사람'은 노동자, 농민 등 무산계급을 의미합니다. 한국에서 통용되는 그런 '사람'이 아닙니다. 사람이 사람답게 살기 위해서는 '사람의 적'을 폭력으로 타도해야 하는데 그 폭력 과정이 곧 민주화 과정이라고 설교합니다. 그들은 '사람'이 사람답게 살아가지 못하게 하는 세 개의 적이 있다고 가르칩니다. 남한을 식민지화하는 미국이요, '사람'(노동자, 농민)을 착취하는 자본가요, 미국의 앞잡이인 남한 괴뢰정부라는 것입니다. 따라서 남북한 공산주의자들이 말하는 '민주화'라는 것은 곧 이들 3개의 '사람의 적'을 타도하는 폭력투쟁을 의미합니다. 민주화를 남한의 상식대로 받아들이는 것은 매우 위험합니다. 일반 국민들은 민주화운동을 권위주의 체제로부터 민주주의 영역을 확대해가는, 매우 순수한 운동인 것으로 해석하고들 있지만, 정작 민주화운동을 주도한 386 운동권 등 남한공산주의 세력은 북한식 해석에 따라 반미-반파쇼-반재벌 폭력투쟁을 진행해오고 있습니다. '파쇼'라는 것은, 저들이 미국의 앞잡이로 규정한, 남한 정부를 의미합니다.

　저들이 민주화운동의 꽃이라 부르는 5·18은 그들 스스로 선전하듯이 '반미-반파쇼 폭력투쟁'이었습니다. 월간 『노동해방문학』 1989년 5월호 특집에는 「광주 봉기에 대한 혁명적 시각전환」(이정로)이라는 제하에 45,000자의 격문 조 논문이 실려 있었습니다. 이정로는 필명이며 원래 이름은 백태웅입니다. 그는 서울대 학도호국단 총학생장 출신으로 위장취업에 뛰어들었습니다. 수배생활 7년, 감옥생활 7년으로 이름이 나 있는 그는 현재 국제변호사로 변신해 있으며, 2012년 4월 총선에서 새누리당이 영입하려 애썼던 사람이기도 합니다. 문화일보는 2012년 2월 6일 이렇게 보도했습니다.

"새누리당이 '4·11 국회의원 총선거'에 나설 영입대상으로 사회주의 노동자연맹(사노맹)을 만든 백태웅 하와이대 로스쿨 부교수를 지목, 접촉에 나섰다. 백 부교수 영입에 성공할 경우 백 부교수의 출신 고등학교가 있는 부산에 출마를 시켜 민주통합당의 '문재인 바람'에 맞서 낙동강 전선 사수에 투입한다는 계획이다."

위의 기고문에서 백태웅은 "광주의 무장봉기는 민족민주혁명의 살아 있는 교과서다." 이렇게 단칼로 정의하였습니다. 민족민주혁명은 적화통일을 의미합니다. 5·18에 대한 정의는 백태웅이 가장 적나라하고 가장 진솔하게 내려놓았고, 이는 이 나라에 기식하는 공산주의자들에 바이블이 되어 있습니다. 5·18에 대한 그의 정의는 아래의 내용으로 보강돼 있습니다.

"그것은 '시민항쟁'의 차원을 넘어서 '반란'이요, '혁명'이며, '주권탈취'의 한판 싸움이었다. 광주의 민중은 '비굴한 타협'이 아니라, 해방을 위한 '총공격'의 신명나는 한판을 벌였다. 그것은 '실패한 무장봉기'였다. 만약 광주지역의 승리가 전남 전체지역의 승리로 그리고 나아가 전국적 승리로 되었다면 위대한 민족민주혁명의 성취로 이어졌을 것이다. 그 처절하고 참혹한 실패를 정확하게 배우고 새로운 혁명의 첫걸음을 열기 위해서도 우리는 광주를 '무장봉기의 도시', 권력을 일시적으로나마 민중이 직접 소유한 소중한 경험을 가진 '혁명의 도시'로 만들어야 하는 것이다."

다른 민주화운동들에는 간첩 집단이 남한의 꼭두각시를 내세워 배후 조종하였지만, 5·18에서만큼은 600여 명의 북한특수부대가 직접 참가하여 30만 도시게릴라 작전을 진두지휘 하였습니다. 대한민국의 지축을 흔든 방대한 게릴라 작전은 분명하게 있었지만 지휘부가 없는 이유가 바로 여기에 있는 것입니다.

소리 없이 진행되는 공산화 공작

　남한의 민주화운동은 모두가 북한의 대남공작 작전이었습니다. 민주화 세력으로 분류된 사람들은 거의 다 공산주의자들입니다. 그런데도 지금까지 국가는 국가의 적인 공산주의자들을 '민주화열사'라는 면류관을 씌워주고 이들로 하여금 사회를 통제할 수 있게 해주고 있습니다. 5·18에 관련된 반역의 부나비들이 '민주화열사'의 최고봉에 서 있습니다. 이어서 과거의 간첩사건, 시국사건, 국보법 위반사건들을 일으킨 당시의 반역자들에게 차곡 차곡 '민주화열사'의 면류관을 씌워 주고 있습니다.

　김대중과 노무현은 역사를 뒤집기 위해 3개의 위원회(민보상위, 의문사위, 진실화해위)를 설치하였습니다. '민보상위'(민주화운동관련자명예회복및보상등위원회)는 2000년 8월 1일에, '의문사위'(의문사진상규명위원회)는 2000년 10월 17일에 '과거사위', 즉 '진실화해위'(진실화해를 위한 과거사정리위원회)는 2005년 12월 1일에 설치하였습니다.

이 3개 조직에 빨치산, 간첩 출신들을 대거 영입했습니다. 이와 같은 역사 쿠데타가 한창 이루어지고 있을 때, 북한은 노골적으로 "간첩을 조사했던 자들에 대해 3족을 멸하라"는 대남지령문을 보냈습니다. 이와 때를 같이해 3개의 역사뒤집기 위원회는 "간첩을 조사한 조사관들에 대해서는 공소시효를 박탈하겠다"며 과거에 간첩사건을 조사한 조사관들을 마구 불러 딱딱거렸습니다. 김영삼 시절(1994)에 4년 동안 옥살이를 한, 남매간첩단 사건의 오빠 김삼석을 의문사위에 영입해 놓고 현역 국방장관, 현역 1군사령관 등을 불러다 딱딱거리며 취조를 했습니다. 참고로 김삼석의 매형은 '386간첩단사건'의 우두머리인 김기영입니다.

2000년 8월 22일 김대중-임동원이 '영원히 전향하지 않은 간첩-빨치산 출신' 63명을 조건 없이 북으로 보냈습니다. 2006년 1월 9일, 김정일은 이들 비전향장기수 63명에게 3~40년간 고초를 준 남한의 반동분자들과 그 자식들까지 처단하고 아울러 10억 달러를 배상하라는 취지의 고소장을 노무현 정부 당시 통일부에 보냈습니다. 그리고 이 고소장을 의문사위와 과거사위에 전달할 것을 통일부에 요구했습니다. 김정일의 지령문이 노골적으로 국가기관을 통해 이들 3개 위원회에 전달된 것입니다.

이들 3개 위원회들은 서로 희희낙락하며 전문성에 따라 과거 사건들을 서로 분배해 맡아가면서 과거사를 모두 뒤집었습니다. 어제의 충신이 역적이 되고, 어제의 간첩과 빨치산이 충신으로 등극하면서 왕년의 빨치산과 간첩들에 1인당 수억~수십억대의 배상금을 안겨주었습니다. 사회주도세력이 공산주의자들에 넘어가고 있는 것입니다. 아래에 몇 개의 예를 정리해 보았습니다.

2002. 4. 27. 민보상위 : 동의대, 남민전, 한총련 활동을 민주화운동으로 등극시켰습니다. 386간첩단사건 2명을 민주화운동가로 인정하고 이들 각각에 3,900만원과 890만원을 보상금으로 지급했습니다. 민주당 현역 국회의원인 이학영, 그는 남민전 핵심으로 혁명자금을 마련한다며 재벌집에 칼을 들고 들어가 경비를 찌르고 감옥에 갔으며 중앙정보부 해체를 목표로 하여 구성된 민청학련 사건에도 연루되어 2차례 감옥에 갔습니다. 이런 그가 애국자로 명예회복을 한 후 무려 13억 1,000만원의 보상금을 받았습니다.

2002. 9. 12. 의문사위 : 인혁당 사건은 고문 조작된 사건이라 발표했고, 그 후 이용훈 대법원장은 이 사건을 재심에 붙여 뒤집었습니다. 2007년 1월 27일에 문용선 판사는 인혁당 사건에 무죄를 선사했고, 2009년 민사재판부는 관련자들에 28억 3천만원을 가지급해 주었습니다.

2004. 7. 1. 의문사위(한상범 위원장) : 비전향장기수 3명(최석기, 박융서, 손윤규)을 민주화 열사로 등극시켰습니다. 이들이 "양심을 지키기 위해 부당한 공권력에 저항한 민주인사들"이라는 것이었습니다.

2004. 7. 9. 의문사위 : 경찰에 쫓기다 추락해 사망한 한총련 간부 김준배를 의문사 당한 희생자로 규정하고 그를 민주화 인사로 등극시켰습니다. 1998년 대법원이 이적단체로 판명한 한총련을 민주화 단체로 다시 규정하였습니다. 대법원 위에 의문사위가 있는 것입니다.

2004. 7. 5. 의문사위 : 김현희에 의한 KAL858기 폭발사고('87.11.29)를 안기부 조작사건으로 덮어씌우려는 벼라 별 시도를 하였고, 김재규를 민주화열사로 지정하려 시도하였습니다. 그러나 국민 저항에 부딪치고 팩트가 없어 실패했습니다.

2004. 7. 16. 의문사위 : 영입된 김삼석 등 간첩출신 3명이 현역 국방장관 및 1군 사령관 등을 포함해 과거 간첩사건을 조사했던 대공수사관들을 줄줄이 소환 조사했습니다. 국가를 위해 수고하던 옛날의 대공수사관들은 80대 나이가 되어 젊은 간첩출신들에 줄줄이 불려가 하루 종일 수모를 받으며 눈물을 흘렸습니다.

2004. 10. 1. 의문사위 : 1974년, 비전향 간첩 최석기에 대한 전향공작 과정에서 당시 대공수사관 조 모씨가 최씨를 폭행해 숨지게 했다는 혐의가 있다며, 조씨를 대검찰청에 고발했습니다. 폭행치사는 공소시효가 7년이지만 의문사위는 "간첩을 조사한 공안수사관들에 대해서는 공소시효를 배제한다"며 이 같은 초법적 조치를 취했습니다.

2005. 12. 민보상위 : 이철, 유인태, 이해찬 등 9명의 민청학련 주동자

들에 대해 민주열사 지위를 부여했습니다. 이후 이들은 재심과 손해배상 소송을 통해 수억~수십억대의 배상을 받았습니다.

2006. 3. 6. 민보상위 : 남민전 38명을 민주열사로 등극시켰습니다. 이들 역시 재심과 손해배상 소송을 통해 각자 10억 이상을 배상 받았습니다.

2006. 12. 4. 민보상위 : 골수 간첩 황인욱을 '민주화유공자'로 지정했습니다. "황인욱은 불법으로 정권을 장악한 전두환 정권에 항거함으로써 민주헌정질서 회복에 기여한 민주열사"라는 것입니다. 기타 자민통, 혁노맹, 혁명의 불꽃그룹, 반미청년회, 구국학생연맹, 임시혁명정부쟁취학생투쟁위원회 관련자들을 민주열사로 등극시켰습니다.

2008. 4. 23. 과거사위 : "사북탄광사건은 계엄사에 의해 저질러진 인권 침해 사건이다. 국가는 피해자들에 사과하고 명예회복과 보상을 해주라"고 권고했습니다.

2008. 12. 과거사위 : "유신 판사 492명의 명단을 발표하겠다" 기승을 부리다 저항에 부딪혀 포기했습니다. 기세들이 하늘을 찔렀습니다.

2009. 7. 7. 과거사위 : 학림사건(이태복 등 26명 무기징역) 관련자들을 민주 인사로 등극시켰습니다.

2007. 10. 과거사위 : 조봉암, 남민전, 사노맹, 동백림사건, 인혁당사건, 민청학련사건, 김대중납치사건, KAL858사건(1987), 이수근사건(1969)을 재규명하라 권고했습니다. 특히 조봉암에 대한 재심은 2010년 11월 18일, 대법원에서 대법원장 이용훈이 재판장 역할을 했습니다. 법정은 평양 법정이나 다름없었습니다. 이승만은 공개적으로 성토되고 조봉암은 극존칭의 표현들로 애국자가 되었습니다. 조봉암의 가묘는 평양 신미리 '애국렬사릉'에 있고, 역대 간첩 이현산, 성시백, 김종태, 최영도, 김달삼 등 거물급 간첩들과 나란히 '북한에 충성한 애국자'로 대우받고 있습니다. 이날 대법원장 이용훈은 조봉암을 애국자로 판단했고, 이어서 2012년 2월, 조봉암의 가족들에게는 24억 원이 배상되었습니다.

2008년 이후 5년간 179건의 배상사건이 처리되었고, 그 중 26건(14.5%)이 박정희 대통령 시대의 사건들이었습니다. 금액으로는 전체가 2,502억 2,493만원, 이 중 1,222억 9,973만4,000원(48.9%)이 박정희 시대의 사건이었습니다. 민청학련 사건 관련 배상금은 632억 4,950만 원, 인혁당 재건위 사건 관련 배상금은 497억 2,296만6,000원으로, 두 사건을 합하면 전체 배상금의 45.1%를 차지합니다.

남조선민족해방전선(남민전), 남한사회주의노동자동맹, 전국민주학생연맹, 제헌의회그룹 등 반국가단체 사건 관련자가 131명, 이적단체 관련 활동을 하고도 민주화 유공자가 된 사람이 또 다른 282명입니다. 특히 최근 중형이 선고된 간첩사건인 왕재산사건과 일심회사건 관련자들 모두가 민주화 유공자로 인정받아, 정부로부터 각각 8,000만원, 1,000만

원씩의 보상금을 받아갔습니다.

 몇 개의 예만 들었습니다만, 이처럼 국민이 의식하지 못하는 가운데 저들은 역사를 뒤집고 이 나라 역적들에 수억~수십억 원씩의 배상을 해 주고 있습니다. 2008년 9월 당시 대법원장 이용훈은 위 3개의 역사뒤집기 위원회의 의견들을 100% 받아들여 224개 시국 사건이 불법 구금과 고문에 의존하였기 때문에 재심의 대상이라고 지정하였습니다. 재심을 맡은 재판부들은 줄줄이 이 모든 재심사건을 무죄로 뒤집어 주었습니다. 재판장들이 국가를 대신하여 이들에게 사과를 하고 1인당 수억에서 수십억씩 배상을 했습니다. 정확히 알려진 것은 없지만 이제까지의 배상금액은 3,500억 정도인 것으로 추정됩니다. '인혁당재건위 사형수'의 경우 피해자 1인당 배상액이 피해자 본인 10억 원, 배우자 6억 원, 자녀 4억 원이 지급됐습니다. '진도간첩단 사건 사형집행자'는 피해자에 25억 원, 배우자 7억 5,000만 원, 자녀 3억 원이 지급됐습니다. 고무줄입니다. 이에 반해 국가유공자인 '동의대 사건 경찰 희생자'는 피해자 본인이 1억 2,700만 원을 받고, 배우자와 자녀는 위로금 차원으로 국가가 300만~1,900만 원을 지급하는데 그쳤습니다.

 특히 '인혁당재건위 사건'의 경우 피해자 1인당 매 구금일수에 대해 21만 원 이상의 배상금을 지급받은 반면, 상이군경의 일인당 보훈 급여액은 1만~7만 원에 불과합니다. 최소 2.8배에서 최대 20.1배 가량 차이가 나는 것입니다. 이런 전례에 따라 너도 나도 과거 독재정권으로부터 억울한 재판을 받았다며 재심을 청구합니다. 1,000여 건이 재판에 회부

돼 있고, 그 소가들을 합치면 무려 1조 5천억 원이 넘는다 합니다.

역사뒤집기의 전형적인 모델은 '동의대 사건'일 것입니다. "동의대 사건"은 부산의 동의대학 과격분자들이 근무중인 경찰관들을 집단 학살한 테러사건입니다. 1989년 5월 3일, 입시부정 진상규명을 요구하며 과격시위를 벌이던 학생들이 감금된 전경들을 구하려는 경찰들에 화염병을 던져 7명의 경찰이 즉사했습니다. 주동자 31명은 특수공무방해치사죄로 징역 2년에서 무기징역을 선고 받았습니다. 그런데 2002년 4월 민보상위는 이 사건 관련자 46명을 민주화 운동가로 등극시켰습니다. 가장 악랄했던 주동자에게는 당시 화폐 6억 원이 주어졌습니다. 당시의 노태우 정권은 '민주화 적'이었고, 경찰은 그 군사정권의 주구이기에 그들을 죽인 것은 민주화에 부합한다는 것이었습니다. 이런 막무가내 행위들이 버젓이 이 땅에서 자행되고 있는 것입니다. 국민 대부분이 모르는 사이에 이렇게 황당한 역사 반란들이 성공을 거두고 있는 것입니다.

2009년 2월 24일, 한나라당 전여옥 의원이 이런 반국가적 행위를 중단시키기 위해 '전여옥법'을 제정하겠다 선포하였습니다. 이에 그 수를 알 수 없는 좌경 여성들이 2009년 2월 27일(금) 12:30분경, 국회 본관에 집단으로 침입해 전여옥 의원에 테러를 감행했고, 눈까지 후벼파서 각막 파열로 상당기간 순천향병원에 입원하였습니다. 전여옥을 직접 공격한 사람은 이정이(당시 68), 좌경 조직인 민가협(민주화실천가족운동협의회)의 공동대표였습니다. 이정이는 "국가보안법폐지국민연대", "통일연대"(인천 자유공원 맥아더 동상 파괴를 기도), "평택범대위 비전향장기수

북송", 안기부(국정원) 등 대공수사기관 폐지운동은 물론 각종 집회 및 반정부 투쟁에 앞장서 온 인물입니다.

  현역 국회의원이 잘못된 법에 손질을 하겠다고 선언한 것을 놓고, 백주에 붉은 여성들이 떼를 지어 감히 국회 본청에 들어가 청경들이 보는 앞에서 테러를 가하는 세상 그래서 추진하던 '전여옥법'이 끝내 무산되는 이 무법천지의 국가, 어느 국회의원 하나 그 법을 이어가겠다 나서지 않는 영혼 없는 국회, 이런 것들에는 관심도 고민도 없는 대부분의 이 나라 국민들, 이 책을 읽으시는 분들로부터 나서 주시기 간절히 바랍니다.

9

5·18 최종보고서에 제시돼 있는 18개의 SMOKING GUN

5·18 최종보고서에 제시돼 있는 18개의 SMOKING GUN

5・18 최종보고서에 제시돼 있는 18개의 SMOKING GUN

　법정에서 가장 중요한 것은 증거입니다. 가장 확실한 증거는 'smoking gun'(연기 나는 총)입니다. 살인 현장에서 연기 나는 총을 가지고 있다면 그 사람이 바로 범인인 것입니다. 그래서 연기 나는 총이 가장 강력한 증거가 되는 것입니다. 그러나 '연기 나는 총'은 언제나 있는 것이 아닙니다. 그 다음으로 강한 증거는 '법의학적 증거'(forensic evidence)입니다. 법의학자들이 과학적 지식으로 논리를 전개하여 추적한 결론이 증거 능력을 갖는 것입니다. 제가 수많은 증거자료들을 가지고 수학적 논증방법에 의해 이끌어 낸 결론 역시 법의학적 증거와 조금도 다르지 않습니다. 그런데 매우 놀랍게도 저는 1995년 7월 18일에 서울지방검찰청과 국방부 검찰부가 공동으로 내놓은 『5・18관련사건수사결과』와 1985년 5월 안기부가 작성한 『광주사태 상황일지 및 피해 현황』 그리고 2001~2006년에 걸쳐 5・18기념재단에서 발간한 『5・18의 기억과 역사

1, 2』, 전남대학교 출판부에서 발간한 『5·18항쟁증언자료집 I-IV』의 내용, 5·18단체들이 유네스코에 등재한 사이트(http://archives.518.org/)들에서 찾아낼 수 있었습니다.

인문학을 공부한 사람이라면 결론이 여러 갈래입니다. 그런데 제가 최종보고서에서 내린 결론은 오직 하나입니다. 모든 증거들을 시계열에 따라 정리하면 북한특수군이 5·18을 주도했고, 광주의 부나비들이 이에 부화뇌동하였다는 오직 이 한 개의 결론 밖에는 도출되지 않습니다. 사회과학에서는 결론이 오픈돼 있습니다. 누구든지 태클을 걸 수 있습니다. 그러나 수학에서는 결론이 하나로 마무리됩니다. 수학의 공식이나 정리(theorem)에는 '증명 끝'(Q.E.D.)이라는 도장을 찍습니다. 이 『5·18분석 최종보고서』는 바로 이 수학적 Q.E.D.로 마무리된 보고서입니다. 광주 현장에는 북한특수군의 손에 쥐어진 smoking gun이 많이 있었고, 이들은 지금도 위의 보고서들에서 화약 연기를 뿜어내고 있습니다. 굵직한 것들만 나열해 보겠습니다.

18개의 Smoking Gun

1) 1980년, 광주뿐만 아니라 전국의 대학생, 운동권들은 5월 17일 밤중에 모두 지하로 숨거나 예비검속에 걸려들어 심한 고문들을 받았습니다. 따라서 1980년 5월 18일 새벽부터 대한민국 땅에는 젊은이들을 거의 구경할 수 없었습니다. 경찰만 보아도 가슴이 철렁 내려앉았습니다. 광

주도 예외가 아니었습니다. 이런 공포의 시간대인 1980년 5월 18일 오전 9:30분에 날렵한 학생 200여 명이 전남대 정문에서 경계를 서고 있는 20여 명의 계엄군 병사들에게 다가가 시비를 걸다가 돌을 던져 부상을 입히고 계엄군보다 더 빠른 속도로 충장로와 금남로로 달려가 대기하고 있던 다른 대학생들과 파출소, 건물, 차량 등에 불을 질러 광주 시민들을 불러 모았습니다. 불을 지르면 반드시 사람들이 꼬입니다. 이들 학생 무리들은 광주의 대학생들이 아니었지만 검찰보고서는 대학생이라고 기록했습니다. 당시 광주시에는 5·18유공자들이 진술한 바와 같이 대학생들은 모두 꼭꼭 숨었습니다. 이런 칼바람 부는 시기에 "광주대학생 200여 명이 책가방에 돌멩이를 가져와 계엄군에게 던지고 달아났다"면 이들은 분명 광주대학생이 아닐 것이 분명한데, 서울 검찰과 군검찰은 '수사결과보고서'에 이들을 북한특수군이라고 의심하지 않고, 로봇처럼 아무런 생각 없이 "대학생 200여 명"으로 기록하였습니다. 검찰이 청맹과니였습니다. 아직도 검찰보고서에 기록돼 있는 이 문장, 북한특수군의 손에 쥐어진 smoking gun이라 아니 할 수 없습니다.

2) 5월 21일, 서울을 출발한 20사단 지휘부가 08:00시 정각에 광주 톨게이트를 통과한다는 극비 중 극비 정보를 입수한 300여 대학생 시위대가 근처에 매복해 있다가 몽둥이, 화염병 등으로 기습공격을 가해 사단장용 지프차를 위시한 14대의 지프차를 탈취하여 군납업체인 아시아 자동차공장에 가서 이들 지프차를 증표로 보여주며 장갑차 4대와 트럭 374대를 공출하였습니다. 또 다른 300명의 대학생 시위대가 대형 버스 5대를 타고 아시아자동차 공장으로 와서 이날 09시에는 600명이 이곳에

집결하였습니다. 당시 광주에는 이런 능력을 가진 600명이나 되는 대학생도 없었고, 이런 공적으로 민주화인사가 된 광주인이 전혀 없습니다. 한국에는 이 정도의 배포와 훈련 수준을 가진 집단이 있을 수 없습니다. 더구나 5·18에 동원됐던 광주인들은 사리 판단 능력이 없는 10대 아이들이거나 20대 막노동꾼들이었습니다. 단 한 번도 모여 본 적이 없는 이런 애송이들이 300명씩 2개조를 편성해 그 중 1개 조가 이동 중인 정규군 사단을 공격하였다는 것은 상상 자체가 불가능한 대목입니다. 그런데 이런 내용으로 보고서 문장을 작성한 검찰은 이들 600명을 그냥 광주 학생 시위대라고 기계적으로 적기만 했습니다. 머리는 생각을 하지 않았고, 손가락만 타자기 위에서 바쁘게 움직였던 것입니다. 이 보고서가 바로 전두환을 내란범으로 몰아가기 위해 작성된 검찰 보고서인 것입니다. 아직도 검찰 보고서에 기록돼 있는 이 문장, 북한특수군의 손에 쥐어진 smoking gun이라 아니 할 수 없습니다.

3) 이들 600명은 전남 17개 시·군에 위장돼 있는 44개 무기고를 낮 12시부터 오후 4시까지 털어 5,308정의 무기와 탄약, 8톤의 TNT를 탈취하였습니다. 광주에 이런 능력을 가진 대학생 시위대는 없었습니다. 이 기록 역시 1995년 8월 17일자 검찰보고서에서 아직도 화약연기를 뿜어내고 있습니다.

4) 광주 대학생들은 8톤 트럭 분량의 TNT를 폭탄으로 조립하여 도청 지하실에 쌓아놓았습니다. 이런 기술을 가진 사람은 전라도 계엄분소에 오직 한 사람 5급 갑의 배승일 문관뿐이었습니다. 광주의 핵심유공자들은

그들의 증언집에서 광주에는 이런 능력 가진 시민 없었다고 했습니다. 외지인이 한 것입니다. 이에 대한 기록이 검찰보고서에 있으며, 지금도 연기를 모락모락 내고 있습니다.

5) 계엄군이 광주 시내에 있었을 때에는 이들 600명이 활약했지만, 계엄군이 시 외곽으로 철수한 시기인 5월 22일부터는 600명이 모두 복면을 한 상태에서 광주 시민들과 어울리지 않았습니다. 증거를 남기지 말아야 한다는 철칙 때문이었습니다. 폭도 역할을 한 광주의 10대 및 20대들은 복면에 대한 개념 자체가 없었습니다. 광주유지들이 무기반납을 위해 이들 비범했던 대학생들을 만나고 싶어 찾았지만 이들은 영영 그들 앞에 나타나지 않았습니다. 광주인들은 광주 대학생들이 모두 꼭꼭 숨어 있는 사실을 잘 알기 때문에 이들 600명을 서울에서 내려온 연·고대생 600명이라고 호칭했습니다. 5월 18일부터 21일, 계엄군을 시 외곽으로 추방할 때까지의 무서운 조직력과 전투력, 이는 광주 시민들이 발휘한 것이 아니라 외지인 600명이 발휘한 것이었습니다. 이 역시 북한특수군의 손에 쥐어진 smoking gun이 아닐 수 없습니다.

6) 이들 600명은 5월 21일 오후와 22일 새벽 사이에 광주교도소를 6회 공격했습니다. 이 과정에서 많은 희생자를 냈을 것입니다. 이 무모한 작전은 북의 지령에 의한 것이었습니다. 광주 시민들 중, 북의 지령을 직접 받고 매우 무리하게도 야간에 광주교도소 공격을 지휘한 사람이 없습니다. 이 역시 지금도 연기를 내고 있는 smoking gun이 아닐 수 없습니다.

7) 광주에는 장갑차 4대를 운전할 수 있는 4명의 장갑차 운전수가 없었고, 이를 운전한 공적으로 유공자가 된 사람 또한 없습니다. 이 역시 북한특수군의 손에 쥐어진 smoking gun이 아닐 수 없습니다.

8) 1980~81년 재판에서 사형과 무기징역을 받은 사람은 5월 26일 낮과 밤에 개념 없이 설치던 20세의 구두공, 20대 중반의 화물차 운전수 등 개념 없고 뿌리 없는 떠돌이 노동자들이었습니다. 당시 정보 당국은 5월 18일~21일까지 화려한 파괴-선동-엽기살인 기술을 보였던 600명 중에서는 단 한 사람도 잡지 못했습니다. 이 역시 북한특수군의 손에 쥐어진 smoking gun이 아닐 수 없습니다.

9) 총에 맞아 사망한 광주 시민의 70%가 무기고에서 꺼낸 총에 의해 사망했습니다. 광주 시민이 광주 시민을 조직적으로 쏠 수는 없는 일 아니겠습니까. 이 역시 북한특수군의 손에 쥐어진 smoking gun이 아닐 수 없습니다.

10) 『5·18분석 최종보고서』 사진들에는 광주인일 수 없는 얼굴과 포즈를 가진 사람들이 많이 있습니다. 특수장갑을 끼고 장갑차 위에 기관총을 걸고 사격준비 상태를 유지하면서 눈에서 빛을 내뿜는 고도로 훈련된 몸매, 막대기 하나로 20사단을 습격한 날랜 몸매들, 육중한 유탄발사기를 한손으로 파지한 용병의 몸매, 복면한 얼굴들, 광주 시민들의 구경거리가 된 집단행동 등을 보인 용맹한 전사 집단은 광주의 양아치, 구두닦이, 식당종업원, 석공, 목공, 구두공 등일 수 없습니다. 이런 몸매

는 3년 정도의 군대생활을 한 우리 정규군 병사들에서도 나올 수 없는 몸매요, 철저하게 다듬어진 자세입니다. 이 역시 북한특수군의 손에 쥐어진 smoking gun이 아닐 수 없습니다.

11) 광주의 정의평화 천주교 신부들과 북한이 주고받으면서 반복적으로 발행한 사진첩들이 있습니다. 으깨진 얼굴, 전기톱 같은 것에 의해 반이 잘려진 얼굴 등을 담은 사진첩입니다. 이런 으깨진 얼굴들을 놓고 천주교 신부들과 북한은 계엄군이 난자한 얼굴이라고 뒤집어씌우지만 우리의 자식들로 이루어진 계엄군은 이렇게 악랄한 심성을 갖고 있지도 않고 그렇게 잔인한 얼굴을 조각해 낼 시간도 없었습니다. 이 사진첩 역시 북한특수군의 손에 쥐어진 smoking gun이 아닐 수 없습니다.

12) 광주의 도시가 파괴된 정도를 보면 양아치 계급이 해낼 수 일이 아니었습니다. 특히 거대한 MBC 건물은 아무리 많은 화염병을 던졌어도 타지 않았습니다. 광주인들의 증언에 의하면 광주인이 아닌 외지인이 대형변압기를 폭파시켜서야 비로소 소각될 수 있었습니다. 파괴되고 소각된 잔해들을 청소하는 일은 계엄군이 담당했습니다. 40일 정도나 걸렸습니다. 전라도 사람 70%를 죽이려고 왔다던 계엄군이 어린아이들의 따름을 받으면서 40일씩이나 땀을 흘리며 광주사람들을 위해 청소를 해줄 수는 없는 일 아닙니까. 이런 장면을 찍은 사진이 있습니다. 사진을 보면 계엄군은 천사이고, 파괴자들은 전문적인 악마들이었습니다. 이런 능력 있는 악마들이 광주의 양아치 계급일 수는 없습니다. 이 역시 북한 특수군의 손에 쥐어진 smoking gun이 아닐 수 없습니다.

13) 광주 5·18묘지에는 한국인으로 판명되지 않은 시체가 12구 있습니다. 이 역시 북한특수군의 손에 쥐어진 smoking gun이 아닐 수 없습니다.

14) 2013년 5월 15일, 채널A의 '김광현의 탕탕평평' 프로는 실로 충격적인 프로를 진행했습니다. 5·18광주에 5·18광주작전을 총 지휘-점검하기 위해 북한의 광주작전지휘관 '문제심'(그후 국방차관급으로 승진)이 광주로 급파되었다는 사실과 지금 분당에 살고 있는 당시 19세의 특수군 전사가 문제심을 호위하는 호위병으로 5·18광주에 내려왔었다는 사실을 1시간에 걸쳐 방송했습니다. 이 역시 북한특수군의 손에 쥐어진 smoking gun이 아닐 수 없습니다.

15) 2013년 4월 22일의 TV조선 방송입니다. 전 월간조선 편집장이었던 김용삼씨가 1996년과 1998년에 황장엽과 김덕홍으로부터 확인한 내용을 밝혔고, 더 자세한 내용이 2013년 월간조선 4월호에 게재됐습니다. "5·18은 북한이 배후조종한 후 계엄군에 뒤집어씌운 사건이고, 그 작전을 기획한 대남부서 사람들이 5·18 종료 직후 무더기로 훈장을 받고 술 파티를 했다"는 요지의 증언이었습니다. 이 역시 북한특수군의 손에 쥐어진 smoking gun이 아닐 수 없습니다.

16) 탈북자들의 대부분이 5·18은 북한군이 남한에 가서 일으킨 폭동이라고 말하고, 5·18의 내용을 가장 확실하게 안다는 탈북자 16명이 2009년에 450여 쪽에 이르는 증언집 『화려한 사기극의 실체 5·18』을

냈습니다. 이 내용들의 거의 모두가 남한의 수사자료와 일치했고, 통일부 북한자료센터에 보관돼 있는 북한 문서들과 일치했습니다. 이 역시 북한특수군의 손에 쥐어진 smoking gun이 아닐 수 없습니다.

17) 1982년에 북한 조국통일사에 실린 상황자료 내용들이 1985년에 정리한 안기부의 『광주사태 상황일지 및 피해현황』 자료와 일치할 뿐만 아니라 더 자세합니다. 북한군이 광범위하고 다이나믹하게 움직이던 폭동의 상황들을 자세히 기록했을 뿐만 아니라 계엄군이 소규모 단위로 진압할 때와 대대 단위로 진압할 때에 각기 전략을 달리해 싸웠다는 전략 전술 교훈까지 기록돼 있습니다. 북한군이 광주에서 직접 작전을 하지 않고서는 작성될 수 없는 대남공작 역사책입니다. 이 역시 북한특수군의 손에 쥐어진 smoking gun이 아닐 수 없습니다.

18) 1982년 북한 조국통일사가 발행한 『주체의 기치따라 나아가는 남조선인민들의 투쟁』 595쪽과 1985년 조선노동당 출판사가 발행한 『광주의 분노』 35쪽에는 "600여 명으로 구성된 폭동군중의 한 집단"이 이룩한 성과와 역할이 기록돼 있고, 1985년 안기부가 작성한 『광주사태 상황일지 및 피해현황』의 40쪽에서부터는 여러 페이지에 걸쳐 "광주공원 학생시위대 300명", "유동3거리 학생 시위대 300명", "학생시위대 600명"이라는 표현이 매우 많이 나옵니다. 이 역시 북한특수군의 손에 쥐어진 smoking gun이 아닐 수 없습니다.

이와 같이 저는 5·18을 북한특수군 600명이 저질렀고, 광주의 떠돌이, 노동자, 무직자 등 사회불만계층이 부나비가 되어 부화뇌동했다는 것을 증명하기 위한 18개의 smoking gun을 찾아냈습니다. 누가 뭐라 해도 이 18개의 smoking gun은 『5·18분석 최종보고서』가 내놓은 결론에 Q.E.D.라는 수학적 마크를 찍을 수 있게 한, 흔들릴 수 없는 근거들인 것입니다.

맺음말

이 세상에서 가장 부끄러운 역사는 5·18역사입니다!

이 세상에서 가장 부끄러운 역사는 5·18역사입니다!

　　북한 대좌출신의 거물간첩이요, 북한에서 최고의 대우를 받던 '공화국 영웅' 김용규 선생이 1976년 9월, 동료 간첩 2명을 사살하고 귀순하였습니다. 그는 그의 저서 『소리 없는 전쟁』(1999, 도서출판 원민)의 표지말에서 "남한의 크고 작은 모든 소요에는 반드시 북한의 배후조종이 있다. 그것은 의심할 수도 없고 의심해서도 안 되는 필연이다"라는 매우 귀중한 증언을 해주었습니다. 같은 책에서 그는 4·19도 북한이 조종한 것이라고 증언하였습니다. 김용규 말고도 '이석'이라는 간첩 역시 4·19를 자기가 배후조종하였다는 증언을 하였습니다. 이명영 교수(서울대 졸업, 정치학 박사, 중앙일보 논설위원, 성균관대 교수)는 그의 저서 『통일의 조건-발상의 전환을 위하여』(1989년 11월, 종로서적)라는 저서에 이런 내용을 담았습니다. "1972년 1월, 간첩 이석과 그의 공작망이 국군보안사령부에 의해 검거되자 그는 수사관 앞에서 담담하게 말했다. '4·19혁명의 도화선에 불을 지른 사람이 바로 나입니다.'"

이명영 교수에 의하면 간첩 이석은 남로당 경북도당 간부로 1946년 10월, 대구 폭동사건에 간여했고, 중앙당 간부로 자리를 옮긴 후 체포, 투옥됐다가 6·25전쟁 때 구출되어 인민군을 따라 평양으로 월북했습니다. 1955년 4월, 그는 다시 경기도 화성군 남양만 쪽으로 상륙, 경남 마산에 아지트를 구축하여 2개의 친목계 모임을 결성, 40명을 조직, 의식화 작업을 시켰습니다. 3·15부정선거를 규탄하는 움직임이 일자 그는 이 40명으로 하여금 마산 사태에 적극 개입하여 사태를 격화시키는 데 앞장서게 했습니다. 1968년 일망타진된 통일혁명당(통혁당) 사건은 이 40명의 조직을 확대한 것이었습니다.

5·18광주사건은 수많은 '이석'과 북으로부터 파견된 특수군 600명이 또 다른 수백 명의 광주 부나비들을 도구로 이용하여 감히 계엄군을 한껏 농락하고 대한민국을 능욕한 특수작전이었습니다. 그 600명은 계엄군과 직접 싸우기 위해 내려온 것이 아니라 광주 시민들을 선동하여 남남전쟁을 유도하고, 이런 전쟁을 전국으로 확대함으로써 남침의 구실을 마련하려 한 것이었습니다. 전향한 거물간첩 김용규의 적극적인 당부의 말이 뒷받침하듯 북한의 대남공작 역사책들은 한결같이 "남조선의 역사는 '진보와 보수반동', '인민과 미제' 사이에 벌어진 대결"이라고 기술하고 있습니다. 이제까지 발생한 남한의 '민주 시위'를 보셨을 것입니다. 반미, 반파쇼, 반재벌로 일관되어 있지 않았습니까? 1948년 제주도에서 대한민국에 선전포고를 했던 제주도 무장폭력배들을 민주화 열사로, 1980년

정부의 무기고를 털어 정부군을 향해 쏘았던 20대 양아치급 부나비들을 민주화 열사로 대우해 온 것만 해도 피가 끓을 일인데 이런 기현상이 영원히 굳어지는 것을 그냥 바라만 보고 있어서야 어디 서로 얼굴을 들고 '나는 애국자다' 이렇게 말할 수 있겠습니까?

얼마 전까지만 해도, 저는 광주인들 주도의 시위대가 광주에 존재했다는 것을 막연한 사실로 믿었습니다. 1981년의 대법원 판결과 1997년의 대법원 판결도 광주인들 주도의 시위대가 광주에 존재했다는 것을 사실로 인정하고, 그에 대한 해석을 각기 틀리게 내렸습니다. 2010년부터 저는 광주에 북한특수군 600명이 참전하여 광주 작전을 기획-연출-기록하고 돌아갔다는 결론을 내렸습니다. 이때까지만 해도 광주에는 광주인들 주도의 시위대가 존재했고, 이와는 별도로 북한특수군 600명의 작전이 병행되었다는 결론을 내렸습니다. 이를 놓고 '북한특수군 개입론'이라 말할 수 있었습니다. 그런데 2014년 9월 1일, 제가 마지막으로 내린 결론은, '북한군 600명 개입설'이 아니라 "5·18은 북한군 600명 주도의 대한민국 전복작전"이었다는 것과 광주인들이 구성한 시위대는 없었다는 것입니다. 시위대의 대장도 없고 시위대의 실체도 없었습니다. 5·18의 실체는 정확히 북한특수군 600명과 이 작전에 이용된 사회 불만세력입니다. 결론적으로 광주에는 1980년 5월 18일 이후 민주화운동도 없었고 민주화 시위대도 전혀 없었습니다. 이는 "5·18민주화운동에 북한군이 개입했다"는 9월 1일 이전까지의 결론을 완전히 뒤엎는 것입니다.

그리고 이 작전이 실패하자 북한은 또 남한에서 부화뇌동하는 부나비들을 통해 미국과 남한 당국을 모략하고 적화통일을 열망하게 만드는 소설을 만들어 성가 높은 황석영 이름으로 '5·18' 역사책을 발간케 해서, 실패한 북한의 작전을 민주화운동으로 미화하고, 광주인들을 국가의 성골집단으로 등극시켜 온 것입니다. 다행인 것은 지금 현재 반수 이상의 국민들이 "5·18은 폭동이다. 민주화운동이 아니다"라는 정서를 가지고 있고, 이러한 정서는 계속 확장돼 가고 있다는 것이 제 판단입니다.

가장 중요한 것이 논리와 팩트가 아니겠습니까? 그런데 이 중요한 자산이 광주 사람들에 없습니다. 그들에게 있는 것은 5·18시절에 나돌던 유언비어들과 『넘어 넘어』에 실려 있는 북한의 속삭임들 뿐입니다. 국민을 속이기 위해 발간된 『넘어 넘어』에는 허위로 구성된 모략들만 있고, 품위가 없습니다. 하지만 『5·18분석 최종보고서』에는 논리와 팩트들이 가득 차있습니다. 광주 사람들이 이기느냐 지느냐는 오직 『5·18분석 최종보고서』를 뛰어넘느냐 못하느냐에 달려 있습니다.

그리고 5·18광주 사람들에 부탁합니다. 더 이상 '조사천-조천호 부자' 사진 내걸고 눈물에 호소하는 일 그만 두십시오. 더 이상 야당 정치인들과 정부관계자들을 끌어들여 불공정하고 비민주적인 파워게임하지 마십시오. 다른 지역 국민들에 신사도를 보여주십시오. 떼로 몰려다니며 폭력행사를 하는 등 비정상적이고 부적절한 게임하지 말고 논리와 팩트를 가지고 5·18을 신사적인 방법, 민주적인 방법으로 지켜보려는 자세라도 한번 보여주시기 바랍니다. 솔직히 이제 당신들의 사기놀음에는 조종이 울렸습니다. 국가와 국민에 깊이 사죄하는 길만이 용서받는 길이며 국민 통합에 이르게 하는 길일 것입니다.

이제는 모든 국민들이 알아야 합니다. 북괴와 좌익들이 얼마나 대한민국을 농락해왔는지 그리고 우리가 그동안 5·18 광주 사람들을 포함한 영악한 공산주의자들에게 얼마나 어수룩하게 당해 왔는지 반드시 알아야 합니다. 적을 경계하는 국민적 안목과 경계하는 마음의 수위를 한층 높여야만 우리는 생존할 수 있습니다.

부 록

[부록 1] 『찢어진 깃폭』(원본)
[부록 2] 5·18관련 사건들에 대한 요약
[부록 3] 대국민 경계령! 좌익세력 최후의 발악이 시작됩니다.
(2002년 8월 16일자 동아일보에 게재한 광고문)

[부록 1] 『찢어진 깃폭』(원본)

1980년 6월 5일 일본가톨릭정의평화협의회 기자회견 내용:

"이 자료는 우리에게 보내기 전에 내용의 타당성을 입증한 한국 가톨릭교회의 믿을 만한 소식통으로부터 입수된 것이다. 우리는 내용의 진실성에 책임을 진다." 이 증언은 광주에서 서울로 돌아가기 위해 탑승했던 고속버스에서 내린 5월 19일부터 증언자가 직접 목격했던 사태 설명에 대한 녹음테이프에서 베끼고 편집하여 번역한 것이다. 그는 그날 아침 서울로부터 도착해서 가족들의 안전을 점검하고 아래 사태가 일어났을 때는 서울로 다시 돌아가려던 참이었다. 증언은 증언자가 군대의 감시를 피하기 위해 철도를 따라 5월 24일 새벽 7시 광주를 떠난 시점에서 끝난다. 그는 도로 이용을 피하려 애쓰면서 산을 넘고 계곡을 건너 서울행 기차를 탔다. 그 후의 보도에 의하면 그는 광주사태에 관해 이 증언을 한 혐의로 체포되었다고 한다.

1. 아름다운 도시

1980년 5월 19일, 아름답고 조용한 전원도시, 전남의 도청소재지, 독립과 민주주의 투쟁에 몸바친 수많은 영웅을 길러낸 호남의 젖줄이며 빛의 고을인 광주가 피의 쑥밭으로 변하던 날, 공설운동장 입구에다 황

급히 승객을 토해내고 도망치듯이 시외로 빠져 나가던 고속버스 뒷모습에서 나는 사태의 심각성을 쉽게 짐작할 수 있었다. 나는 피로에 지친 몸을 택시에 던지고 운전사에게 도청 앞으로 가자고 말했다.

내 말이 떨어지기가 무섭게 그는 죽는 시늉을 하면서, "차라리 걷는 게 나을 거요"하며 확 브레이크를 밟고 나를 다시 내리게 했다. 하는 수 없이 걷기로 하고 임동 쪽으로 걸어갔다. 불타버린 파출소가 어느 패전한 도시의 단면을 보여주는 듯했다. 도처에 대검을 부착한 계엄군들이 승전의 대가로 얻어낸 적지를 짓밟듯 온통 시가지를 누비고 있었다. 나의 전신에선 오싹 소름이 돋아나기 시작했다.

나는 조심스레 그들 가운데를 뚫고 벌써부터 이마에 돋아난 식은땀을 훔치면서 금남로에 접어들었다. 한때는 꽃들이 무성히 피어나 내방객을 환영해 주던 아름다운 도시, 소박한 인정, 잘 정돈된 시가지들은 모두가 옛 시절의 추억에 잠기고 폐허로 변해가고 있었다. 포근한 어머니의 젖가슴마냥 도시를 살찌게 하는 아름다운 산 무등산, 또 봄이면 둑 위에서 낚시질하는 강태공들의 모습이 깃든 극락강이 있는 아름다운 전원도시에 지금은 찬바람이 불고 있었다.

2. 살인면허

광주 시민은 양처럼 순하다. 그러나 이 날 그토록 순한 양들이 민주수호라는 제단에 바쳐지는 피의 제물이 되고 있었다. 무한한 권력을 휘두르는 권력자는 권력의 지속적 유지를 위해 현 체제의 어떤 변화도 용인하지 않는다. 어떠한 변화나 개선을 촉구하는 행위는 권력자에 의해 즉각 체제전복의 음모로 간주되어 무참한 탄압의 대상이 되는 것이 후진국의 풍토라는 사실은 이미 알고 있는 바이지만, 오늘의 호남 일각에서 벌어지고 있는 사태는 사상 유례를 찾아보기 힘든 반민중 탄압의 극을 장식할 것이다. 여기저기에서 들려오는 함성, 창자를 뒤틀리게 하는 비명, 임종을 알리는 듯한 숨 가쁜 신음소리, 흡사 대지가 메말라 저 젊은 넋들에게서 짜낸 피를 서서히 마시고 취하기 시작하는 것 같았다.

하늘은 온통 메아리치는 함성으로 찢어지고 있었다. 시위학생들과 구경하던 무고한 시민들을, 벌떼처럼 날아들어 온 공수특공대가 단 한 마디의 경고도 없이 포위해 버렸다.

"설마 무고한 양민을 죽이기까지 하랴"하는 단순한, 그리고 어리석은 믿음에 의지하고 중심가에 접어든 나는 일단 살아야 되겠다는 가장 본능적인 마음에 쫓겨 필사적으로 도망쳤다. 뒤쫓아 오는 총검의 섬뜩한 촉감이 어깨로 의식되며 어느 빌딩 안으로 정신없이 뛰어 들어갔다.

고맙게도 먼저 온 사람들은 눈 깜짝할 사이에 셔터를 내려주어 철퇴로 골통이 부서지는, 대검에 가슴이 찢어지는 참극을 면할 수 있었다. 난생 처음으로 죽음이라는 검은 그림자가 내 곁에 다가와 있음을 절감했다. 나는 피신객들 틈에서 생쥐처럼 움츠려 앉아 그물망처럼 엮어진 셔터의 바깥 정경에 눈을 뗄 수가 없었다. 고막을 찢는 총성, 예리한 대검,

철봉 휘두르는 소리, 누군가의 목숨이 절단나는 비명소리는 지옥의 한 장면처럼 내 의식을 뚫고 들어왔다.

남녀노소, 학생, 시민 할 것 없이 닥치는 대로 갈기고 찌르고 부수었다. 마치 2차 대전 당시 독일군에 의해 모잠비크 민중이 무자비하게 학살되던 그 현장을 직접 눈으로 보는듯한 착각이 일어났다. 그러나 그만큼 재빨리 나는 내 앞에서 벌어지고 있는 주위의 일에 다시 관심을 가졌다.

미처 피하지 못한 70세 가량의 할아버지의 뒤통수에 공수병의 철퇴가 내려치자마자, 노인의 입과 머리에서 분수 같은 피가 쏟아져 내리며 비명도 아픔도 없이 훌쩍 거꾸러졌다. 나는 어찌해야만 좋을지 몰라 망연히 서 있다가 꼬아지는 아픔에 계단에 주저앉고 말았다. 곁에 있던 아주머니는 발을 동동 구르다가 그대로 장승처럼 땅바닥에 무너져 내렸다. 약하고 힘없는 민중의 집단적 분노가 솟아나고 있었다. 그것은 호소할 곳도 의지할 곳도 없는, 참으로 외롭고 고독한 서러움이었다.

살인현장, 그것도 가장 무자비하고 잔악한 살인현장을 직접 목격하기는 처음이다. 그러나 살인자의 악랄함은 그것이 전부가 아니었다. 두 명의 공수부대에게 개처럼 끌려온 여인은 만삭에 가까운 임신부였다. "야, 이년아, 그 주머니에 들어있는 게 뭐야?" 나는 무엇을 묻는지 몰라 그녀의 손을 살폈으나 손에 주머니 같은 것은 눈에 띄지 않았다. "이 쌍년아, 뭔지 모르나. 머스마가, 계집아가." 그들은 매우 흥분한 것처럼 보였으며, 내가 그들이 무엇을 말하고 있는지 깨달은 순간은 바로 이 순간이었다. 여인의 목소리를 들을 수는 없었으나 아마 자기도 알 수 없다고 말하는 눈치였다. "그럼 내가 알려주지!" 순간 여자가 반항할 짬도 없이 옷을 낚아채자 그녀의 원피스가 쭉 찢어지며 속살이 드러났다. 공수병은 대검으로 그녀의 배를 푹 찔렀다. 후비면서 찔렀는지 금방 창자가 튀어나왔다. 그는 다시 한 번 그녀의 아랫배를 가르더니 태아를 끄집어내어 땅바닥에 할딱이고 있는 여인에게 던졌다. 도저히 믿을 수도 있을 수도 없는 이 처참한 현장을 목격했던 사람들은 하나같이 고개를 돌리고 몸서리치면서 이를 갈았다.

나는 눈을 감고 혀를 깨물었다. 전신에 경련이 일었다. 다시 눈을 떴을 때에는 시체도, 공수병도 보이지 않았다. 옆에 서 있던 사람의 말에 따르면 마치 오물을 쳐내듯이 가마니에 쑤셔 넣고 쓰레기차에 던져 넣고 갔다는 것이다. 나는 무의식중에 소리쳤다. "오, 주님! 어떻게 해야 합니까." 이 순진무구한 사람들의 피의 대가로 무엇을 해야 보상이 될까. 이제 이 나라에서 무슨 일이 일어날까. 정말로 저들이 이 나라 국토방위라는 성스러운 과업을 수행하는 대한민국의 국군일까.

내 자신의 목숨을 위해 그토록 끔찍한 광경을 숨어서 엿보던 자신이 부끄러워지기 시작했다. 이러한 일에 항거할 수 없는 자신의 비굴함을 보고 참으로 치사한 인간의 모습이 바로 나로 보여졌을 때, 자신에게 이루 말할 수 없는 모멸감을 느꼈다. 배가 갈라져 죽어가던 그 여인을 보았기 때문이 아니라, 나 자신의 비겁하고 용렬한 모습에서 최초로 자기증오의 감정을 경험했기 때문이다.

어느새 딴 곳으로 피신했는지 내 옆에 있던 사람들은 다 없어져 버렸다. 계엄군이 휩쓸고 지나간 자리엔 핏자국과 파편이 오물과 분노와 함께 남아 있었다. 대검과 철봉을 피해 군중들은 골목, 다방, 식당, 가게, 건물 등 안전한 곳이면 아무 데고 뛰어들었다. 피를 마시기에 혈안이 된 군인들은 아무나 잡히는 대로 찌르고 갈겨서 현장에서 즉사시키는 것이었다. 그들은 살인면허를 소지하고 있었다. 그들은 남녀노소 할 것 없이 누구나 죽일 수 있는 살인면허를 소지하고 있었다.

"쿼바디스, 주여! 어디로 가시나이까", "나는 십자가에 못 박히기 위해 로마로 간다." 로마병정들에게 무차별 학살되는 초기 기독교인들을 보고도 도망가는 사도 베드로를 보고 하신 예수의 말씀이다. 하나님을 믿는다는 이유 때문에 권력에 짓눌리고, 풍요로부터 외면당하고, 소외와 고독의 한 가운데서 굶주림과 추위에 떨며 권력과 무력의 제물이 된 그들은, 자신의 목숨을 결코 서 푼 이상의 것으로 생각하지 않았기 때문인지도 모른다.

베드로를 비롯한 사도들이 로마에 가서 먼저 자기들이 십자가에 못 박히자는 결단을 내리고 발걸음을 돌렸던 그 역사적인 전환, 그들의 행동이 오늘의 기독교의 초석이 되었다고 알고 있다. 그러나 나는 지금 어디로 가고 있는가. 나의 형제가, 나의 동포가 저렇게 피를 토하는 현장에서 자리를 피해 시 변두리에 위치한 월산동 쪽으로 도망치고 있는 것이 아닌가.

처가와 동생들의 생사를 확인해야 한다는 것이 내가 도망할 이유가 된다고 생각했다. 그러나 그것들은 내가 도망치기에 충분한 이유가 못 된다고 다시 생각했다. 그러나 내가 이 자리에서 죽지 않으려면 그렇게 해야 한다. 하나님의 사업을 내가 행할 필요가 있다고 생각한다면, 이것이 충분한 도피 이유가 될까. 모르겠다. 우선 이 순간을 면하고 보자. 나는 가능한 한 골목길만을 선택해서 달렸다.

다행히 손에 든 게 없어서 좋았다. 어느 골목을 벗어나 대로 앞에서 딱 서고 말았다. 거의 반사적으로 몸을 빈 상자 뒤에 숨겼다. 참으로 무섭고 끔찍한, 역사가 생긴 이래 어느 학살의 현장에서도 결코 시도되지 못했을 그런 장면을 보아야 했다. 과연 저 군인들이 나 자신과 같은 언어를 사용하는 똑같은 한국인이란 말인가. 설령 김일성에 의해 북한에서 남파된 게릴라인들 이들처럼 잔인할 수가 있을까.

공수병들이 여대생으로 보이는 3명의 여학생을 불러 세워 놓고는 발가벗기고 있었다. 브래지어와 팬티까지도 모조리 찢어내고 그 중 유독 험하게 생긴 공수병이 구둣발로 아가씨들을 차기 시작했다. "빨리 꺼져! 이 쌍년들아! 지금이 어느 때인 줄 알고 데모나 하고 지랄이야!" 그는 성난 늑대처럼 내몰았다. 나는 아가씨들이 빨리 도망쳐 주기를 간절히 바랐다. 그러나 내 소원과 달리 내 기도가 들리지 않았는지 그 아가씨들은 땅바닥에 주저앉아 꼼짝도 하지 않았다.

이 때 군인 하나가 고함쳤다. "이 쌍년들이 살기가 싫은가 봐! 그럼

할 수 없지" 순간 아가씨들의 등에는 대검이 꽂혔고 피가 분수처럼 뿜어져 나왔다. 아가씨들이 거꾸러지자 군인들은 대검으로 그네들의 가슴을 X자로 긋더니 생사도 확인하지 않고 쓰레기차에 던져 버렸다. 암매장을 하는지 불태워 버리는지 그것은 알 길이 없었다.

　바로 이 때였다. 시민들의 분노 어린 고함이 더욱 거칠어졌고 흥분이 절정에 올랐다. 누군가 "시민이여! 모두가 일어섭시다! 우리의 자식들이 다 죽어갑니다. 공구들과 곡괭이든 닥치는 대로 가지고 싸웁시다!"라고 말하는 소리가 들렸다. "와 …!"하는 함성과 함께 시민들이 모여들더니 어느 목재소에선가 각목을 가져왔다. 겁에 질린 오합지졸처럼 도망치던 시민들은 돌아와 싸우는 자세로 돌변해 갔고, 학살은 더욱 심해졌다. 공수부대와 맞서 맨손으로 싸울 수 없을 것이라고 생각되었다. 만일 내가 총검에 대항하다 죽는 날이면 죽음이 너무나 헤픈 것이 될 것이다. 나는 간신히 자제하면서 될 수 있는 한 빨리 달렸다. 그 날 밤 11시가 지나서야 동생들의 생사를 확인할 수가 있었다. 아가씨들의 끔찍한 최후가 자꾸만 눈앞에 아른거려서 한잠도 자지 못했다.

3. 언어를 초월한 사랑

　밤을 새워 볶아 대는 총성, 전쟁 영화에서나 듣던 자동화기의 연발소리, 카빈과 기관총이 연달아 빗발쳤다. 도대체 저 총알들은 누구의 가슴을 노리고 있는가. 도심의 아스팔트는 선혈로 물들고 계엄군의 무차별한 발포는 밤이 새도록 벼락 쳤다. 고3에 재학중인 내 동생이 군대에 화염병을 던지며 밤을 새운 뒤 집에 돌아와 전하는 말에 따르면 시위 군중 5백여 명 이상이 피를 토하며 쓰러졌다고 한다. 나는 개죽음을 당해서는 안 된다며 말렸다. "친구와 형제가 죽어 가는데 나만 살자고 도망가란 말입니까." 내 동생은 흥분을 누르지 못하여 대들었다. 나는 할 말이 없었다.

친구와 친척들의 피를 보고 학생들과 시민들은 분노와 저주의 극에 달했다. 시내의 모든 택시기사들은 저마다 차를 몰고 와 시위 군중을 태우고 카퍼레이드를 벌이기 시작했다. 어디를 가나 가로엔 박수와 환호로써 격려하는 시민들로 꽉 차 있었고, 젊은이들은 너나 나나 할 것 없이 차에 올라탔다. 고속버스, 시내버스, 불도저, 노획한 군 장갑차, 장교 전용차, 각양각색의 차량들이 수백 대가 넘었다.

아세아자동차 공장에서 수백 명의 정비원이 뛰어나와 고장 난 차량을 정비하여 다시 내몰았다. 줄 서는 시위차량을 위해 서비스하는데 수고를 아끼지 않았다. 주유소 직원들은 아무 차량에나 필요한 대로 기름을 공급했다. 차량마다 피로 쓴 플래카드가 걸려져 있었다. 덜 마른 선혈이 흘러내리는 차체의 구호가 군중들을 흥분시키고 있었다. "살인마 전두환을 때려 죽이자! 최규하 대통령은 물러가라! 김대중씨를 석방하라!"는 피로 갈겨 쓴 플래카드와 함께 대한민국의 국기가 그들의 손에서, 그들의 차에서 펄럭이고 있었다.

울다가도 웃을 수밖에 없는 모습도 많았다. 고속버스 지붕에 올라앉은 수십 명의 학생들이 함성을 외치며 총검 대신 각목과 공구로 차체를 두드리며 구호에 강한 악센트를 가미하고 있었다. 차량을 확보한 데모 군중의 기동력은 무서운 것이었다. 동생은 오픈카에 횃불을 설치하고 시내를 누비며 시민들의 궐기를 외치고 다녔다. 나는 그를 말리고 싶지 않았다. 사실 나는 생사를 걸고 친구들과 함께 투쟁하는 그의 충정에 감사함을 느꼈다.

공수부대가 철수하겠다는 말이 들렸다. 시민을 무차별 학살하는 군인들의 만행에 격분한 한 육군장교가 곁에 있던 5명의 군인을 사살하고 자기도 자살했다는 말이 전해졌다. 사병들 사이에 혼란이 커져 갔다. 공수특공대는 도시 외곽으로 철수하고 정규 계엄군이 진입하여 시위 군중을 향해 무차별 사격을 자행해 왔다. 젊은이들의 피가 여전히 거리에 흩뿌려져 있었다. 길바닥에 나뒹구는 어린 소년들의 피와 시체를 보며 어느 시민이 그냥 서서 구경만 할 수 있겠는가.

광주는 공포와 전율의 도시가 되었다. 화염이 사방에서 솟았다. 군대에 의해 외부세력과의 모든 통신이 완전히 차단된 절해고도의 지역이 되었다. 그러나 시민들의 가슴은 불타고 있었다. 거기에 동참하지 못했던 사람, 하나로 굳게 뭉친 이 민중들을 자신이 직접 목격하지 못한 사람들은 이 해방감을 알 수 없으리라. 민주주의 수호 투쟁에 목숨을 던진 젊은이들의 얼굴에서 눈물을 볼 수 있었으리라. 피로 물든 가슴들, 그들의 머리엔 자신의 피로 쓴 구호와 얼룩이 진 띠를 동여매고 목이 찢어져라 구호를 외치고 있었다.

사랑하는 우리의 이웃, 어리고 티 없는 아이들, 이젠 아주머니들조차 차에 합류하고 있었다. 외치다 외치다 목이 쉬어 이젠 들리지조차 않는 목소리로 민중을 향해 눈물로 호소를 보내는 어린 소년들의 절규에 나는 기어코 울어 버리고 말았다. 승차하지 못한 시민들은 김밥을 만들어 왔고 음료수를 가져왔다. 먹을 것, 마실 것을 송두리째 쓸어 담아왔다. 계란, 빵, 콜라, 우유, 쥬스 등 모두 시위 군중에 주고 싶어 했다. 상자에 모두 집어넣다가 보니 노인은 그것을 들어 올릴 수 없었다. 나는 그것을 들어다 달리는 차량을 세우고 차 안으로 밀어 넣었다. 그들의 얼굴 위에는 싸우다 죽으리라는 각오가 역력했다.

먹을 것을 준비 못한 부인들은 물통을 들고 나와 그들의 얼굴을 닦아 주고 물을 입에 대어 주었다. 시민들은 몰두한 얼굴로서 질주하는 차량을 따라 달리고 있었다. 그것은 다른 사람들과 목숨을 함께하는 피와 사랑의 투쟁이었다. 등을 두드려 주며 격려하는 사람, 약과 드링크제를 들고 나온 약사, 박수와 격려를 보내기에 혼신을 다하는 인파.

4. 5월 22일의 헌혈자들

최루탄의 독기가 확 퍼져 눈을 뜨고 있을 수가 없었다. 열기와 폐허로 변한 도시는 지옥의 한 장면 같았다. 데모 군중이 점점 격렬해지자 또다시 계엄군은 사격을 시작하였다. 여기저기에서 비명을 토하며 쓰러져 가는 수많은 시민들이 있었다. 시민들은 화산지대마냥 되어 버린 금남로에 모여들기 시작했다.

시민들은 30만 이상이라고 추정되는 그 거대한 인파는 거리를 꽉 덮고 장사진을 이루었다. 페퍼포그의 무서운 효력은 말로만 들었지 경험해 보기는 이번이 처음이었다. 나는 연방 재채기를 해 대며 쏟아지는 눈물, 콧물을 필사적으로 훔쳐 대면서 군중 틈으로 비집고 들어갔다. 계엄군은 도청 앞 광장에 장갑차를 지그재그로 정차시켜 바리케이드를 쳐 놓고 총구를 시민 쪽으로 향해 놓았다. 그것은 언제 불을 뿜을지 모르는 활화산의 분화구 같았다.

하오 3시, 장차 무서운 충돌을 예견하는 조짐이 짙어져 갔다. 무기가 없는 학생들은 유일한 무기로 각목과 주유소에서 뽑아 온 기름을 준비하였다. 그들은 다섯 개의 드럼통을 트럭 위에 싣고 통마다 기름을 가득히 담아 계엄군 쪽으로 몬 뒤 솜뭉치에 불을 당겨 드럼통에 던졌다. 거대한 불기둥이 하늘 높이 솟아올랐다. 이것이 신호인 양 계엄군들의 총구에서 불이 튀기 시작하였다. 장갑차 위에서 태극기를 흔들며 구호를 외치던 중 3학년 또래의 소년이 이마와 복부에서 시뻘건 피를 토하며 쓰러졌다. 군중을 향하여 쏟아지는 실탄은 빗발치듯했다. 여기저기에서 … 내 앞에서 지휘하던 청년이 "아이쿠"하는 외마디를 남기고 쓰러졌다. 들것을 준비하지 못한 군중들은 등에 업거나 각목으로 들것을 만들어서 환자와 시신을 날랐다. 저 어린 나이에 이름도 없이 죄도 없이 꽃잎처럼 쓰러져 갔다.

태극기를 흔들며 동포의 총에 맞아 무의미하게 죽어간 저 무명소년의 이름은 역사에 어떻게 기록될까. 폭도, 불량배, 반국가적 단체, 용공세력 내지 간첩의 사주를 받은 공산주의 용의자라고 기록될 것인가. 아무도 알아주지 않는 들풀, 열매도 맺지 못하고 향기를 뿜어 보기도 전에 베어진 들풀, 이제 찬서리에 뒤덮인 저 어린 꽃에 무어라 이름을 붙여 주어야 할까. 찢어진 채 펄럭이는 피로 물든 깃폭, 그 속에 뚫린 총알구멍은 민중의 서리고 서린 적의와 원한만큼이나 많았다.

오늘의 지성, 오늘의 종교인들이 진정 해야 할 일은 무엇인가. 수십 년 동안 쌓아 온 민중의 원한, 우리가 그것을 무시하고 개인적인 안일과 영화를 얻기 위해 권력과 부도덕한 세력에 야합한다면, 그리하여 정부의 억압과 권력을 증가시키기만 한다면 장차 저 축적된 분노는 무엇이 되어 나타날 것인가. 역사가 전달되고 민중의 맥박이 끊어져야 하는 오늘의 위기 속에서 우리는 미래의 천국만을 꿈꿀 수가 있단 말인가. 단종을 복귀시키려다 실패한 사육신, 이 태조의 건국에 반대하여 피를 뿌린 정몽주는 충신으로 역사에 기록되면서 왜 똑같은 대의를 위해 쓰러져 가는 젊은이들은 폭도라고 지탄되어야 하는가. 그들이 죽음을 당하면서까지 무슨 개인적인 욕심을 추구한 것이 있는가.

총알을 피해 퇴각하던 군중들은 어느 골목길을 꺾어 돌아 거기에 기다리고 있는 또 하나의 불행과 마주치고 말았다. 이런 혼란 속에서 몇 미터도 되지 않는 좁은 골목길에 수천 명이 밀어닥치는 바람에 수많은 사람이 밟히면서 50여 명이 죽거나 부상당했다. 이런 혼란 속에서 나는 '용케도 총알과 대검을 피했지만 여기에서 죽고 마는구나' 생각하며 눈을 감았다. 그러나 나는 기적적으로 살아났다. "시민 여러분, 헌혈을 하십시오! 피가 필요합니다. 피가 없어 사람들이 죽어갑니다!"

학생들은 마이크로 헌혈을 호소했다. 수많은 남녀가 헌혈하겠다고 나섰다. 진짜 피로 '헌혈차'라고 쓴 구급차에 탔다. 나는 적십자 병원을 향해 출발했다. 병원에 들어서자 피비린내가 나를 맞았으며 나는 구역질이 나올 것 같았다. 병실, 복도 할 것 없이 그 큰 병원이 환자로 가득 차 있었다. 앉아서 채혈할 만한 공간도 없었다. 하는 수 없이 다시 차를 타고 양림동 다리 곁에 있는 다른 병원으로 향했다.

길을 따라 서 있던 군중들을 가르며 가운데서 한 청년이 나타나 군중을 저지하려고 하는 계엄군에게 돌을 던졌다. 그는 힘없이 거꾸러졌다. 학생처럼 보이는 청년 둘이서 철모를 벗겨 골통을 박살내었다. 군중은 박수를 쳐 대었다. 모처럼의 복수를 목격한 시민들의 얼굴에서 승리의 기쁨이 출렁이고 있었다. 나 자신도 압제자에 대해 보복하는 것에 시원한 흥분이 저려 왔다.

어느 병원이나 환자들은 초만원이었다. 마침내 헌혈을 하고 나서 나는 잠시 생각에 젖어 보았다. 누군가 이름도 모를 젊은이의 피와 내 피가 혼합되어 흐른다고 생각하니 연민의 정이 솟아올랐다. "살아라! 제발 살아서 용감하게 싸워다오. 이 젊은이들 어느 누구의 피도 헛되지 않기를 바란다."

5. 누가 그들을 폭도로 몰아세웠는가.

광주에 파견된 계엄군은 모두 도시 외곽으로 철수했다. 시민들은 도청을 장악했고 화순, 송정리, 나주, 함평 등지의 무기고에서 무기와 탄약을 탈취했다. 4천여 정의 총, 5만발의 탄약, 수류탄, 다이너마이트는 계엄군과의 전투를 수행하기에는 충분하고도 남았다. 각목과 공구만으로 중무장한 계엄군과 싸운다면 목숨만 더 잃게 될 것이라는 것을 깨닫고 시민들은 전술을 바꾸기로 했다. 곡괭이와 삽을 버리고 카빈총과 기관총, 수류탄을 집어 들었다.

누군가 도청과 시청을 다이너마이트로 폭파하려고 한다는 소문이 퍼졌다. 소문이 소문에 그치기를 나는 기도했다. 공수부대는 광주 시민들이 진짜로 무기로 무장했다는 것을 알고 도시 외곽으로 철수해 버렸다. 이 소식을 듣고 시민들은 기강 와해의 최초의 징후를 보여 주기 시작하였다. 그들은 손에 무기를 들었으나 적이라곤 없는 전사들이었다. 기강 와해는 정말 불행한 조짐이었다. 싸움터를 잃은 시민군은 자제심을 잃고 벌떼처럼 시내를 쏘다니기 시작했다.

이젠 중학생들이 수류탄을 들고 있었고 국민학생들은 손에 카빈총을 들고 있었다. 사용방법을 모르는 미숙한 손들에 무기를 맡긴다는 것이 시민 자신들에게 무슨 손해를 끼칠지 누가 알겠는가. 다시 한 번 시는 공포의 도시가 되어 버렸다. 밤새 그들은 하늘에 대고 총을 쏘아댔다. 누가 이들, 기본적으로 선량한 사람들을 폭도가 되도록 몰아세웠는가.

그들이 무기를 훔치지 않을 수 없는 어떤 비극적 상황을 야기시킨 것은 무엇인가. 무기를 다루는데 익숙지 않은 그들은 밤하늘에 연발로 쏘아대서 밤하늘을 불꽃의 소나기로 바꿔 놓았다. 어느 총알에 다칠까 두려워 시민들은 문을 잠그고 방안에서 숨을 죽이고 있었다.

그 다음날, 나는 동생과 조카들에게 도시를 떠나자고 재촉했다. 전남에서는 모든 교통이 마비되어서 우리는 걸을 수밖에 없었다. 걷기는 이조시대의 교통수단이었다. 우리는 3백년 전의 과거로 되돌아갔다. 등에 짊어진 짚신꾸러미를 생각케 해주는 시대로 돌아간 것이다. 둘이 떠났으나 오후에 되돌아왔다. 철로 연변에 널린 시체더미를 보고 깜짝 놀라 되돌아온 것이다. 광주를 떠나려다 군인들의 총에 맞아 죽은 사람들의 시체였다. 군대는 도시를 완전히 포위하고 있었다. 시내에서는 데모 군중들이 밤낮으로 계속해서 총을 쏘아댔다. 끔찍한 사건들로 이어졌던 이 사흘은 나에겐 삼 년보다 더 긴 것 같았다.

새로운 내각의 각료들이(구 내각은 5월 17일 군부 쿠데타 후에 사퇴하지 않을 수 없었다) 광주를 방문하기로 했다는 소식이 전해지자 시민들은 총리를 만나기 위해 도청에 다시 모였다. 수만 명의 시민들이 뜨거운 햇빛 속에서 5시간 동안을 도청 앞에 앉아 있었다.

그들은 시신을 도청 지하실에서 꺼내 밖으로 내오기 시작했다. 그들은 군대가 자제와 인내로써 행동하고 있다는 보도들이 얼마나 우스꽝스럽고 허위에 찬 것인가를 총리에게 보여 주고자 했다. 지하실에 내려가 475구의 시체를 보니 알아볼 수 없을 정도로 얼굴이 불에 탄 것도 있어 시민들은 다시 한 번 분노에 치를 떨었다. 5시가 되고 6시가 되자 시민들은 점차 기운을 잃고 흩어지기 시작했다.

시체들은 다시 지하실로 되돌려 보냈다. 시민과 만나 해결책을 세우겠다고 약속했던 신임 총리는 그 약속을 깨고 시내에는 한 발자국도 들여 놓지 않고 이 사태를 '폭동'이라고 몰아붙였다. 계엄분소장으로부터 보고를 받고 그는 더 이상 머무르는 게 무서워서 서울로 되돌아간 것이다. 이것이 총리가 취임 후 행한 첫 번째 조치였다.

그는 '완전한 무법상태'니 '폭도들에 의해 장악된 도시'니 하는 말을 남기고 떠났다. 만약 이것이 사실이라면 가슴을 쥐어뜯는 듯한 신음소리가 아직도 들린다. 그들의 투쟁은 바로 가장 기본적인, 신으로부터 부여받은 권리를 위한 투쟁이었다. 그들의 투쟁은 조국의 장래를 위해 역사의 이 순간에 일어서야 한다고 판단했으며, 그 결과로서 수많은 고통의 밤을 지새웠던 것이다. 그들의 행위는 폭력도 아니었고 오도된 폭동도 아니었다. 그들은 자연적인 흐름으로 돌아가고자 하는 천체운동처럼 완전히 자연스럽고 기본적인 역사의 방향을 좇지 않았던가.

한 젊은이가 얻어맞고 배에서 살점이 날아오르는 것 같았다. 고통을 잊은 듯 그는 자신의 피를 찍어 "자유라는 나무는 피를 먹고 자란다"라고 썼다. 이러한 비극이 우리 자신의 도시, 민족, 동포에게 안겨진다면 우리에게 무슨 희망이 있을 수 있겠는가. 핏빛으로 말라붙은 우리 도시의 산하를 보고 어느 누가 입을 닫고 아무 말 없이 지낼 수 있겠는가. 80만 시민의 함성이 더 이상의 메아리도 없이 빈 하늘에 그저 사라져 버릴 것인가. 그들의 고통과 시련이 헛된 것이 되어 '불순분자'의 선동을 받은 폭동에 불과한 것으로 역사에 기록되고 말 것인가.

6. 임금님의 새 옷

교통·통신이 완전히 마비된 호남일대는 자식의 생사를 알아보기 위해 조이는 가슴을 달래며 광주로 향하는 학부모들의 발길이 끊이지 않았다. 각처에서 걸어왔다는 늙은 부모들의 반응에서 도시에서의 비극을 목격한 우리는 이제 또 하나의 비극을 보아야 했다. 자식을 잃은 부모는 누가 내 자식을 죽였느냐고 땅을 쳤고, 살아 있는 자식을 만난 이들은 기쁨의 눈물을 흘렸다. 그러나 그들을 대피시키기도 매우 어려웠다. 계엄군이 도시를 포위하고 모든 도로를 차단했기 때문이었다.

군대가 비행기에서 뿌린 삐라는 첫머리에 '호소문'이라 씌어 있었지만 내용은 기만과 술수로 버무려진 순전한 협박이었다. 방송 내용도 오히려 시민의 감정을 격화시킬 뿐이었다. "정부는 인내와 자재로써 발포를 못하고 수많은 군경들이 희생되었습니다"라며 전 시민이 고정간첩과 폭도들로 묘사되고 있었다. "하루 빨리 여러분의 집으로 돌아가서 질서를 회복해 주십시오" 등 공공연한 거짓말로 그들은 시민들을 자기편으로 끌어들이려 하고 있었다.

이런 거짓말로 가득 찬 삐라를 보고 시민들은 집으로 그냥 돌아갈 수가 없었다. "시민의 눈을 가리고 아웅해도 분수가 있지 정말 이럴 수가 있겠는가."'정부의 발표'하면 이젠 콩으로 메주를 쑨다 해도 믿을 사람이 없을 정도였다. 권력에 의지해 변명하기에 급급한 정부 관리들을 보고 양식 있는 사람이라면 어느 누가 분노를 참을 수가 있겠는가.

피바다가 되어버린 도시, 이 죽음의 도시에서 권력자들은 시민의 함성을 폭도로 규정했다. 이 무슨 배반인가. 물론 이토록 혼란한 틈을 타서 진짜 간첩이 한가운데에 끼어들었을 가능성을 누구도 부인하지 않는다. 정부 전복 기도의 일부로서 공포 분위기를 조성하기 위해 '검은 손님들'(북한 간첩)이 방화와 살인을 저질렀으리란 추측을 누구도 부정할 수 없다. 그러나 시민들의 거사는 결코 간첩들의 현혹에서 비롯된 것은 아니다. 어떤 열성적인 반공용사라도 광주에서 벌어지는 일을 보고 방구석에 눌러앉아 자기 안전만 생각할 수는 없었을 것이다.

사실을 사실대로 말하지 못하는 입, 사실을 사실대로 쓰지 못하는 펜, 사실을 사실대로 알리지 못하는 라디오와 TV, 이것이 오늘의 한국이다. '임금님의 새 옷'이라는 우화는 무엇인가? 임금님을 너무 두려워한 나머지 임금님이 발가벗은 채로 "내 옷이 얼마나 아름다운가"하며 뽐내는데도 신하들은 임금님에게 옷을 전혀 입지 않았다는 말을 못한다는 이야기이다.

자신이 가장 깨끗한 체, 가장 진실한 체, 가장 애국자인 체하기 위해 모든 대신들은 보이지도 않는 천을 만지며 혀가 닳도록 칭찬하는 이야기이다. 오늘날 한국의 군대는 자기의 허위와 기만을 아무도 지적해 주지 않는 그 임금과 같다. 어리석은 임금은 발가벗고 행차하고, 대신들은 자신의 수치스러운 목숨을 구하기 위해 임금이 발가벗고 있다고 말할 수 없다.

그들은 아첨과 기만의 화신이 되어 버렸다. 그러나 우화에서는 한 어린이가 진실을 지적한다. 그는 큰 소리로 외친다. "임금님은 발가벗었다!" 오늘날 한국 관리들에겐 이 어린이만큼의 양심을 가진 자가 하나도 없단 말인가? 왜 그들은 이런 속임수와 음모로써 민중을 계속 속여 권력을 유지할 수 있을 것이라 생각하는가? 그들은 봉사해야 할 민중을 속이려 들고 있는 것이다. 그러나 민중은 결코 영원히 속지 않는다.

억압과 학살로써 어떤 반대도 물리치고 권력을 유지할 수 있다는, 식민지 시대(한국은 일본의 식민지였다)부터 계승된 전근대적인 지배자 신념에서 오늘의 위정자들은 깨어나야 한다. 아들을 잃고, 남편을 잃고, 딸을 잃은 시민들 앞에서, 화염방사기에 알아볼 수 없을 정도로 까맣게 타 버린 유해들 앞에서 저렇게도 처절한 유가족의 통곡소리를 못 들은 척하고 말 것인가.

불의로써 정복한 자는 자신의 불의의 압력으로 반드시 망하고 만다는 사실을 역사는 우리에게 가르쳐 왔다. 양심인사들을 투옥하고 체포와 고문, 학살과 억압으로 사실을 은폐하려는 원시적 정책에서 하루 빨리 벗어나야 할 것이다. 우간다의 아민, 히틀러, 혹은 로마의 네로를 예로 들 수 있겠으나, 그들 독재자들을 직접 알지 못하는 우리는 이 나라의 현 지배체제의 억압 속에 희망마저 좌절된 채로 그대로 남아 있다.

강을 건너 공포의 도시로부터 빠져 나가려는 저 시민들을 보면서, 나는 그들과 패전국을 도망치는 피난민들 사이에서 한 치의 차이도 발견할 수 없었다. 현역장교들조차 이 비극이 몰고 온 무시무시한 인명손실에 분노와 구토로 몸서리치고 있었다.

데모 군중의 시위차량을 지휘했던 모 대학생은 사살된 사람이 1천명, 교통사고·대검 등에 의해 죽은 사람이 8백명 가량 된다고 전했다. 그러나 시체 수를 확인해 보지 않은 이상 이 숫자를 타당하다고는 할 수 없을 것이다. 병원을 꽉 메운 부상자들의 대부분이 죽었거나 피와 의약품의 부족 때문에 죽어가고 있다니까 그 숫자는 더 불어날 것이 틀림없다. 한 종교단체는 사상자 수가 약 2천명 이상이라고 말했다. 총알에 누더기가 되고 동포의 피로 얼룩진 민중의 응어리진 원한이 서린 저 깃폭을 보라. 뉘라서 이 응어리진 분노를 풀어 줄 것인가.

눈을 감으면 아직도 떠오른다, 저 찢기고 누더기가 된 깃폭이.
뜨거운 눈물이 볼을 타고 끊임없이 흘러내린다.

1980년 6월 5일
일본가톨릭정의평화협의회

[부록 2] 5·18관련 사건들에 대한 요약

10·26이란 무엇인가?

1979년 10월 26일 오후 4시, 삽교천 방조제 준공식을 마치고 헬기로 돌아오는 도중 차지철은 김재규에게 전화를 걸어 궁정동 안가에서 각하의 저녁 식사를 준비하라 연락했고, 이때 김재규는 평소 마음먹었던 혁명을 하기 위해 정승화를 궁정동에 불러 대기케 했다. 김재규는 '각하'를 시해할 권총을 준비하고 두 대령들에게는 권총 소리가 나면 경호원들을 사살하라고 지시한다.

차지철에 반감을 가지고 있던 비서실장 김계원은 이 계획에 고개를 끄덕여 주었다. 만찬 시작 1시간 40분 만에 김재규는 차지철과 각하를 살해했다. 김계원은 각하의 시신을 국군 병원에 옮겨 놓고 군의관으로부터 각하가 확실하게 사망했음을 확인하고 청와대로 들어가 비상소집을 한다. 8시 40분 최규하 총리는 김계원으로부터 은밀히 김재규가 차지철과 각하를 살해했다는 정보를 듣고도 각료들에게 일체 알리지 않고 김재규가 원하는 대로 비상국무회의를 국방부에 가서 열고 익일 아침 4시에 비상계엄을 선포할 것과 정승화를 계엄사령관으로 할 것을 결정하고 회의장 밖에 있는 김재규에게 이 사실을 귀띔까지 해주었다. 총리가 이러했으니 다른 국무위원들이야 오죽 눈치를 보았겠는가? 그 많은 국무위원들 가운데 범인이 누구냐를 따지는 사람이 없었고 모두가 쥐 죽은 듯 눈치들만 보았다. 위기에서 국가를 생각하여 나서는 자가 일체 없었던 것이다.

한편 김재규는 시해 후에 피범벅이 돼 가지고 맨발과 와이셔츠 바람으로 정승화에게 달려가 그를 자기 차에 태우고 육군 B-2 벙커로 갔고, 가는 도중 정승화는 김재규의 말과 표정으로부터 김재규가 범인이라는 것을 알아차렸다. 벙커에 도착한 정승화는 국방장관을 제치고 장관의 소관사항인 병력을 동원하는 명령을 내리고 차지철의 부하인 경호실 차장 이재전 장군을 지휘하여 경호 병력을 현장으로 가지 못하도록 동결하는 명령을 내렸고, 현장 접근을 확실히 저지하기 위해 역시 차지철의 부하인 수경사령관을 지휘하여 청와대를 포위하라 지시했다. 차지철이 대통령과 함께 죽었다고 생각하기 전에는 있을 수 없는 일이었다. 벙커에 온 김계원은 김재규에게 동조세력이 없다는 것을 간파한 후 노재현과 정승화가 있는 자리에서 김재규가 범행에 사용했던 권총을 내놓으면서 김재규가 범인이라는 사실을 알려준다. 약삭빠른 배신이었다.

정승화는 장관으로부터 김재규를 체포하라는 명을 받고서도 그를 비호했지만 전두환의 순발력에 의해 김재규는 곧바로 서빙고 분실로 연행됐고, 거기에서 김재규는 자기가 범인이고 정승화와 함께 행동했다는 것을 털어났다. 이학봉은 정승화를 즉시 체포하자 했지만 불과 두 시간 정도의 시차로 정승화는 이미 계엄사령관으로 임명돼 있었다. 계엄사령관이 된 정승화는 김재규를 비호하고 자신의 개입 사실을 축소하려 갖가지 시도를 했다. 이학봉은 여러 차례에 걸쳐 정승화의 구속을 건의했지만 전두환은 12월 6일에야 구속을 결심했고 D일을 12월 12일로 결정했다. 판결문에는 전두환이 동경사로 발령날 것을 눈치 채고 정승화 체포를 결심했다고 하지만 전두환에 대한 인사 이야기는 12월 9일에야 골프장에서 노재현과 정승화 두 사람 사이에 오갔던 말이다. 체포하라 결재한 날은 12월 6일, 인사발령 이야기는 12월 9일 나왔다. 판결문이 너무 황당한 것이다.

12 · 12란 무엇인가?

1979년 12월 12일 오후 6시 30분, 전두환은 수사국장 이학봉을 대동하고 국무총리 공관에서 집무하고 있던 최규하 대통령에 가서 정승화 연행에 대한 재가를 요청했다. 당시는 정승화에 대한 의혹이 사회적으로 확산돼 있었고, 이러한 것은 극비사항이기 때문에 누구도 거치지 않고 곧바로 대통령에게 가져갔다. 전두환은 재가가 쉽게 나리라 생각하고 무조건 7시에 정승화를 체포하라는 사전 각본을 짰다.

그런데 의외에도 최규하 대통령은 국방장관을 앉힌 자리에서 재가할 것을 고집했다. 정승화를 체포하는 일은 원체 큰일이라 전두환은 평소 군에서 여론을 이끌 수 있는 9명의 장군을 보안사 정문 맞은편에 있는 수경사 30단으로 초청하여 재가가 끝나는 대로 체포의 당위성에 대해 설명하려 했고, 다른 한편으로는 정승화 계열인 장태완, 정병주(특전사령관), 김진기(헌병감)에게도 따로 설명해 줄 요량으로 신촌 만찬을 준비했다.

한편 허삼수와 우경윤 등은 4명의 보안사 수사관들을 태우고 7시 5분에 정승화 총장 공관으로 갔다. 서빙고로 가자는 대령들의 권고를 받은 정승화는 순순히 응하지 않고 소리를 지르며 저항했고, 이로 인해 그의 부하들과 수사관들 사이에 총격전이 유발됐고 그의 부하들과 범죄수사대 대령이 중상을 입었다. 그 자신이 한 때 보안부대장을 했으면 저항해야 피해만 발생한다는 사실 정도는 알고 있었을 터인데도 불필요한 저항을 하다가 부하들을 다치게 한 것이다. 결국 박 수사관이 응접실의 유리창을 깨고 들어가 M16소총으로 위협하고서야 순순히 정승화는 체포에 응했다.

한편 국방장관 노재현은 빨리 오라는 대통령의 호출 명령을 받고도 이리 저리 피해 다녔고, 피해 다니는 동안 군에는 지휘 공백이 발생하여 정승화 군벌과 30단 군벌 사이에 불필요한 긴장이 유발됐다. 긴장이 일자 불길한 생각이 든 5명의 장군은 밤 9시 반에 대통령에 가서 정중히 인사를 하고 사태의 심각성을 설명하면서 재가를 빨리 해달라고 간청했지만 대통령은 "장관 오면 해줄께"하고 담소를 계속했다.

3군사령관 이건영, 특전사령관 정병주, 수경사령관 장태완, 총장 권한대행인 윤성민 참모차장 등 수도권 부대의 실세들이 나서서 30단에 모인 장군들을 무조건 반란군이라 규정한 후, 병력을 동원하고, 30단과 청와대 지역을 전차포와 야포로 융단공격하려 하고, 상대방 장교들을 체포 구금함은 물론 장교들의 이름을 지정하여 사살명령까지 내리고, 대통령을 납치하여 정승화를 구하자 논의하고, 무장헬기로 정승화를 구출하자 논의하는 등 막다른 단계에까지 이르다가 전두환에 의해 진압되고 체포되기에 이른다.

이리저리 숨어만 다니면서 대통령의 호출에 불응한 노재현은 새벽 1시, 제1공수여단과 국방부 옥상에 배치됐던 수경사 병력 사이에 발생한 총소리에 겁을 먹고 부관과 함께 국방부 건물 지하 1층 어두운 계단 밑에 숨어 있었다. 대통령과 함께 하루 밤을 새운 신현확 총리는 참다못해 자기가 나서서 노재현을 찾아오겠다며 국방부로 향했고, 이에 공수대원들이 국방부 건물을 샅샅이 뒤지다가 새벽 3시 50분에 계단 밑에 숨은 장관을 발견한다. 총구를 겨눴던 병사들은 "나 장관이다"하는 말에 경례를 한 후 장관실로 모셔 온다. 신현확 총리는 국방장관과 이희성 그리고 국방차관 김용휴를 태우고 총리 공관으로 갔다. 노재현은 보안사에 들려 재가문서에 스스로 결재를 한 후 대통령에 가서 꾸중을 듣고 재가를 얻었다. 04시 30분에서 05시 10분 사이였다. 최규하는 서명 난에 05:10분이라 쓰고 서명을 했다.

사실이 이러함에도 1996~97년에 진행된 역사뒤집기 재판에서는 전두환이 죄 없는 정승화를 체포하고 정식 지휘계통에 있던 윤성민-장태완이 내린 정승화를 풀어주라는 명령에 불복하면서 5명의 장군을 보내 대통령을 협박하고, 공관 주변을 경계하는 병사들에 의해 대통령에 겁을 주면서 새벽 5시에 재가를 강요했고, 무단으로 병력을 동원했기 때문에 군사반란이라고 판결했다. 하지만 1996년 7월 1일 제18회 재판정에 나온 신현확 전 총리는 장군들은 예의바르게 인사를 했고 정중하게 건의를 한 후 돌아갔으며, 대통령과 하룻밤을 새우는 동안 공관 경비병을 의식한 적은 전혀 없다고 증언했다. 12·12가 없었다면 시국은 정승화-김재규가 주도한 쿠데타 세상으로 연결됐을 것이다.

5·17이란 무엇인가?

10·26 이후의 권력 공백기를 맞이하여 국민은 북한의 남침을 가장 걱정했다. 실제로 김일성은 11월 3호 청사에서 남한에 전민봉기를 유도하라는 비밀지령을 내렸고, 이어서 12월 20일에는 남조선에 '신군부'가 쿠데타를 일으켰으니 인민무력부는 신호만 떨어지면 즉각 출동할 수 있도록 24시간 가동하라는 명령을 내렸다. 존재하지도 않던 '신군부'라는 말은 이때 김일성이 최초로 사용한 단어였다.

4월 21일, 사북탄광노조 폭력사태가 발생하자 김일성은 노동자를 포함한 전 계급이 들고 일어나 전민봉기를 일으키라고 간첩들에 지시했다. 1980년 3월부터 5·18직전까지 색출한 간첩사건만 7건, 남침징후 첩보 5건에 이어 5월 10일에는 일본 내각으로부터 북한이 남침을 결정했다는 정보까지 입수되어 정부와 군은 바짝 긴장하고 있었다.

반면 안보에는 관심조차 없는 3김 시대의 정치권과 재야세력으로 불리는 불순세력들은 때가 왔다며 최규하 주도의 과도정부를 유신잔당이라 몰아치면서 즉시 퇴진하라며 압박을 가했고, 이에 최규하 정부는 연내에 헌법 개정을 마치는 대로 정권을 이양할 것을 수차 약속하면서 재야세력이 요구하는 대로 학원 자유화를 허락했고, 2월 29일에는 윤보선, 김대중, 지학순 등 긴급조치 위반자 687명에 대해 사면-복권을 단행하는 등 유화조치들을 취했다. 재야세력이 말하는 이른바 '서울의 봄', 신나는 계절이었던 것이다. 김종필은 공화당, 김영삼은 신민당을 이끌고 있었지만 김대중은 신민당에서는 자기에게 희망이 없다고 생각하여 당에서 뛰쳐나와 학생 세력과 노동자 세력을 이끌어온 재야세력을 결집시켜 '국민연합'이라는 사실상의 혁명지휘부를 결성하고 학생과 노동자들을 선동하면서 폭력시위를 지휘하기 시작했다.

4월 하순부터 시작된 대학생 시위는 5월에 접어들면서 전국 규모로 확산됐고 이에 고무된 김대중은 5월 7일, 제1차 민주화촉진국민선언문을 발표하여 최규하 정부의 즉각 퇴진-전국내각 구성 등의 요구조건을 내걸며 정부를 압박했고, 학생 등을 향해서는 "민주주의는 피를 먹고 자란다", "김재규도 김주열이나 김상진 못지 않은 애국충신"이라며 과격 시위를 선동했다. 이어서 김대중은 4월 10일, 5월 1일, 5월 10일 3회에 걸쳐 북악파크에서 문익환, 예춘호, 이해동, 장기표, 심재권 등 이른바 김대중내란음모 집단을 이끌고 전국 폭력시위에 의한 국가전복 계획을 수립하고 '김대중의 혁명내각'을 작성했다. 5월 15일은 서울역에 10만 시위대가 모여 버스로 경찰을 깔아 죽이는 정도에 이르렀고, 당시 내무장관은 소요진압이 경찰의 범위를 넘는다며 계엄군의 개입을 요청하게 되었다.

서울역 시위에 극도로 고무된 김대중은 5월 16일, 제2차 민주화촉진

국민선언문을 발표했다. 5월 19일까지 내각이 총사퇴한다는 약속을 하지 않으면 5월 22일을 기하여 군인, 경찰을 포함한 전국의 모든 국민은 검은 리본을 달고 전국적으로 봉기하여 정부를 전복할 것이라는 최후통첩이었던 것이다. 정부가 전복되고, 국가가 혼란에 빠져 남침 조건을 마련하도록 해줄 것인가, 아니면 김대중이 이끄는 재야세력과 이들의 조종을 받는 복학생 조직을 분쇄할 것인가! 최규하 정부는 양자택일을 해야 하는 절체절명의 위기에 처한 것이다.

이러한 위기에 직면한 정부의 선택이 바로 5·17 조치였던 것이다. 5월 17일, 전군주요지휘관회의를 긴급히 소집하고, 10·26 이후 선포됐던 지역비상계엄(제주도 제외)을 전국계엄으로 확대하고 5월 18일 새벽 2시를 기해 전국 136개 국가시설을 보호하고 31개 주요 대학을 점령하기 위해 25,000명의 계엄군을 배치하는 한편, 5월 17일 자정을 기해 이른바 김대중 내각을 구상했던 김대중, 김상현 등 24명의 내란음모자들을 체포하고 학생 주동자들을 구속하기 시작했다. 최규하 정부와 계엄당국이 이러한 조치를 취하지 않았다면 전국은 무법천지가 됐을 것이고, 북에서 신호를 기다리고 있던 북한군은 제2의 6·25남침을 했을 것으로 판단된다.

그러나 역사뒤집기에 동원된 재판관들은 당시 북한의 위협은 별로 없었으며, 비상계엄 전국확대 조치가 국민의 기본권을 침해하고, 국민에 겁을 주는 것이기 때문에 넓은 의미의 폭동이고, 신군부의 마음속에 내란하려는 마음(관심법)이 있었기 때문에 5·17은 내란을 위한 폭동이 되는 것이라는 우격다짐의 판결문을 썼다. 아울러 폭력으로 국무위원들을 협박하여 비상계엄을 전국으로 확대함으로써 국방장관과 국무총리의 계엄지휘권을 배제하고, 바지 같은 대통령을 간접정범으로 이용하여 내란을 획책했다고 판결했다. 참으로 이해조차 되지 않는 인민재판이요, 관심법 재판이라 아니 할 수 없다. 한마디로 김대중이 이끄는 세력은 민주화 세력이기 때문에 그들이 5월 22일 전국 소요를 일으킬 수 있도록 가만 두었어야 했다는 판결인 것이다.

5·18이란 무엇인가?

이번의 『5·18분석 최종보고서』는 광주에 광주인들이 독립적으로 구성한 시위대가 없었다는 사실을 밝혀냈다. 따라서 광주 민주화운동은 허구요, 기만이다. 4,634명의 5·18유공자가 매년 국민세금으로 개국공신적 혜택을 받고 있는 것은 단죄돼야 할 대국민 기망행위다.

광주에서 발생한 파괴-방화-살인 행위, 혐오스런 시체를 만들어 내놓고 계엄군의 소행으로 덮어씌운 행위, 계엄군을 증오하도록 유언비어들을 제조-확산시킨 행위, 멀리 있는 경찰만 보아도 모두가 숨었던 그 공포의 시각에 200여 명씩 떼를 지어 감히 계엄군에 찾아가 돌멩이 공격을 한 행위, 전남 경찰을 삽시간에 해체한 행위, 이동중인 20사단을 막대기로 기습한 행위, 불과 4시간 만에 전남 전 지역에 산재한 44개 무기고를 탈취한 행위, 4대의 장갑차를 운전한 행위, 교도소를 6차례나 공격한 행위, 8톤 트럭분의 TNT에 뇌관과 도화선을 조립하여 폭탄으로 조립한 행위 등은 광주 일원에 전설로 알려진 600명의 '연·고대생'이 주도했고, 이 연·고대생은 북한특수군 600명이었음을 증명하였다.

사태 기간 내내 광주의 운동권은 체포돼 있었거나 깊이 숨어 있었고, 대학생들과 지각 있는 시민들은 모두 숨어 있었다. 단지 지각 없는 10대와 사회에 불만을 가진 20대의 넝마주이, 구두닦이, 껌팔이, 석공, 목공 등이 이들 600명의 눈부신 도시게릴라 작전에 부화뇌동했을 뿐이다. 이것이 5·18의 실체다. 이 부화뇌동한 10대와 20대가 5·18의 영웅이 되어 있고, 국가유공자가 되어 있는 것이다.

5·18폭동의 상황 정리

5·18은 전라남도 광주 시민들과 국가 사이에 발생했던 10일간의 무력 충돌 사건이었다. 1980년 5월 18일 09:30분경, 전남대 정문 앞에 서있던 20명의 공수대원들과 250여 명의 학생들 사이에 벌어진 충돌로 시작됐고, 5월 27일 새벽 05시 23분 주영복 국방장관이 최규하 대통령에게 광주시가 수복되었음을 보고한 순간에 종결됐다. 당시의 사람들에게 5·18광주시위는 국가를 상대로 한 '반국가폭동'으로 인식됐고, 당시의 법관들도 그렇게 판결했다.

하지만 이 사회는 때 아닌 민주화라는 광란의 쓰나미를 맞는 불운을 당하게 됐다. 광란이 휩쓸고 간 사회는 전과는 단절된 딴 세상으로 변해버렸다. 사회 인식도 대법원 판결도 모두 거꾸로 뒤집혔다. 문명이 사라진 원시림 사회에 정권의 사생아 '역사바로세우기 재판'이라는 흉측한 괴물이 탄생했다. 헌법에서 규정한 일사부재리 원칙과 형벌불소급의 원칙을 능멸하고, 헌법이 불법으로 규정한 관심법까지 동원하여 5·18에 대한 정통 역사관을 뒤엎고 좌익세력과 '양아치로 대표되는 무산계급'을 역사의 주인공으로 등극시켰다. 반역의 5·18이 대한민국 역사에 화려한 획을 그은 민주화운동으로 탈바꿈된 것이다.

이로써 예전의 '내란세력'이 '헌법수호 세력'이 됐고, '내란'을 진압한 국가는 '헌법파괴 세력'이 됐다. 좀 더 직설적으로 표현한다면 김일성을 '위대한 수령 동지'로 모시는 용공세력이 충신세력이 되고, 반공세력이 역적세력으로 전락한 것이다. 5·18! 이 하나가 국가의 정통성을 뒤바꿔 놓은 원흉인 것이다.

5월 18일(일요일) 새벽에는 이미 휴교령이 내려져 있었고, 이 휴교령은 헌법기관이 내린 정당한 명령이었다. 전남대와 조선대에 공수부대가 1개 대대씩 들어가 있었던 것은 평소에 계획돼 있었던 부대배치 계획에 의해 자동적으로 배치된 것이며, 2개 대대 규모는 다른 지역들에 비해 형편없이 적은 상징적인 규모에 불과했다. 2개 대대를 파견한 것은 순전히 계엄사 작전계통과 계엄사령관 사이에서 취해진 조치였고, 여기에 전두환이나 정호용 등이 개입한 증거는 없으며 그렇게 될 수 있는 성격의 것도 아니었다. 계엄군의 배치는 합법적인 것이었으며 배치된 계엄군의 지위야말로 헌법기관이었다.

하지만 일요일 아침 9시 30분경, 광주의 대학생들은 헌법기관이 내린 명령을 위반했다. 200여 명의 대학생들이 전남대 도서관에 간다는 이유를 내걸고 학교에 진입하려 했지만 정문에 이미 배치돼 있던 공수 7여단 병력 20여 명이 이들에게 귀가를 종용했고, 귀가의 종용은 정당한 임무 수행이었다. 그런데 학생들은 국가의 명령에 불복하고 가방에 숨겨온 돌멩이를 꺼내 계엄군에 던져 7명에 부상을 입혔다. 도서관에 가겠다는 학생들이 가방에 돌을 숨겨 올 수는 없는 것이었다. 5·18측은 계엄군이 먼저 학생들을 공격했다고 하지만 수사기록에는 분명히 학생 시위대가 먼저 계엄군을 공격한 것으로 밝혀져 있다. 계엄군이 쫓아가자 학생 시위대는 금남로와 충장로 쪽으로 몰려가 유언비어를 퍼트리면서 수많은 시민을 결집시켜 파출소를 파괴, 방화하고 경찰관들을 폭행했다. 이는 각본이 있는 행동이었다.

공수부대가 경상도 군인들만 뽑아 '화려한 휴가'라는 암호명으로 전라도 사람 70%를 죽이러 왔다는 종류의 유언비어를 비롯하여 경상도 군인들이 대검을 가지고 전라도 여인의 가슴을 도려내고 머리 껍질을 벗겨 매달아 놓았다는 식의 유언비어들이 입에서 입으로 전달되는 동안 유언비어의 내용들은 흉측한 내용들로 부풀려졌다. 이에 광주 시민들은 공수부대에 대해 적개심을 품고 거리로 뛰쳐나왔다. 경상도 사람들을 집단으로 구타하여 살해했고, 경상도 차량들을 보면 불태웠고, 경상도 사람이 운영하는 상점을 불태워 버렸다. 하지만 이때까지 광주에 투입된 공수부대는 7여단이었고, 7여단의 주둔지는 전북 금마, 여단 병력의 40%는 호남출신이었다. 유언비어는 모두가 거짓이었고, 광주 시민들에 내재해 있는 경상도 사람들에 대한 적개심을 증폭시키려고 제작된 고도의 심리전 전술로 작성-유포된 것들이었다.

유언비어에 자극된 시민들이 거리로 나왔다. 여기에 더해 평소에 사회를 뒤집어보고 싶었던 구두닦이, 넝마주이 등으로 대표되는 소외계층들이 시위대에 합류하면서 시위대의 규모는 삽시간에 배수 단위로 늘어나기 시작했다. 파출소들이 수도 없이 파괴-방화되고 경찰들이 매 맞고 인질로 잡히는 등 경찰력은 단 두 시간 만에 속절없이 무너졌고, 이에 다급해진 전남 경찰과 전남 도지사는 계엄군의 개입을 요청하기에 이른다. 계엄군은 시내로 나가는 길목을 지키면서 시위대에게 해산을 종용했을 뿐 폭력을 행사하지 않았다. 공수부대를 상대로 화염병을 던지고 옥상에 올라가 역기와 화분을 머리위로 던진 존재는 시위대였고, 시위대의 지나친 폭력이 계엄군의 반작용을 유도한 것이다. 시위대의 요구는 김대중 석방, 최규하 정부의 즉각 퇴진, 계엄령 해제 등이었다. 이러한 요구는 김대중이 이끄는 국민연합의 요구였고, 이 요구는 헌법기관인 대통령과 내각을 일거에 전복하려는 요구들이었다. 광주는 폭력, 방화, 살인이 난무하는 광란의 도시였다.

거리가 무차별적으로 파괴되고 방화되어 광주시의 상점들은 모두 문을 닫았다. 5월 18일부터 5월 21일까지는 시위대가 계엄군을 상대로 수많은 곳들에서 동시다발적인 살육전을 벌였고, 수십 개의 파출소, 도청의 6개 부속건물, 세무서, MBC, KBS 등 공공건물에 대한 무차별한 파괴와 방화 작전이 수행됐다. 계엄군이 교외로 나간 5월 22일부터는 시위대가 점령한 광주시와 시위대가 점령한 17개 시군을 연결하기 위한 공격과 6회에 걸친 교도소 공격이 주를 이루었다. 광주교도소에는 간첩 및 좌익수가 170명 있었고, 총 수감자 수가 2,700여 명이었다. 당시 북한은 광주에 있는 수개의 고정 간첩망에게 광주교도소를 습격하여 '해방'을 시키라는 지령을 계속 내리고 있었다. 시민군은 복면을 쓰고 APC를 앞세워 총 6차례의 공격을 시도했고, 쌍방간에는 정규전투와 다름없는 치열한 총격전이 벌어졌다. 여기에서 쌍방 피해가 가장 많이 발생했으며, 시민군 사망자만도 28명으로 집계됐다.

광주시위의 폭력과 과열성은 5월 19일 밤부터 5월 21일 오후 5시까지에 절정을 이루었다. 광범위하게 널려진 파출소들을 동시다발적으로 파괴, 방화하고 계엄군을 조롱하면서 감정을 유발하고, 불타는 휘발유 드럼통을 정렬해 있는 계엄군을 향해 굴리고 장갑차, 군용차, 대형 화물차, 버스를 기발한 방법들로 계엄군을 향해 돌진시켰다. 돌진차량 운전수를 잡아보니 술에 만취한 상태에서 "나는 이래 죽으나 저래 죽으나 죽기는 매한가지라며 얼굴도 모르는 사람이 이렇게 하지 않으면 죽인다"고 협박했다 한다. 이러한 공격들은 총알보다 더 공포스러운 살인공격이었고, 도처에서 동시다발적으로 발생했다. 그런데 이런 과정을 지휘한 지도부가 기록에는 없다. 이러한 공격들이 과연 지도부 없이 시민들이 알아서 한 행동일까?

광주시에는 5월 22일에야 비로소 광주 유지들로 구성된 '시민수습대책위원회'라는 것이 등장하여 무기 회수를 주도했고, 이에 병행하여 김창길(22세, 대학생)이라는 온건파가 주도하는 '학생대책위원회'라는 것이 만들어졌으나 이후 3일간 이들 간에는 무기반납을 놓고 벌이는 강온파 간의 대립이 연속됐다. 5월 25일 밤중부터는 강경파인 김종배(26세, 대학생)가 김창길 위원장을 제치고 학생수습대책위원장이 됐고, 학생수습대책위는 시민군 지휘부가 됐다. 이때『화려한 휴가』에서 시민군 대장으로 등극한 박남선(26세, 골재운반 화물차 운전수)은 시민군 지휘부의 상황실장 자리를 맡았고, 5·18 최고의 영웅이라는 윤상원은 겨우 대변인 자리를 맡았다. 상황 기록들을 보면 5월 25일 밤 이전, 윤상원과 박남선의 역할이 눈에 띄지 않는다. 비록 겉으로는 나타나지는 않았지만 광주에는 숨어 있는 지도부가 있었을 것이라는데 대한 강력한 심증을 갖게 하는 대목들이 있다. 그 중 가장 괄목할만한 것은 44개 무기고의 동시 탈취다. 시위대가 무기고를 탈취했다는 사실에는 '불법'이라는 의미가 부여되고, 이제까지 그 이상의 의미는 부여하지 않았다. 그러나 무기고가 탈취된 과정을 보면 여기에는 분명히 지휘부가 있었다는 것을 강하게 느끼게 한다. 일반 시민들은 무기고 옆길로 걸어 다니면서도 무기고가 어디 있는지 알지 못한다. 그런데 5월 21일 아침 9시, 아시아자동차 공장에 모인 600명은 300여 대의 차량에 시민군을 태워가지고 17개 시군에 널려 있는 44개의 무기고를 향해 44개조로 나뉘어 달려갔다.

광주시로부터 100여 ㎞ 떨어진 곳들도 많이 있었다. 12시부터 오후 4시 사이에 44개 무기고가 털렸다는 것은 위치를 미리 파악한 군사작전으로 밖에 보이지 않는다. 44개 무기고 위치를 한 눈에 볼 수 있는 종합정보를 가지고 있었다면 이는 간첩 말고는 있을 수 없다. 이 무기고 탈취

과정은 5·18에 간첩이 개입했다는 심증을 갖게 하는데 가장 설득력 있는 대목 중 하나다. 더욱 기막힌 것은 5월 21일 08:00시, 광주 톨게이트에서 20사단 지휘부를 몽둥이와 낫과 화염병으로 공격하여 무전기와 공용무기가 탑재된 위엄 있어 보이는 지휘용 지프차 14대를 탈취하자마자 이 지프차들을 모두 몰고 방위산업 업체인 아시아자동차로 직행했다는 점, 그리고 아시아자동차에서 군용트럭을 탈취해 그 군용트럭을 몰고 무기고로 갔다는 점이다.

14대의 지휘용 지프차는 어마어마한 수량이다. 이를 본 아시아자동차 직원들은 사태가 시위대에 유리하게 돌아가고 있다고 생각하여 저항 없이 차량들의 열쇠를 내주었을 것이다. 더구나 이들은 20사단 지휘부가 몇 시쯤 톨게이트를 지날 것이라는 군 내부의 극비 정보를 알아내 가지고 위와 같은 연속작전을 편 것이다. 이런 작전은 막노동꾼들이 해낼 수 있는 것이 아니다. 일반 국민은 무기고에서 무기를 탈취해 경찰과 정부군을 향해 발포한 것이 어떻게 민주화운동이냐며 의문을 제기하고, 이에 대해 5·18 측은 5월 21일 13:30분경에 도청 앞에서 군에 의한 집단발포가 있었기 때문에 이에 대한 정당방위로 무기를 탈취하여 계엄군을 향해 발포했다고 항변한다. 과연 무엇이 사실인가? 수사기록을 보면 도청 앞 발포는 9번째 빌생했던 자위용 발포였다.

그 이전에는 죽음을 눈 앞에 둔 지휘관들이 6차례에 거쳐 발포를 했고, 시민군도 1회의 발포를 했다. 5월 21일 이전에 이미 시위대에는 26정의 카빈과 7정 이상의 M16이 있었다. 계엄군이 없는 지역에서 수없이 발생한 사격과 시체들은 이들에 의해 발생했다. 가장 치열했다는 5월 21일, 광주시 일원에서 발생한 총격전에서 사망한 민간인에 대한 통계는 33명, 33명의 사망자 중 20명은 자상, 자동차 전복 등 다른 원인에 의해 사망했고, 13명이 총상에 의해 사망한 것으로 기록돼 있다. 총상 13명 중 9명이 카빈총에 의해 사망했고, 4명은 총기불상으로 기록돼 있다. 계엄군은 오직 M16소총만 가지고 있었기 때문에 기타 총상은 계엄군에 의한 총상이 아니라 시위대가 무기고에서 꺼내온 총상이다. 총상에 의한 사망자 중 70% 이상이 시민군이 소유한 카빈소총에 의해 사망한 것이다.

사람들은 5월 21일 오후 1시경에 전남도청에서 계엄군이 시위대를 향해 첫 발포를 했고, 거기에는 발포 명령자가 있을 것이지만 단지 규명이 되지 못한 것일 뿐이라고 주장한다. 그러나 이런 주장은 사실과 논리와 군대상식에 전혀 맞지 않는다. 5월 21일 13시경, 시위군중이 탑승한 장갑차, 대형트럭 등 수십 대의 차량이 10만 군중 전면으로 나오더니 그 중 한 대의 장갑차가 도청 앞을 지키고 있던 11여단을 향해 돌진하여 병사 1명을 깔아 죽였고, 1명에 중상을 입었다. 이러한 차량 공격이 그 후 세 차례나 더 계속됐다. 동료의 무참한 죽음을 지켜본 병사들은 그야말로 살아야 한다는 일념으로 돌진차량을 향해 위협사격을 가했다. 당시 도청 앞 계엄군이 가진 실탄은 겨우 200발이었다. 이것이 이른바 도청 앞 발포였다. 이 이외에도 5월 21일 아침부터 오후 5시 3공수가 전남대를 철수할 때까지는 6·25 고지쟁탈전을 방불할 만큼의 밀리고 미는 식의 교전과 쌍방 발포들이 있었다. 특전사 10개 대대가 광주시를 철수할 때 철수로 곳곳에 매복하고 있던 무장 시위대가 사격을 가함으로써 광주시에서는 정규군과 정규군 사이에 벌어지는 정도의 교전들이 이어졌다.

누구를 위와 같은 상황에 투입해 놓는다 해도 생명에 위협을 느낄 것이고, 따라서 누구라도 본능적으로 총을 발사할 것이라고 생각한다. 이런 발포를 놓고 5·18 측은 발포명령자가 전두환이었다고 주장하는 것이다. 만일 공수부대 대신 정규군인 20사단을 투입시켰더라면 처음부터 위협사격을 했을 것이다. 공수부대는 과도하리만큼 민심을 다치지 않도록 억제되고 통제되어 왔기 때문에 발포에 대한 자제력이 군으로서는 지나칠 정도로 강했고, 바로 지나친 자제력이 광주 전투를 필요 이상으로 키웠다고 생각한다. 공수대원들은 미국 헤리티지 연구소의 분석가들이 칭찬을 아끼지 않았듯이 끝까지 시민군을 조준하지 않고 대부분 위협사격 차원에서 대응했다.

5월 21일 탈취한 무기는 2개 연대 규모의 것이었다. 카빈, M-1, 기관총 등 5,403대, 소화기 탄약 288,680발, TNT 10여 상자, 수류탄 270여 발, 폭약 2,500여 상자, 뇌관 35만개, 4만여m의 도화선 등이었다. 779대의 차량이 탈취됐고, 이들 779대는 군용으로부터 탈취한 군용차 34, 경찰차 50, 아시아자동차 328, 일반차 367대로 구성됐다.

광주로 상품을 나르는 상인들이 없어지자, 식료품과 생필품이 고갈될 수밖에 없었다. 이런 시간들이 지속되면 광주 시민들의 고통은 어떠한 것이 될 것인가? 거기에 일부 무장시위대들은 시민들을 협박하여 금품을 뜯고 가족 단위로 살해하고 돈을 뜯어가고 방을 빼앗는 등 광주 시민들을 불안하게 했다. 기록을 보면 계엄군은 이러한 광주 시민들의 고통을 하루라도 빨리 덜어주기 위해 노심초사했으며 그 결과 5월 27일 새벽 극비의 특공대식 작전을 폈고, 이로써 무법천지 광주에는 다시 치안질서가 확립된 것이다. 이런 극비 정보마저 새어나가는 바람에 탈환작전 시 불필요한 사상자가 발생했다.

계엄군이 광주 시민을 얼마나 사랑했는지는 TNT 제거작업 과정이 웅변한다. 시민군은 8톤 트럭 분량의 TNT를 도청 지하실에 저장하고 거기에 뇌관까지 연결해 놓았다. 폭발하면 광주시 전체가 초토화되는 그런 분량이었다. 시민군은 이를 폭파하여 목적을 달성하겠다고 협박했지만 계엄군은 목숨을 내놓고 잠입하여 2일 동안에 걸쳐 뇌관을 제거해 주었다. 시민군과 계엄군 중, 누가 광주 시민을 더 사랑하였는가? 광주 시위대는 헌법기관인 경찰과 계엄군에 폭력을 먼저 행사했고, 헌법기관이 내린 명령에 불복했으며, 과도정부를 전복시키려 했다. 필자가 보기에는 바로 이런 것이 내란행위였던 것이다. 그래서 1980~81년의 재판부는 5·18을 김대중에 의한 내란음모였다고 판시했던 것이다.

그런데 역사뒤집기 재판부는 광주 시위대를 헌법기관에 준하는 존재라 판결했고, 이 폭력을 진압한 계엄군을 국가폭력집단이라고 판결한 것이다. 광주 시민에 하루라도 빨리 질서를 찾아주려고 세웠던 조기진압계획을 놓고 역사바로세우기 재판부는 시위가 다른 지역으로 확산될 경우 내란 목적에 불리할 것으로 판단했기 때문에 저지른 신군부의 행위이므로 재진입작전은 내란을 목적으로 하는 살인죄에 해당한다고 판결한 것이다. 재판부는 5·18을 전두환을 필두로 하는 신군부가 일으킨 것이라 판결했지만 수사기록을 보아도 신군부와 5·18 사이에는 아무런 관계가 없었다. 수사기록을 보아도 광주 시위대를 진압한 주체는 신군부가 아니라 계엄사-대통령으로 이어지는 군통수체제였다. 그런데도 재판부는 신군부가 광주 시위대를 진압한 것은 대통령과 내각에 공포심을 갖게 한 행위이기 때문에 헌법기관을 협박한 행위가 됨으로 내란이라고 판결했다. 무장시위대에 의해 점거된 광주시는 진압하지 말았어야 했고, 시위가 전국으로 확대되는 것은 민주화운동이기 때문에 차단하지 말았어야 했다는 판결인 것이다. 이러한 억지의 인민재판은 국가의 정체성이 바뀌지 않고서는 도저히 있을 수 없는 이적행위다.

[부록 3] 대국민 경계령! 좌익세력 최후의 발악이 시작됩니다. (2002년 8월 16일자 동아일보에 게재한 광고문)

국민은 증거 없이도 말할 수 있습니다! 소신껏 말씀하십시오. "국가의 운명을 좌우하는 공적 존재의 정치적 이념은 철저히 공개되고 검증돼야 한다. 이에 대한 의혹은 개연성이 있는 한, 광범위하게 제기돼야 하고 공개토론을 해야 한다. 정확한 논증이나 공적인 판단이 내려지기 전이라 하여 그에 대한 의혹 제기가 명예 보호라는 이름으로 봉쇄되어서는 안 되고 공개적인 찬반토론을 통한 경쟁과정에서 도태되도록 하는 것이 민주적이다."(대법원 2002.1.22. 선고 2000다37524,37531 판결문에서)

1. 김정일의 운명이 다급하게 돌아갑니다. 9·11테러에 대량살상무기가 사용됐더라면 어떻게 됐겠습니까? 테러도 무서운 것이지만 더 무서운 것은 악성 무기입니다. 그걸 가장 많이 가진 사람이 김정일입니다. 9·11 이전에는 그 무기가 금전거래의 대상이었습니다. 하지만 지금은 불법무기가 됐습니다. 미국이 거저 내놓으라 압박합니다. 김정일이 응하지 않습니다. 무기를 내놓지 않는다고 군사력을 행사하면 비난을 받습니다. 김정일을 도려내려면 다른 명분이 필요합니다. 바로 인권입니다. 2000년 다국적군은 인종청소론을 내걸고 인권을 유린하는 밀로세비치에 몰매를 가했습니다. 그래도 역성드는 나라가 없었습니다. 지금 김

정일이 밀로세비치 이상의 악마로 부각되고 있습니다. 머지않아 국제사회는 김정일을 단죄하라 소리를 높일 것입니다. 그 결정적인 시기가 시시각각 다가옵니다.

2. 김정일 없는 좌익은 뿌리 없는 나무입니다. 그래서 저들은 김정일보다 더 다급하게 김정일을 살리려 합니다. 지난 4월초, 임동원 특보가 전쟁을 막아야 한다며 대통령 전용기를 탔습니다. 김정일과의 5시간 회담! 김정일이 5시간을 냈다면 예삿일이 아닙니다. 지금 돌아가는 상황이 그때 만든 시나리오가 아닌가 의심이 갑니다. 그런데 그는 "북을 의심하면 될 일도 안 된다"며 입을 막았습니다. 이어서 주적개념도 땅에 묻었습니다. 북한이 문제를 일으킬 때마다 북한을 옹호했습니다. 1999년 연평해전에서 승리를 거둔 지휘관을 한직으로 돌렸습니다. 6·29 서해 도발징후에 대한 사전보고를 묵살해 놓고는 적반하장으로 그 보고자를 처벌하려 했습니다. 영해를 북한에 개방하고 일부를 떼어주려 했지만 미국이 막았습니다. 동부와 서부에 남침 철로를 열어 줍니다. 지뢰까지 제거해 주었습니다. 북한의 무기 증강, 훈련 증가, 공격부대의 전방 배치 등을 숨겨 주면서 우리 훈련은 줄였습니다. 절대로 먼저 쏘지 말라며 군의 손발을 묶었습니다. 갑자기 중령급 이상 20%를 자르려 했습니다. 국내외에 김정일을 통 크고 식견 있는 지도자라고 선전했습니다. 남한이 보증을 설 테니 북한에 국제 금융 자본을 빌려주라 했습니다. 북한을 '테러지원국' 명단에서 빼달라 로비를 했습니다. '악의 축' 발언으로 미국과 북한 관계가 악화될 때 분명하게 북한 편에 섰습니다.

3. 정권말기에 들면서 더 정신없이 퍼줍니다. 북한에 퍼준 것들이 5조 원어치입니다. 러시아로부터 받을 14억 8천만 달러를 북한에 주라 했습니다. 우리 몰래 간 돈이 수십억 달러라 말들 합니다. 그중 4억 달러를 미국이 폭로했습니다. 관광객이 없어도 1년에 3억 700만 달러를 자동으로 줍니다. 금강산 화장실 한 번 가는데 4달러를 냅니다. 여인들은 흔들리는 밧줄 다리에서 공포에 떨며 울었습니다. 잡혀가 문초를 받은 관광객 수가 많습니다. 그래도 언론을 차단하고 마구 보냅니다. 북한이 사과하지 않는데도 또 30만 톤의 쌀을 퍼줍니다. 전기와 가스, 광케이블 공사를 시작하고 미국이 말리는 무선전화 시스템을 굳이 가설해 줍니다. 곧 2,000억 원 규모가 갈 모양입니다.

4. 약점이 잡힌 것 같습니다. 지금 이 나라는 사실상 김정일이 통치하고 있는 게 아닌가 하는 의혹을 떨칠 수 없습니다. 1999년 후반, 김정일이 대통령을 협박했습니다. "김대중은 수령님으로부터 사랑과 배려와 도움을 받고서도 배은망덕한 행동을 한다"(문예춘추 12월호). 북한 부주석 김병식이 1971년도에 20만 달러를 주었다는 편지가 공개됐습니다(인터넷). "내 입만 열면!(?)" 2000년 3월 대통령이 갑자기 베를린으로 날아가 메시지를 보냈습니다. "민간조직을 통한 지원에는 한계가 있으니 통 크게 지원하려면 정상회담을 거쳐 정부가 나서야 하겠습니다." 그해 6월, 두 정상은 대열을 이탈해 총 90분간 차중 접선(?)을 했습니다. 그 후부터 퍼주기, 감싸기, 지뢰제거, 남침통로 열기, 반공전선 허물기, 좌익세력의 총동원, 국가 정통성 뒤집기, 법정의 판결 뒤집기, 적화교육, 좌익들의 사회장악, 인물감시, 언론탄압, 주한미군철수 등 그야말로 대대적

인 좌익화 작전이 동시다발적으로 시작됐습니다. 우리는 이를 약점 잡힌 행동으로 의심합니다.

5. 마지막 발악이 예상됩니다. 지방선거, 보궐선거 모두에서 한나라당이 완승했습니다. 좌익들은 이를 최대의 위기로 볼 것입니다. 보수정당으로 정권이 바뀌면 저들은 된서리를 맞습니다. 마지막 발악이 예상됩니다. 의혹의 행사들이 줄을 잇습니다. 8·15 행사에 맞추어 장관급 회담을 엽니다. 8월 14일부터 한 달간 8·15통일축전, 여성통일대회, 청년학생통일대회 등을 빙자하여 수백 명이 북에서 옵니다. 벌써부터 '한반도기'가 배부되고 있습니다. 9월 8일 남북한 축구경기를 합니다. 9월 29일부터 2주간 열리는 아시안 게임에 북한 선수단과 응원단이 1,000명 이상이랍니다. 이에 더해 일본, 중국 등을 통해서도 공작조들이 대거 잠입할 모양입니다. 11월초에 500여 명의 원자력 수습단이 몰려옵니다. 한화갑이 북에 간다 합니다. 모든 비용은 우리가 댑니다. 김정일이 답방한다는 소문이 파다합니다. 다급하게 전개되는 이 일련의 이벤트들이 국가전복으로 악용될 수 있습니다. 쌀, 마늘 사건 등으로 농민을 분노케 해놓고, 거기에 노동세력, 홍위세력 등 좌익들이 불을 댕기면 광주사태의 확대판이 나올 수 있습니다. 광주사태는 소수의 좌익과 북한에서 파견한 특수부대원들이 순수한 군중들을 선동하여 일으킨 폭동이었습니다. 소요사태를 일으켜놓고 계엄령을 선포할 수 있습니다. 그렇게 되면 선거도 없고, 우익들이 잡혀가고, 김정일이 무혈로 서울을 장악하는 사태가 올 수 있습니다. 사생결단의 치열한 싸움입니다. 저들은 어떤 선택을 하리라고 보십니까? 내년은 없습니다. 오늘부터 12월까지입니다. 국민 여러분, 어떻게 하시렵니까?

〈증거자료〉

증1. 『수사기록으로 본 12·12와 5·18』(지만원, 2008, 도서출판시스템).
증2. 『솔로몬 앞에 선 5·18』(지만원, 2010, 도서출판시스템).
증3. 『주체의 기치따라 나아가는 남조선인민들의 투쟁』(1982. 3. 20, 조국통일사).
증4. 『광주의 분노』(1985. 5. 16, 조선노동당출판사).
증5. 『5·18관련사건 수사결과』(1995. 7. 18, 서울지방검찰청-국방부검찰부).
증6. 『광주사태 상황일지 및 피해현황』(1985, 국가안전기획부).
증7. 『일한오해의 심연』(니시오카 쓰도무, 1992, 아기서방).
증8. 『계엄사』(1982, 육군본부).
증9. 『5·18의 기억과 역사2』(전남대학교 5·18연구소, 2002, 전남대학교 출판부).
증10. 『5·18의 기억과 역사2』(2006, 5·18기념재단).
증11. 『김일성비밀교시』.
증12. 『역사로서의 5·18』(김대령, 2013, 비봉출판사).
증13. 『죽음을 넘어 시대의 어둠을 넘어』(황석영, 1985, 풀빛).
증14. 『광주백서』(소준섭, 1982).